Sabine Helling-Moegen

Forschen nach Programm

Sabine Helling-Moegen

Forschen nach Programm

Die programmorientierte Förderung in der Helmholtz-Gemeinschaft: Anatomie einer Reform

Tectum Verlag

Sabine Helling-Moegen

Forschen nach Programm.
Die programmorientierte Förderung in der Helmholtz-Gemeinschaft:
Anatomie einer Reform

Zugl.: Speyer, Univ. Diss. 2008
ISBN: 978-3-8288-2067-8
Umschlagabbildung: Frank Bierstedt, www.bierstedt-fotographie.de

Besuchen Sie uns im Internet
www.tectum-verlag.de

Bibliografische Informationen der Deutschen Nationalbibliothek
Die Deutsche Nationalbibliothek verzeichnet diese Publikation in der Deutschen Nationalbibliografie; detaillierte bibliografische Angaben sind im Internet über http://dnb.ddb.de abrufbar.

Inhaltsverzeichnis

Abbildungsverzeichnis

Abkürzungsverzeichnis

Abb.	Abbildung
Abs.	Absatz
AG	Arbeitsgruppe
AGBR	Arbeitsgemeinschaft der Betriebsräte
AGF	Arbeitsgemeinschaft Deutscher Großforschungseinrichtungen
Art.	Artikel
Aufl.	Auflage
AWI	Stiftung Alfred-Wegener-Institut für Polar- und Meeresforschung, Bremerhaven
AZG	Ausschuss der Zuwendungsgeber
BAT	Bundesangestelltentarifvertrag
BCG	Boston Consulting Group GmbH & Partner
Bd.	Band
BDI	Bundesverband der Deutschen Industrie
BESSY	Berliner Elektronenspeicherring-Gesellschaft für Synchrotronstrahlung m.b.H.
BGB	Bürgerliches Gesetzbuch
BGBl.	Bundesgesetzblatt
BHO	Bundeshaushaltsordnung
BMAt	Bundesministerium für Atomfragen
BMBF	Bundesministerium für Bildung und Forschung
BMBW	Bundesministerium für Bildung und Wissenschaft
BMF	Bundesministerium für Finanzen
BMFT	Bundesministerium für Forschung und Technologie
BMWF	Bundesministerium für Wissenschaft und Forschung
BMWi	Bundesministerium für Wirtschaft und Technologie
BRH	Bundesrechnungshof
BSC(s)	Balanced Scorecard(s)
BVerfG	Bundesverfassungsgericht
BVerfGE	Entscheidung des Bundesverfassungsgerichts
bzw.	beziehungsweise
ca.	circa
(CA)QDA	(Computer Assisted) Qualitative Data Analysis
DESY	Stiftung Deutsches Elektronen-Synchrotron, Hamburg
DFG	Deutsche Forschungsgemeinschaft e.V.
DFVLR	Deutsche Forschungs- und Versuchsanstalt für Luft- und Raumfahrt (heute Deutsches Zentrum für Luft- und Raumfahrt e.V., Köln, DLR)
d.h.	das heißt
DKFZ	Stiftung Deutsches Krebsforschungszentrum, Heidelberg
DLR	Deutsches Zentrum für Luft- und Raumfahrt, Köln
dt.	deutsch
ebd.	ebenda
EOS	Earth-Observation-System
et al.	et alii (und andere)
etc.	et cetera

ETH	Eidgenössische Technische Hochschule Zürich
EU	Europäische Union
e.V.	eingetragener Verein
evtl.	eventuell
f.	folgende
FB	Forschungsbereich
ff.	fortfolgende
FhG	Fraunhofer-Gesellschaft e.V.
FÖV	Deutsches Forschungsinstitut für öffentliche Verwaltung Speyer
FuE	Forschung und Entwicklung
FZJ	Forschungszentrum Jülich GmbH
FZK	Forschungszentrum Karlsruhe GmbH
GBF	Gesellschaft für Biotechnologische Forschung m.b.H., Braunschweig (heute Helmholtz-Zentrum für Infektionsforschung, HZI)
GFE	Großforschungseinrichtungen
GFZ	Helmholtz-Zentrum Potsdam – Deutsches GeoForschungsZentrum-GFZ
GG	Grundgesetz der Bundesrepublik Deutschland
ggf.	gegebenenfalls
GKSS	GKSS-Forschungszentrum Geesthacht GmbH
GMD	GMD-Forschungszentrum Informationstechnik GmbH, Sankt Augustin
GSF	GSF-Forschungszentrum für Umwelt und Gesundheit GmbH, Neuherberg (heute Helmholtz-Zentrum München, HMGU)
GSI	Gesellschaft für Schwerionenforschung m.b.H., Darmstadt
HGF	Hermann von Helmholtz-Gemeinschaft Deutscher Forschungszentren e.V.
HGrG	Haushaltsgrundsätzegesetz
HMI	Hahn-Meitner-Institut GmbH, Berlin (heute Helmholtz-Zentrum Berlin, HZB)
HRG	Hochschulrahmengesetz
HRK	Hochschulrektorenkonferenz
Hrsg.	Herausgeber
HZB	Helmholtz-Zentrum Berlin für Materialien und Energie GmbH
HZI	Helmholtz-Zentrum für Infektionsforschung GmbH
i.d.F.	in der Fassung
i.d.R.	in der Regel
i.e.S.	im engeren Sinne
IPP	Max-Planck-Institut für Plasmaphysik, Garching
i.S.	im Sinne
IVF	Impuls- und Vernetzungsfonds
i.V.m.	in Verbindung mit
JARA	Jülich-Aachen Research Alliance
Jg.	Jahrgang
KFA	Kernforschungszentrum Jülich GmbH (heute Forschungszentrum Jülich, FZJ)
KFK	Kernforschungszentrum Karlsruhe GmbH (heute Forschungszentrum Karlsruhe, FZK)
KGSt	Kommunale Gemeinschaftsstelle

KIT	Karlsruhe Institute of Technology
KLR	Kosten-Leistungsrechnung
KPMG	KPMG Unternehmensberatung GmbH
LK	Leistungskategorie
MA	Mitarbeiter
MdB	Mitglied des Bundestages
MDC	Stiftung Max-Delbrück-Centrum für Molekulare Medizin, Berlin-Buch
Mio.	Millionen
MIT	Massachusetts Institute of Technology
MPG	Max-Planck-Gesellschaft e.V.
MPIfG	Max-Planck-Institut für Gesellschaftsforschung
Mrd.	Milliarden
m.w.N.	mit weiteren Nachweisen
NCT	Nationales Centrum für Tumorerkrankungen, Heidelberg
NIH	National Institutes of Health
No.	Number
NPM	New Public Management
NSM	Neues Steuerungsmodell
Nr.	Nummer
OECD	Organization for Economic Cooperation and Development
POF	Programmorientierte Förderung
Rn.	Randnummer
s.	siehe
S.	Seite
sog.	sogenannt(e)
TVöD	Tarifvertrag für den öffentlichen Dienst
u.	und
u.a.	unter anderem
u.ä.	und ähnliche
UFZ	Helmholtz-Zentrum für Umweltforschung - UFZ Leipzig-Halle GmbH
usw.	und so weiter
v.a.	vor allem
vgl.	vergleiche
Vol.	Volume
WGL	Wissenschaftsgemeinschaft Gottfried-Wilhelm-Leibniz e.V.
WissZeitVG	Wissenschaftszeitvertragsgesetz
WR	Wissenschaftsrat
z.B.	zum Beispiel
ZMBH	Zentrum für Molekulare Biologie der Universität Heidelberg
z.T.	zum Teil
z.Zt.	zurzeit
ZVEI	Zentralverband Elektrotechnik- und Elektronikindustrie

Vorwort

Mit der Einführung der Programmorientierten Förderung im Jahre 2003 vollzog die Helmholtz-Gemeinschaft die größte Strukturreform in der deutschen Wissenschaftslandschaft.
Wie es zu diesem Reformprozess kam, wie die beteiligten Akteure aus Wissenschaft und Politik das Konzept aushandelten und wie nach der ersten Förderrunde eine erste Bestandsaufnahme der Reform ausfällt, ist Gegenstand dieser Arbeit.

Die Idee zu dieser Arbeit entstand während meiner Tätigkeit am Deutschen Krebsforschungszentrum in Heidelberg, wo ich mit den Auswirkungen des Reformprozesses konfrontiert war. Im Laufe der Erstellung dieser Arbeit erfolgte ein beruflicher Wechsel in die Geschäftsstelle der Helmholtz-Gemeinschaft.

Die Arbeit wurde im Dezember 2008 von der Deutschen Hochschule für Verwaltungswissenschaften, Speyer als Dissertation angenommen.

An dieser Stelle möchte ich mich bei allen Personen bedanken, die zum Gelingen der Arbeit beigetragen haben. Mein besonderer herzlicher Dank gilt Herrn Dr. Josef Puchta, Vorstand des Deutschen Krebsforschungszentrums und Mentor, der mich zur Aufnahme dieser Arbeit ermutigte und die Entstehung dieser Untersuchung mit hohem zeitlichem Engagement in vielfältiger Weise gefördert hat. Ebenfalls herzlich danken möchte ich meinem Doktorvater Herrn Prof. Dr. Rudolf Fisch und meinem Zweitgutachter Herrn Prof. Dr. Jürgen Blum. Beide standen mir immer mit Rat und Tat zur Seite und gaben mir wertvolle Anregungen zum Aufbau und Gestaltung der Arbeit. Der wissenschaftliche Austausch mit Herrn PD Dr. Hans-Willy Hohn bildete für mich einen äußerst wichtigen Resonanzboden für die theoretische Einordnung meiner Arbeit, wofür ich ihm ebenfall herzlich danke. In Herrn PD Dr. Sebastian M. Schmidt, fand ich schließlich einen weiteren Vorgesetzten, der meine berufsbegleitende Arbeit nach meinem Wechsel in die Geschäftsstelle der Helmholtz-Geschäftsstelle nachhaltig unterstützte und mir ein wichtiger Diskussionspartner insbesondere für die Aspekte der Weiterentwicklung der Programmorientierten Förderung war. Nicht selbstverständlich war auch die große Hilfsbereitschaft der von mir befragten 40 Personen, die mir in zum Teil mehrstündigen Interviews sehr offen Auskunft gaben. Hierdurch wurde es erst möglich, den genauen Ablauf der Konzeptentwicklung nachzuzeichnen. Insbesondere dem Deutschen Krebsforschungszentrum und der Geschäftsstelle der Helmholtz-Gemeinschaft danke ich außerdem für die Bereitschaft, mir die größtenteils unveröffentlichten Dokumente zur Verfügung zu stellen.
Ein berufsbegleitendes Dissertationsprojekt, das größtenteils an Wochenenden und in zahlreichen Nachtschichten entstand, wäre nicht möglich ohne das Verständnis und die tatkräftige Unterstützung meiner Familie. Meinen Eltern danke

ich herzlich, dass Sie mir meine Ausbildung ermöglichten und konkret für Ihre vielfältige Hilfe, die mir für diese Arbeit zusätzliche freie Zeit verschaffte. Meiner Schwester danke ich für ihre wertvolle Unterstützung im Layout. Mein tief empfundener Dank gilt schließlich meinem Mann für die stete Ermunterung, die konstruktiv-kritischen Diskussionen und das große Verständnis für die Höhen und Tiefen, die eine wissenschaftliche Arbeit mit sich bringen. Meinem Mann und meinen beiden Söhnen widme ich diese Arbeit.

Berlin, im Sommer 2009 Sabine Helling-Moegen

A. Einleitung

1. Die programmorientierte Förderung als neues Steuerungsmodell

Mit der Gründung des Helmholtz-Gemeinschaft e.V. (HGF) im September 2001 und der damit verbundenen Einführung der programmorientierten Förderung (POF) für die 15 Großforschungseinrichtungen erfolgte die bislang umfassendste Strukturreform in der deutschen Forschungslandschaft. Steuerungsmodelle in der Forschungsförderung sind zwar an sich nicht neu, doch wurde mit diesem Konzept das System der Wissenschaftssteuerung durch Evaluierung im deutschen Wissenschaftssystem zu einer neuen, bisher einzigartigen Form und Dimension weiterentwickelt, die sich sowohl qualitativ wie auch quantitativ von den bisherigen Steuerungsmodellen unterscheidet.[1] Sie löste damit die bis dahin praktizierte institutionelle Förderung auf der Basis von jährlichen Wirtschaftplanverhandlungen mit den 15 Großforschungseinrichtungen ab, die sich in der Helmholtz-Gemeinschaft zusammengeschlossen haben.

Diesem Reformprozess war eine Jahrzehnte dauernde Diskussion über Aufgaben, Ziele und Erwartungen an die Großforschungseinrichtungen vorausgegangen, in der sich ein Teil der Forschungszentren mit zunehmender Kritik der öffentlichen Meinung im Hinblick auf mangelnde Effizienz, sichtbare Spitzenforschung und strategische Ausrichtung konfrontiert sah.[2] Die veränderten gesellschaftlichen, rechtlichen und politischen Rahmenbedingungen erschwerte es den Großforschungseinrichtungen zunehmend, die an sie gerichteten Anforderungen einzulösen.

Aus Sicht der Wissenschaft bestand in dieser Situation die Gefahr, dass externe Steuerungskräfte immer stärker in die Autonomie der Forschung eindringen.

Der Steuerungsansatz der programmorientierten Förderung scheint dabei einem neuen Paradigma staatlicher Steuerung zu entsprechen, welches die Führung von staatlichen Einrichtungen beeinflusst und allgemein als „New Public Management“ (NPM) oder „Neuer Managerialismus“ bezeichnet wird. Ziel ist eine Steigerung von Effizienz und Effektivität durch deutliche Reduktion von administrativ-rechtlicher Detailsteuerung.[3] Die Aufgabe der Politik ist in diesem Konzept nicht mehr die Mikropolitik, sondern vielmehr die Supervision.[4] Hin-

---

1 Vgl. Popp, Manfred (2003): ‚Erste Schritte in die Programmorientierte Förderung – Ein Abenteuerbericht‘, in: Technikfolgenabschätzung – Theorie und Praxis, Nr.1, S. 51.

2 Vgl. Böndel, Burkard / Dürand, Dieter (1995): ‚Großforschung: Völlig untauglich‘, in: Wirtschaftswoche, Heft 3, 12.1.1995, S. 60 - 66.

3 Vgl. Budäus, Dietrich (1998): ‚Von der bürokratischen Steuerung zum New Public Management - Eine Einführung‘, in: Budäus, Dietrich / Conrad, Peter / Schreyögg, Georg (Hrsg.): Managementforschung, Bd. 8. Berlin, New York, S. 1 - 10.

Borins, Sandford / Grüning, Gernod (1998): ‚New Public Management – Theoretische Grundlagen und problematische Aspekte der Kritik‘, in: Budäus, Dietrich / Conrad, Peter / Schreyögg, Georg (Hrsg.): Managementforschung, Bd. 8. Berlin, New York, S. 11 - 53.

4 Vgl. Braun, Dietmar (2001): ‚Staatliche Förderung außeruniversitärer Forschungseinrichtungen am Beispiel der Niederlande und Deutschland‘, Bern, Zentrum für Wissen-

tergrund für diesen Paradigmenwechsel in der deutschen Forschungspolitik sind die Erfahrungen der vergangenen Jahrzehnte. Weder die blinde Delegation (in Form der passiven institutionellen Förderung in den fünfziger und sechziger Jahren) noch der aktive Interventionismus (in Form der Programmförderung der siebziger Jahre) hat zu den gewünschten Ergebnissen geführt. Möglicherweise entspricht dieser neue Steuerungsansatz auch einem globalen Trend in der Forschungsförderung, der in den letzten Jahren auch in anderen Ländern zu Strukturreformen im Wissenschaftssystem geführt hat.[5]

Die 15 Zentren der Helmholtz-Gemeinschaft verfolgen neben der Grundlagenforschung den Betrieb von Großgeräten und langfristige Themen der Daseinsvorsorge, insbesondere in den Bereichen Gesundheit, Luft- und Raumfahrt, Energie, Verkehr und Umwelt. Mit diesen langfristigen und komplexen Forschungs- und Entwicklungsprojekten wird von den Zuwendungsgebern auch eine volkswirtschaftliche Relevanz angestrebt, die mit erheblichen technischen und ökonomischen Risiken behaftet sind, einen hohen Managementaufwand und eine kontinuierliche Bearbeitung erfordern.[6] Großforschung ist gekennzeichnet durch eine Konzentration erheblicher finanzieller und personeller Ressourcen, einer leistungsfähigen wissenschaftlich-technischen Infrastruktur und einem entsprechenden Management, um komplexe wissenschaftlich-technische Fragen und Querschnittsaufgaben zu bearbeiten, Großgeräte für die internationale Wissensgemeinschaft zu betreiben und interdisziplinäre Systemlösungen zu entwickeln.[7] Mit einer jährlichen staatlichen institutionellen Förderung von rund 1, 650 Mrd. Euro und 26.500 Mitarbeitern ist die Helmholtz-Gemeinschaft die größte Wissenschaftsorganisation in Deutschland. Bei einem Finanzierungsschlüssel für die Aufteilung zwischen Bund und den beteiligten Ländern von 90:10 entfallen auf den Bund ca. 1,480 Mrd. Euro und auf die Länder ca. 165 Mio. Euro. Für den Bund entspricht dies rund 42 Prozent der Aufwendungen im Rahmen der gemeinsamen Forschungsförderung.[8]

Worin besteht die grundlegende Neuerung der programmorientierten Förderung? Die Bewilligung von Programmen der Zentren ohne vorherige Begutachtung und nur mit Ex-post - Evaluierungen und Bewertungen durch wissenschaftliche Beiräte erschien nicht mehr ausreichend, um zukünftig die wissenschaftliche Qualität und richtige strategische Ausrichtung der Programme zu gewähr-

---

schafts- und Technologiestudien , S.14; OECD (1989): The Changing Role of Governmental Research Laboratories. Paris, S. 47.

5 Braun 2001: 14; OECD 1989: 47.

6 Vgl. Meusel, Ernst-Joachim (1999): 'Außeruniversitäre Forschung im Wissenschaftsrecht', 2. Auflage, Köln, Berlin, Bonn, München, § 1 Rn. 5; Trute, Hans-Heinrich (1994): ‚Die Forschung zwischen grundrechtlicher Freiheit und staatlicher Institutionalisierung. Das Wissenschaftsrecht als Recht kooperativer Verwaltungsvorgänge', Tübingen, S. 538.

7 Vgl. Meusel 1999: § 1 Rn. 5 m.w.N.

8 (Hrsg.)(2006): Bundesbericht Forschung 2006, Berlin, S. 183.

leisten. Durch die Einführung der programmorientierten Förderung kommt die institutionelle Förderung nicht mehr direkt den Forschungseinrichtungen zu, sondern fließt zuerst in sechs große Forschungsbereiche ein (Struktur der Materie, Umwelt- und Geoforschung, Verkehr und Weltraum, Gesundheit, Energie und Schlüsseltechnologien). Innerhalb dieser Forschungsbereiche können die Zentren alleine oder in Zusammenarbeit Programme vorschlagen, die dann auf der Basis einer internationalen Begutachtung im Senat der HGF beraten und mit einer Finanzierungsempfehlung versehen werden.
Die Finanzierungsempfehlungen des Senats der HGF erfolgen auf der Basis der Bewertung der von den Zentren entwickelten Programme hinsichtlich ihrer wissenschaftlichen Qualität, ihrer strategischen Ausrichtung auf forschungspolitische und strukturelle Ziele, d.h. ihrer wissenschaftlichen, wirtschaftlichen und gesellschaftlichen Relevanz. Als Grundlage für die Programmentwicklung dienen unter anderem die in Abstimmung mit der HGF von Bund und Ländern entwickelten forschungspolitische Leitlinien.

Der Reformprozess beschränkt sich jedoch nicht nur auf Fragen der Verteilung der institutionellen Förderung. Im Laufe des Prozesses der Konzeptionierung und Operationalisierung wurde außerdem die Frage erörtert, ob die rechtliche Selbständigkeit der Zentren beibehalten werden sollte oder ob nicht zumindest im Fall von „fachlich eng verwandten Arbeitsgruppen“ der Zentren oder/und ganze Institute oder Zentren in eine gemeinsame Trägerschaft zusammengeführt werden sollen.[9]

2. Zielsetzung der Arbeit

In der vorliegenden Arbeit soll untersucht werden, in wieweit die POF ein geeignetes Steuerungsinstrument der außeruniversitären Forschung ist, um sowohl den aktuellen Anforderungen an ein Forschungs- und Innovationssystem gerecht zu werden, als auch der bislang geübten Kritik an den Großforschungseinrichtungen wirkungsvoll zu begegnen. Die sowohl von der Öffentlichkeit als auch von der Wirtschaft, und in der Folge auch von der Politik, geäußerte Kritik bezog sich dabei insbesondere auf eine mangelhafte Vernetzung mit anderen Teilen der deutschen Forschungslandschaft, hier insbesondere mit den Universitäten, eine unzureichende Flexibilität beim Aufgreifen neuer Forschungsthemen sowie generell einer fehlenden Sichtbarkeit von international kompetitiver Spitzenforschung. Die Zielsetzung kann daher in drei grundsätzliche Fragen unterteilt werden:[10]

9 Wissenschaftsrat (2001): ‚Systemevaluation der HGF-Stellungnahme des Wissenschaftsrates zur Hermann von Helmholtz-Gemeinschaft Deutscher Forschungszentren‘, Bonn, S. 85 f.

10 Vgl. zu dieser Untergliederung Braun, Dietmar 2001: xii.

- **Science policy:** In welchem historischen Kontext der Steuerungsaktivitäten der Zuwendungsgeber wurde das Konzept der programmorientierten Förderung entwickelt? Hierbei soll zunächst der Entwicklungsprozess der programmorientierten Förderung nachgezeichnet werden. Wie stellte sich die Ausgangslage für die Zentren und die Politik dar? Welches waren die Kritikpunkte am alten System der Forschungsförderung und welche Ziele wurden formuliert, die mit der Reform erreicht werden sollten?

- **Science politics:** Wie erfolgte die Implementation der POF in der Praxis und wie hat sie in der ersten Finanzierungsrunde den Arbeitsalltag oder/und die Entscheidungen der Akteure beeinflusst?

- **Effects and outcome:** Wie bei allen Steuerungsmodellen wird auch bei der Implementation der POF die schwierige Frage der Messbarkeit von Steuerungserfolgen virulent. Als Zwischenbilanz des bisherigen Implementationsprozesses soll die Wirkungsanalyse anhand eines Rasters von kritischen Erfolgskriterien erfolgen. Die Kriterien wurden aus den Zielen, mit der diese Reform startete, abgeleitet.

Zum Zeitpunkt dieser Arbeit kann jedoch noch nicht die Frage verbindlich beantwortet werden, ob die von der Politik geforderte stärkere Vernetzung und Kooperation und die Prinzipien von New Public Management tatsächlich die idealen Voraussetzungen für eine Steigerung der Qualität der Forschungsaktivitäten sind. Die Veränderungen, die mit Einführung der programmorientierten Förderung bezweckt wurden, werden daher an den Zielen der Akteure gemessen, die den Reformprozess initiierten.

Die POF ist verbunden mit der Aussage des ersten Präsidenten der Helmholtz-Gemeinschaft Prof. Walter Kröll „Mehr Geld für Forschung - mehr Forschung für's Geld".[11] Die Frage nach dem Verhältnis von Aufwand und Nutzen der Reform wird in der vorliegenden Arbeit durchaus an verschiedenen Stellen intensiv diskutiert. Erfahrungsgemäß sind Umstellungen im Zuge größerer Reformen immer auch mit einem erheblichen Zusatzaufwand verbunden. Als Zeitpunkt einer quantitativen Erhebung erscheint daher die erste Begutachtungs- und Finanzierungsrunde nur eingeschränkt geeignet. Verbindliche Aussagen werden erst durch spätere Untersuchungen zu erzielen sein.

Aufgrund der vielfältigen Interdependenzen des Wissenschaftssystems mit Politik, Gesellschaft und Wirtschaft ist ein theoretischer Bezugsrahmen für diese Untersuchung erforderlich, der die Kernpunkte erfasst, die bei der Konzeption eines Steuerungsmodells für die außeruniversitäre Forschung zu beachten sind.

---

11 Helmholtz-Gemeinschaft (2002): ‚Reform der Helmholtz-Gemeinschaft: Meilenstein erreicht', Pressemitteilung, 12.12.2002, Verfügbar unter: http://www.berlinews.de/ artikel.php?14798. [Datum des Zugriffs: 23.05.2008].

Die Beantwortung der formulierten Fragestellung beinhaltet daher zunächst eine Skizzierung der Rahmenbedingungen oder/und eine Standortbestimmung der Steuerungsmöglichkeiten in der außeruniversitären Forschung, unter besonderer Berücksichtigung der Elemente von New Public Management (NPM) oder/und dessen Modifikation in Form der Public Governance sowie der Neuen Institutionenökonomik.

Im Verlauf der Untersuchung sind insbesondere bei der Bestimmung der Rahmenbedingungen wichtige interne und externe Einflussfaktoren politischer, struktureller und rechtlicher Art zu berücksichtigen, die jede für sich Anlass zu einer vertieften wissenschaftlichen Erörterung bieten würden. Um sich jedoch auf die Kernfrage der Untersuchung zu konzentrieren, nämlich ob die programmorientierte Förderung ein geeignetes Steuerungs- und Innovationsinstrument der institutionellen außeruniversitären Forschung darstellt, können die anderen Fragen, insbesondere aus dem Bereich der Steuerungstheorien, der Betriebswirtschaftslehre sowie dem Haushalts-, Dienst- und Verfassungsrecht teilweise nur sehr knapp diskutiert werden, um hier den aktuellen Stand der Forschung und Diskussion wiederzugeben.

3. Aufbau der Arbeit

Neben dem einführenden Teil A und einer abschließenden Zusammenfassung in Teil F umfasst die vorliegende Arbeit vier aufeinander aufbauende Teile B – E, die jeweils in mehrere Kapitel untergliedert sind.

In der **Einleitung** werden zunächst nach der Beschreibung der methodischen Vorgehensweise *(Kapitel 4)* noch in *Kapitel 5* die Anforderungen an moderne Forschungs- und Innovationssysteme aufgezeigt, wie sie gegenwärtig in vielen Industriestaaten diskutiert und durch Reformansätze in den jeweiligen Wissenschaftssystemen aufgegriffen werden. Die Theorie der differentiellen Kapitalismen, die aktuell in diesem Zusammenhang in der Literatur diskutiert wird, soll die verschiedenen Überlegungen zur Reformbedürftigkeit und Reformierbarkeit von Innovationssystemen aufzeigen.

In **Teil B** werden die politischen und strukturellen Rahmenbedingungen der institutionellen Forschungsförderung in Deutschland vorgestellt. Hierdurch soll der Aktionsradius aufgezeigt werden, in welchem eine Strukturreform wie die programmorientierte Förderung umgesetzt werden kann. Zunächst werden anhand von organisations- und verhaltenstheoretischen Erklärungsansätzen die Bedeutung und die organisatorischen Herausforderungen an eine staatliche Steuerung von Wissenschaft dargestellt (*Kapitel 1*). Anschließend werden die verschiedenen Steuerungsmodelle der vergangenen Jahrzehnte, die nicht zu den gewünschten Steuerungserfolgen geführt haben, skizziert (*Kapitel 2*), um dann näher auf das Konzept von New Public Management und dessen Elemente von strategischer Steuerung und Erfolgskontrolle einzugehen (*Kapitel 3*). Weiterhin werden die Besonderheiten der außeruniversitären Forschung im Kontext des deutschen Wissenschaftssystem herausgearbeitet (*Kapitel 4*) sowie rechtliche Vorgaben, die den Aktionsradius der Forschungszentren bestimmen, näher betrachtet, um hierdurch den Rahmen der Einflussnahme auf die Organisationsstruktur der außeruniversitären Forschung durch die institutionelle Förderung zu vervollständigen (*Kapitel 5*).

Teil C umfasst eine Darstellung staatlicher Steuerungsbemühungen am Beispiel der Geschichte der Großforschungseinrichtungen. Im Laufe der vergangenen Jahrzehnte gab es unterschiedliche Ansätze des Staates, seine Erwartungen an die Großforschung durch Steuerungsaktivitäten zu verwirklichen (*Kapitel 1*). Hierdurch sowie anhand der Reformdiskussionen ab Mitte der achtziger Jahre (*Kapitel 2*) werden die Hintergründe beschrieben, die letztlich zur programmorientierten Förderung geführt haben. Neben der Beschreibung der Ausgangslage für die Zentren und die Politik, wird die Zielsetzung herausgearbeitet, mit welcher die Schlüsselakteure in diesen Prozess einstiegen, um darzustellen, was schließlich im Konzept der POF realisiert werden konnte.

Auf dieser Basis wird anschließend im **Teil D** der Prozess der Konzepterstellung näher analysiert (*Kapitel 1*). In *Kapitel 2* wird die Phase der Operationalisierung des Konzepts beschrieben, in *Kapitel 3* der Weg zur Gründung des HGF e.V. In *Kapitel 4* wird eine Bewertung des Prozesses durch die Akteure vorgenommen. In *Kapitel 5* erfolgt die vollständige Darstellung des Konzepts der programmorientierten Förderung. *Kapitel 6* schließt mit der Darstellung der ersten Runde der Programmbegutachtungen sowie dem Beginn der Finanzierung nach Einführung der POF.

In **Teil E** erfolgt schließlich eine Bestandsaufnahme des bisherigen Implementationsprozesses aus Sicht der Akteure. Hier wird herausgearbeitet, in wieweit sich die Implementation der POF mit den Zielsetzungen der Akteure deckt und inwieweit sichtbare Steuerungsbewegungen durch die Einführung von POF bereits erkennbar sind (*Kapitel 1*). Darauf aufbauend wird in *Kapitel 2* aufgezeigt, welche Modifikationen das Konzept bereits auf der Basis der Erfahrungen der ersten Begutachtungsrunde erfahren hat *(Kapitel 2)*. In *Kapitel 3* wird eine Bewertung der Reform als geeignetes Steuerungsmodell vorgenommen. *Kapitel 4* zeigt aktuelle Entwicklungen der verstärkten Zusammenarbeit mit Universitäten auf sowie Gestaltungsempfehlungen für die zukünftige Entwicklung der POF. Da die Überlegungen zu einem Zusammenschluss von Helmholtz-Zentren im Forschungsbereich Gesundheit am weitesten fortgeschritten sind, konzentriert sich die Modellentwicklung für eine effizientere Aufgabenwahrnehmung auf diesen Forschungsbereich.

In einer Schlussbetrachtung in **Teil F** werden die Ergebnisse der vorliegenden Arbeit noch einmal anhand der Zielstellung der Untersuchung (*Science policy, Science politics* und *Effects and outcome*) zusammengefasst: Bedingte Reformfähigkeit des deutschen Wissenschaftssystems, die POF als Steuerungsmodell nach dem Ansatz von New Public Management und die POF als Instrument der strukturellen Erneuerung.

4. Methodische Vorgehensweise

4.1. Forschungskonzeption

In der Einleitung wurde bereits der grundsätzliche methodische Aufbau der Arbeit dargestellt. Die erste Begutachtungsrunde der Forschungsbereiche startete im Sommer 2002. Mit Beginn des Jahres 2003 wurde die Finanzierung entsprechend umgestellt, so dass zum Zeitpunkt der Befragung bereits erste Einschätzungen zum Implementationsprozess erhoben werden konnten. Eine andere systematische Auswertung des Prozesses ist bisher nicht bekannt.
Als grundsätzliche Untersuchungsmethodik für den empirischen Teil der Arbeit wurde die qualitative Evaluationsforschung verwendet. Mit der qualitativen Evaluationsforschung können Praxisveränderungen, wie hier die programmorientierte Förderung, wissenschaftlich begleitet und auf ihre Wirkung hin eingeschätzt werden[12].

Folgende Schritte wurden in dieser Analyse vorgenommen:

- Beschreibung der Ausgangsbedingungen
- Beschreibung der Reformziele
- Offene und subjektorientierte Beschreibung des Prozesses der Konzeptentwicklung und der Operationalisierung der POF
- Ableitung von kritischen Erfolgskriterien qualitativer Art aus den Zielen, mit der diese Reform startete
- Zwischenbilanz des bisherigen Implementationsprozesses

Um einer qualitativ orientierten Evaluationsforschung Rechnung zu tragen, wurde der Prozessbeschreibung der Konzeptentwicklung neben der Darstellung eines Veränderungsgradients breiter Raum eingeräumt. Dies ermöglichte auch, aus dem zu beschreibenden Prozess heraus neue Bewertungskriterien induktiv aufzustellen und zu begründen. Von zentraler Bedeutung für die vorliegende Untersuchung waren Interviews mit den beteiligten Akteuren des Prozesses.

Die im Folgenden beschriebenen methodischen Schritte sind dabei nicht als streng lineare Abfolge zu verstehen. Entsprechend dem Forschungsprozessverständnis der gegenstandsbegründeten Theoriebildung wurden die verschiedenen

---

12 Vgl. Mayring, Philipp (2002): ‚Einführung in die Qualitative Sozialforschung', 5. Aufl., Weinheim, Basel, S. 62 f.

Schritte, insbesondere bei der Datenerhebung und Auswertung, im Rahmen einer kontinuierlichen Reflexion interpretiert und verglichen, und die weiteren Teilschritte auf dieser Basis weiterentwickelt.[13]

4.2. Dokumentenanalyse

Als Hilfsmittel zur Erklärung menschlichen Verhaltens hat die dokumentarische Methode, das heißt die Analyse von Dokumenten und zunehmend auch Fotos und Videos in der Sozialforschung ein breites Anwendungsfeld oder/und einen hohen Stellenwert gefunden[14]. Als grundlegende Methodik der Arbeit stand daher eine qualitative Inhaltsanalyse von publizierten und unpublizierten Dokumenten im Vordergrund.

Protokolle und Unterlagen der Senatssitzungen der Helmholtz-Gemeinschaft gaben Zeugnis über die Diskussionen der Senatsmitglieder als Vertreter von Wissenschaft, Politik und Wirtschaft zum Reformprozess in der Helmholtz-Gemeinschaft. Hieraus konnten Informationen zu den Hintergründen gewonnen werden, die diesem Reformprozess zugrunde lagen wie auch zu den differenten Auffassungen während der Konzeptentwicklung und Implementation der programmorientierten Förderung. Dies wird ergänzt durch die *Protokolle und Unterlagen der Mitgliederversammlungen der Helmholtz-Gemeinschaft*, die insbesondere Auskunft zu den spezifischen Forderungen der Helmholtz-Zentren in diesem Prozess gewähren.

Als weitere Quellen dienten *Protokolle und Unterlagen der Sitzungen der Kaufmännischen Geschäftsführer der Helmholtz-Gemeinschaft*, die insbesondere in der Phase der Operationalisierung der programmorientierten Förderung die Diskussionen zur Entwicklung eines wissenschaftsadäquaten Controllings vermitteln.

Konzeptpapiere, in unterschiedlichen Entwurfsstadien und *Dokumente der Zuwendungsgeber* sowie *Sachstandsberichte* boten als Quelle die Möglichkeit, den Diskussions- und Konzeptentwicklungsprozess aus den unterschiedlichen Perspektiven der Akteure zu verfolgen.

Um die Zusammenhänge und Hintergründe dieses Prozesses noch besser zu verstehen, konnte außerdem auf *Protokolle der verschiedenen Arbeitsgruppen* und *Briefwechsel zwischen den beteiligten Akteuren* als Quelle zurückgegriffen werden. An dieser Stelle ist der Helmholtz-Geschäftsstelle sowie den Vorständen und Geschäftsführern der Helmholtz-Gemeinschaft herzlich für die freundliche und bereitwillige Zurverfügungstellung der Materialien zu danken.

---

13 Vgl. Glaser, Barney G. / Strauss, Anselm G. (1967): 'The discovery of grounded theory. Strategies for qualitative research.', Chicago.

14 Vgl. Bohnsack, Ralf (2003): ‚Rekonstruktive Sozialforschung: Einführung in qualitative Methoden', 5. Auflage, Opladen, S. 31.

Im Sinne einer zusammenfassenden Inhaltsanalyse wurde versucht, das vorhandene Textmaterial unter Beibehaltung der wesentlichen Inhalte auf die Kernpunkte zu reduzieren.

4.3. Leitfadengestützte, problemzentrierte Interviews

Die Dokumentenanalyse wurde ergänzt durch die qualitative Auswertung von Einzelinterviews anhand eines standardisierten Interviewleitfadens. Diese Interviews wurden geführt mit den beteiligten Exponenten und Akteuren aus Politik und Ministerien, den Vorständen und Wissenschaftlern aus den betroffenen Helmholtz-Zentren sowie Vertretern der Helmholtz-Geschäftsstelle, von Forschungsinstitutionen und der Fachöffentlichkeit. Dabei spielten insbesondere die Implementation und der Prozess, ihre Erwartungshaltung oder/und Zielsetzung und die Bewertung der bislang erfolgten Umsetzung eine wesentliche Rolle.

4.3.1. Wahl der Methode

Die Methode des problemzentrierten Interviews wurde gewählt, um die Befragten im Sinne eines offenen Gesprächs möglichst frei zu Wort kommen zu lassen. Um das Interview gleichzeitig auf die Fragestellung der Arbeit zu zentrieren, wurde ein Interviewleitfaden erarbeitet. Dieser griff die Problem- oder/und Fragestellung des aus den Dokumenten analysierten Prozesses auf.[15]
Durch die offene Gestaltung des Interviews sollte erreicht werden, dass die Befragten ihre subjektiven Perspektiven und Deutungen darlegen und auch selber Zusammenhänge im Interview entwickeln konnten. Das Interview ohne vorgegebene Antwortalternativen sollte zu einer stärkeren Vertrauensbeziehung zwischen Interviewer und Befragten führen. Dadurch wurde beabsichtigt, dass die Antworten reflektierter, genauer und ergebnisoffener sind als bei einem Fragebogen mit vorgegebenen Antwortalternativen.[16]

4.3.2. Auswahl der Interviewpartner

Die Auswahl der Interviewpartner ergab sich aus der Beteiligung der Personen am Prozess der programmorientierten Förderung.[17] Diese erschloss sich aus den Dokumenten, in denen diese Personen als Gestalter des Prozesses genannt wurden. Personen, die auf Grund der Hierarchie ihrer Institution nicht namentlich in offiziellen Dokumenten genannt sind, jedoch wichtige Dokumente und Textentwürfe maßgeblich formuliert und damit den Prozess beeinflusst haben, konnten aufgrund Befragung der bereits bekannten Akteure identifiziert werden.

---

15 Der Interviewleitfaden ist abgedruckt im Anhang unter I.

16 Vgl. Witzel, Andreas (1985): ‚Das problemzentrierte Interview‘, in: Jüttemann, Gerd (Hrsg.): Qualitative Forschung in der Psychologie, Weinheim, S. 227-255.

17 Die Interviewpartner sind aufgelistet im Anhang unter II.

Aufgrund des Kriteriums „Beteiligung am POF-Prozess“ ist der Personenkreis a priori eingeschränkt. Bei der Auswahl der Interviewpartner aus der Helmholtz-Gemeinschaft wurde berücksichtigt, dass eine möglichst hohe Repräsentanz erreicht werden konnte, indem Vertreter aus größeren oder/und kleineren, mono- oder/und multithematischen, grundlagen- oder/und anwendungsorientierten, älteren oder/und jüngeren Zentren befragt wurden und gleichzeitig alle sechs bestehenden Forschungsbereiche abgedeckt waren.
Erfreulicherweise erklärten sich mit Ausnahme von 3 Personen alle angefragten 40 Interviewpartner zu einem Interview bereit. Die Autorin dankt allen Gesprächspartnern, die bereitwillig und umfassend in größtenteils mehrstündigen Gesprächen Auskunft gegeben haben. Die Befragungen verteilen sich auf den Zeitraum von Oktober 2005 bis August 2006.
Entsprechend des Grades der Beteiligung konnten Vertreter der Zuwendungsgeber und der Helmholtz- Zentrenvorstände oder/und Helmholtz-Geschäftsstelle die am meisten detaillierten und konkreten Aussagen treffen. Aber auch Vertreter der Wissenschaftler / Arbeitnehmer und der Fachöffentlichkeit, die diesen Prozess mitverfolgt haben, wurden zu diesem Abschnitt befragt.

4.3.3. Idealtypische Darstellung der Interviewgruppen

Im Hinblick auf ihre Rolle während des Reformprozesses können die Interviewpartner grundsätzlich in fünf Gruppen oder/und Typen eingeteilt werden: Zentrenvorstände, Zuwendungsgeber, Helmholtz-Geschäftsstelle, Wissenschaftler und weitere Arbeitnehmer (z. B. Personalrat) sowie die Fachöffentlichkeit. Der Typusbegriff dient in den Sozialwissenschaften dazu, komplexe soziale Realitäten zu erfassen und Sinnzusammenhänge erklären zu können. Unter Typologie versteht man dabei generell das Ergebnis eines Gruppierungsprozesses, bei welchem der Objektbereich anhand eines oder mehrerer Merkmale in Gruppen eingeteilt wird.[18]

Um die Interessenlagen und Argumentationsketten während des Reformprozesses zu verdeutlichen, sind nachfolgend die Vertreter der fünf Interviewgruppen aufgrund der für sie kennzeichnenden internen und externen Faktoren idealtypisch gezeichnet, wie sie sich am Ausgang des Reformprozesses darstellten:

[18] Vgl. Kluge, Susann (2000): ‚Empirisch begründete Typenbildung in der qualitativen Sozialforschung‘, in: Forum Qualitative Sozialforschung [On-line Journal], 1. verfügbar unter: http://qualitative-research.net/fqs
[Datum des Zugriffs: 14.11.2007], S.1 f. m.w.N.

Abbildung 1: Kennzeichen der Idealtypen bei der Ausgangssituation des Reformprozesses zur POF

Zentrenvorstand	**Zuwendungsgeber (BMBF)**
▪ Besitzt aufgrund rechtlicher Selbständigkeit des Zentrums und wenig ausgeprägter Mitbestimmungs-/Gremienstruktur relativ große interne Autonomie. ▪ Kann durch detaillierte externe (rechtliche) Vorgaben und stagnierende Finanzierung die Handlungsspielräume nicht voll nutzen. ▪ Steht im Wettbewerb zu den anderen Helmholtz-Zentren um Finanzierungsmittel.	▪ Ist als 90 Prozent-Anteilseigner gegenüber der Öffentlichkeit für Mittelverwendung (Steuerung) und Erfolg von Helmholtz verantwortlich. ▪ Ist hinsichtlich Globalsteuerung von Zustimmung des BMF und BRH abhängig. ▪ Leitungsebene sucht Lösung für Steuerungsproblematik als politisches Erfolgsprojekt. ▪ Abteilungs-/Referatsebene befürchtet Steuerungsverlust auf Zentren.
Geschäftsstelle	**Wissenschaftler**
▪ Ist Koordinierungsstelle (Dienstleister) der Helmholtz-Zentren und leitet ihre Befugnisse vom (mutmaßlichen) Willen der Zentren ab. ▪ Die Koordination wird erschwert durch heterogene Struktur der Zentren. ▪ Ist externer Ansprechpartner für Helmholtz-übergreifende Themen. ▪ Kann durch zentrenübergreifende Steuerung an Befugnissen und Einfluss gewinnen.	▪ Strebt nach möglichst großer Autonomie in der Stellung und Durchführung von wissenschaftlichen Fragen, die nicht zwangsläufig an gesellschaftlichen Problemen orientiert sind. ▪ Benötigt hierfür ein möglichst hohes Investitionsvolumen. ▪ Möchte möglichst wenig durch Antragsschreiben und Begutachtung belastet werden. ▪ Identifiziert sich am stärksten mit seiner „scientific communitiy“ und nicht mit dem jeweiligen Forschungszentrum oder/und der Helmholtz-Gemeinschaft.

Fachöffentlichkeit
▪ Als Teil(e) der Forschungslandschaft potentiell betroffen von staatlichen Reform- oder/und Steuerungsansätzen im Sinne von New Public Management. ▪ Wettbewerber um finanzielle Mittel, flexible Rahmenbedingungen und die besten Wissenschaftler.

4.3.7. Konstruktion des Leitfadens

Der Leitfaden wurde zielgruppenspezifisch mit jeweils unterschiedlichen Schwerpunkten konstruiert, um die einzelnen Erfahrungen der Beteiligten mit dem Prozess besser herausarbeiten zu können und gleichzeitig ein Höchstmaß an Vergleichbarkeit der Fragen und Antworten gewährleisten zu können. Die Fragen unterteilten sich in Einleitungsfragen, allgemeine und spezifische Sondierungsfragen sowie Ad-hoc-Fragen, die sich aus den Antworten ergaben.

Thematisch gliedern sich die Fragen in drei große Blöcke:

- Ausgangssituation und Entstehung des Konzepts der programmorientierten Förderung
- Operationalisierung und Implementation
- Bestandsaufnahme

Zu beachten ist, dass einige der Akteure in verschiedenen Phasen des Prozesses unterschiedliche Positionen bekleideten: Während sie zunächst Vertreter eines Helmholtz-Zentrums waren, haben sie z.B. im Laufe des Prozesses in ein Ministerium gewechselt, von einem Zuwendungsgeber in die Helmholtz-Geschäftsstelle etc. Während dies zum einen die Standardisierung des Leitfadens erschwerte, barg es zum anderen die wertvolle Möglichkeit der Perspektivverschränkung in der Prozessbetrachtung.
In einer Pilotphase wurden drei Probeinterviews geführt und mit den hierdurch gesammelten Erfahrungen der Leitfaden leicht modifiziert.

4.3.8. Aufzeichnung und Validierung der Interviews

Die Aufzeichnung der Interviews erfolgte nicht durch Tonbandaufzeichnungen, um ein möglichst offenes Gespräch zu gewährleisten. Vielmehr wurden während der Interviews Notizen zu den Fragen erstellt, die unmittelbar im Anschluss an das Interview in einem Gesprächsprotokoll festgehalten wurden.
Die Gesprächsprotokolle wurden allen Interviewpartnern zur Validierung zugeschickt und die Inhalte von diesen bestätigt. Teilweise wurden daraufhin Formulierungen zur Klarstellung modifiziert oder eingefügt.

Bei der Konstruktion von Texten durch Protokollieren von Erzählungen und der anschließenden Interpretation besteht grundsätzlich die Gefahr, dass bei der Transformation neue Realitäten erzeugt werden.[19] Diese grundsätzliche Problematik dürfte in diesem Zusammenhang weniger virulent sein als bei Interviews einzelner Biographien, denn der zentrale Punkt der Interviews war immer der Prozess der programmorientierten Förderung, der lediglich aus unterschiedlichen Perspektiven dargestellt wurde. Diese Tatsache lässt vermuten, dass die teilweise differenten Darstellungen und Einschätzungen in ihrer Gesamtheit die Kernelemente des Prozesses herauskristallisieren ließen und eine objektive Betrachtung ermöglichten.

---

[19] Vgl. zum Problem ‚Text und Wirklichkeiten': Flick, Uwe (2002): ‚Qualitative Sozialforschung', 6. Aufl., Reinbek bei Hamburg, S. 53 ff.

4.3.9. Auswertung und Darstellung der Interviews

Die Auswertung erfolgte in der qualitativen Inhaltsanalyse auf Basis der protokollierten Interviews. Im Text der Gesprächsprotokolle wurden die Stichworte aus dem Leitfaden markiert wie auch die Begriffe, die neue thematische Aspekte aus den Darstellungen der Interviewpartner einbrachten. Anschließend wurden zu den einzelnen Fragekomplexen Dossiers erstellt. Hierbei wurden die unterschiedlichen Aussagen und Betrachtungen der Befragten dargestellt und, soweit möglich und sinnvoll, quantitative Aussagen zu den Meinungsäußerungen erzielt. Durch das Auszählen der Antworten, welche sich in einem Ja / Nein-Schema abbilden ließen, sollte die Verlässlichkeit der Aussagen gesteigert werden. Auf die Darstellung der prozentualen Gewichtungen wurde jedoch im Text verzichtet, da diese angesichts einer Anzahl von 37 Interviews nur scheinbar mehr Genauigkeit und Aussagekraft produziert hätte.

Die Auswertungen fließen in der Hauptsache in die Zwischenbilanz aus Sicht der Akteure ein. Dabei stellte sich die Frage, ob die Darstellung der Auswertungen nach den befragten Gruppen oder den inhaltlichen Themenkomplexen erfolgen sollte. Für eine Darstellung nach Themen sprach letztlich die verbesserte Lesbarkeit und die Vermeidung von Redundanzen. Sofern die Auswertung Unterschiede in den gruppenspezifischen Sichtweisen ergab, werden diese innerhalb des jeweiligen Themenkomplexes dargestellt.

Einzelne Aussagen werden bereits in der Beschreibung des Prozesses der Entstehung und Operationalisierung des Konzepts der POF zitiert. Die Interviews geben auch Auskunft über die vorläufige Bestandsaufnahme der programmorientierten Förderung. Aus ihnen ließen sich Erkenntnisse darüber gewinnen, inwieweit das System von den Akteuren oder/und betroffenen Wissenschaftlern und der Fachöffentlichkeit akzeptiert ist, ob die Ziele, die mit dieser Reform verfolgt wurden, auch erreicht werden konnten, welcher Verbesserungsbedarf besteht oder/und welche Ansätze möglicherweise noch weiterentwickelt werden sollten.

Da den befragten Personen zugesagt wurde, die einzelnen Aussagen nicht individuell zu veröffentlichen, sind die Auskünfte und Aussagen zur Konzeptentwicklung und der vorläufigen Bestandsaufnahme nur in allgemeiner Form an der jeweiligen Stelle in die Darstellung eingefügt worden. Den Interviews sind randomisiert Nummern zugeteilt worden. Anhand dieser Verschlüsselung werden die Interviews zitiert. Auch im Hinblick auf die Zwischenbilanz wurden die Aussagen anonymisiert und, soweit möglich, als Aussage der entsprechenden Interviewgruppe zusammenfassend zitiert. Differente Meinungen sind als solche auch dargestellt.

Der Interviewleitfaden und die interviewten Personen sind am Ende der Arbeit im Anhang aufgeführt.

In diesem Zusammenhang wurde auch geprüft, ob die Analyse dieser qualitativen Daten mit Hilfe eines Computerprogramms erfolgen sollte. Die computergestützte Analyse qualitativer Daten, im Englischen häufig als CAQDA oder QDA

(„Computer Assisted Qualitative Data Analysis“) bezeichnet, wird bereits seit einiger Zeit in der praktischen Sozialforschung eingesetzt. Vorteil einer computergestützten Analyse ist grundsätzlich eine gut dokumentierbare und transparente Systematik. Kategorien und Codierungen sowie ihre Bedeutung werden leichter nachvollziehbar. Dies ist insbesondere bei großen Datenmengen oder der Zusammenarbeit verschiedener Forschergruppen von Bedeutung.[20]

In der vorliegenden Arbeit wurde schließlich auf den Einsatz von QDA-Software verzichtet, da die Interviews neben der Bestandsaufnahme zahlreiche Einzelaussagen zu dem Reformprozess und seinen Hintergründen beinhalteten, die einer Codierung oder/und Kategorisierung nur schwer zugänglich gewesen wären. Es war zu befürchten, dass durch die Codierung zahlreiche wichtige Einzelaspekte bei der Auswertung verloren gegangen wären. Angesichts der überschaubaren Anzahl der Interviews erschien der Aufwand für den Einsatz von QDA-Software allein für die Bestandsaufnahme als unverhältnismäßig hoch gegenüber dem zu erwartenden Mehrwert.

Nach der methodischen Betrachtung der Untersuchung soll nachfolgend der Reformfähigkeit von Forschungs- und Innovationssystemen nachgegangen werden.

5. Anforderungen an moderne Forschungs- und Innovationssysteme und ihre Reformfähigkeit

5.1. Beschleunigung des Innovationszykluses und wachsende Bedeutung außerwissenschaftlicher Verwendungszusammenhänge

Moderne Forschungs- und Innovationssysteme stehen mehr denn je unter dem Druck der Anpassung an veränderte Umwelten. Diese ergeben sich beispielsweise durch einen schnelleren Transfer der Erkenntnisse aus der Grundlagenforschung in die Anwendung, aber auch durch die gestiegene Komplexität des Innovationsgeschehens, die in stärkerem Maße eine Kooperation der Innovationsakteure erfordert.[21] Dies bedeutet eine Abkehr vom „linearen“ Innovationsmodell, welches davon ausging, dass sich auf der Basis einer „freien“ Grundlagenforschung der Wissenstransfer von dort quasi automatisch in die angewandte Forschung vollziehe, weiter in die Entwicklung und dann zum fertigen Produkt oder/und Prozess.[22] Diese Vorstellung wird nun durch ein „interaktives“ Modell ersetzt. Dieses soll der Erkenntnis Rechnung tragen, dass sich die Wissensgenerierung quer durch alle damit befassten Einrichtungen vollzieht und damit die

20 Vgl. hierzu Kuckartz, Udo (2004): ‚QDA-Software im Methodendiskurs: Geschichte, Potenziale, Effekte‘, in: Kuckartz, Udo/ Grunenberg, Heiko/ Lauterbach, Andreas (Hrsg.): Qualitative Datenanalyse: computergestützt, Wiesbaden, S. 11- 26, m. w. N.

21 Vgl. Kuhlmann, Stefan (2003): ‚Leistungsmessung oder Lernmedium? Evaluation in der Forschungs- und Innovationspolitik‘, in: Technikfolgenabschätzung – Theorie und Praxis, Nr.1, S. 12.

22 Polanyi, Michael (1962): ‚The Republic of Science‘, in: Minerva Heft 1, S. 54-73.

Vernetzung von Grundlagenwissen und Technologie zur zentralen Aufgabe wird.[23]

Dabei kommt der individuellen Leistung nach wie vor eine große Bedeutung zu. Allerdings bedarf es in immer stärker werdendem Maße des Zusammenwirkens von Wissenschaftlern und Disziplinen. In den Naturwissenschaften werden diese Anforderungen noch durch eine umfangreiche Infrastruktur oder/und technische Ausstattung ergänzt.

In einem System arbeitsteiliger Wissensproduktion kommt den institutionellen Merkmalen eines Forschungssystems ein wesentlicher Einfluss zu. Mit zunehmender Spezialisierung und Arbeitsteilung im Wissenschaftssystem steigen somit auch die Anforderungen an Organisation und Koordination.[24] Gleichzeitig wächst die Bedeutung außerwissenschaftlicher Verwendungszusammenhänge und sozioökonomischer Prioritäten in der öffentlichen Forschungsförderung sowie in der Bearbeitung strategisch wichtiger Forschungsfelder.

In einer 1999 durchgeführten Systemevaluation der Max-Planck-Gesellschaft (MPG) und der Deutschen Forschungsgemeinschaft (DFG) wurden die veränderten Anforderungen an das Wissenschafts- und Forschungssystem von einer internationalen Expertengruppe folgendermaßen formuliert:

- Lockerung der bestehenden disziplinären Orientierung
- Entwicklung beweglicher und leistungsfähiger Organisationsformen für eine temporäre Zusammenarbeit verschiedener Disziplinen und Gruppen in problemorientierten Forschungsfeldern
- Verbesserte Zusammenarbeit von Hochschulen und außeruniversitären Forschungseinrichtungen
- Gute Ausbildungsleistungen für den personenbezogenen Wissenstransfer und Förderung des wissenschaftlichen Nachwuchses
- Förderung von Institutionen übergreifenden Forschungszentren sowie eine verstärkte internationale Vernetzung der Einrichtungen zur Erbringung von Spitzenleistungen.[25]

In der globalisierten Wissensgesellschaft ist für die Leistungsfähigkeit eines öffentlich geförderten Forschungs- und Innovationssystems somit letztlich entscheidend, dass es gelingt, die Aufgaben, Strukturen und Arbeitsformen seiner

---

23 Vgl. Mayntz, Renate (1997): ‚Forschung als Dienstleistung? Zur gesellschaftlichen Einbettung der Wissenschaft. Akademievorlesung am 15.04.1996', in: Berlin-Brandenburgische Akademie der Wissenschaften. Berichte und Abhandlungen, Bd. 3. S. 135-154.

24 Maier, Matthias (1997): ‚Institutionen der außeruniversitären Grundlagenforschung: Eine Analyse der Kaiser-Wilhelm-Gesellschaft und der Max-Planck-Gesellschaft', Wiesbaden, S. 19.

25 Internationale Kommission (1999): ‚Forschungsförderung in Deutschland. Bericht der internationalen Kommission zur Systemevaluation der Deutschen Forschungsgemeinschaft und der Max-Planck-Gesellschaft', Hannover, Volkswagen-Stiftung, S. 6.

einzelnen Teile miteinander in Austausch zu bringen und fortlaufend neu zu gestalten. Je höher der Grad der Spezialisierung und Arbeitsteilung in einem Wissenschaftssystems ist, desto höher ist auch die Zahl der Zwischenschritte im „Wissensproduktionsprozess“ und um so höher sind letztlich die Gesamtkosten der Koordination oder/und die möglichen Schäden mangelnder Koordination.[26] Doch unter welchen Voraussetzungen lassen sich Innovationssysteme reformieren? Der Frage nach der Reformfähigkeit von Innovationssystemen, wie sie aktuell diskutiert wird, soll im folgenden Kapitel nachgegangen werden.

5.2. Reformfähigkeit von Innovationssystemen: Die Theorie der differentiellen Kapitalismen

Institutionelle Strukturen und Prozesse des Wissenschafts- und Forschungssystems, die sich in anderen Kontexten und unter anderen Herausforderungen entwickelt haben, können sich neuen Entwicklungserfordernissen teilweise nur schwer anpassen.[27]

Auf der Suche nach dem optimalen Innovationssystem wird das anglo-amerikanische System, welches durch stärkeren Wettbewerb und Anreizstrukturen gekennzeichnet ist, verbunden mit eher kurzfristig angelegten Marktbeziehungen, seit einiger Zeit als Vorbild gehandelt. Im Gegensatz hierzu stehen die Innovationssysteme von Deutschland und Japan mit eher langfristigen kooperativen Netzwerkbeziehungen.[28] Während die dichten relationalen Netzwerke nach deutschen und japanischem Muster langfristige, kontinuierliche und inkrementelle Neuerungen im Rahmen vorhandener Technologien begünstigen, weisen die auf kurzfristig angelegten Marktbeziehungen ausgerichteten angelsächsischen Systeme dort Vorteile auf, wo es um radikale Innovationen und die Bewältigung von diskontinuierlichem oder/und „zerstörerischem“ technologischen Wandel geht, wie dies insbesondere im Bereich der neuen Technologien der Fall ist.[29] Die Vertreter der *These von der Konvergenz der unterschiedlichen nationalen Wirtschaftsformen* gehen dabei von einem absoluten Wettbewerbsvorteil

26 Vgl. North, Douglass, C. (1988): ‚Theorie des institutionellen Wandels - Eine neue Sicht der Wirtschaftsgeschichte‘, Tübingen, S. 42.

27 Vgl. hierzu Kapitel C zur Geschichte der staatlichen Steuerung am Beispiel der Großforschungseinrichtungen.

28 Die optimale Struktur und überlegene Effizienz des anglo-amerikanischen Innovationssystems war noch zu Beginn der neunziger Jahre vehement in Zweifel gezogen worden, zugunsten der Systeme in Deutschland und Japan. Vgl. hierzu und im Folgenden Hohn, Hans-Willy (2005): ‚Forschungspolitische Reformen im korporativen Staat. Der Fall der Informationstechnik‘, FÖV Discussion Papers, Nr. 21, S. 3 f. m.w.N.

29 Casper, Steven (2000): ‘Institutional adaptiveness, technology policy, and the diffusion of new business models: The case of German biotechnology’, in: Organization Studies, Nr. 21, S. 887-914.

des angloamerikanischen Modells aus.[30] *Michael Porter* legt demgegenüber dar, dass es keinen *„one best way"* zur Erzeugung und Umsetzung von Innovationen gibt, sondern die einzelnen Systeme spezifische technologische Stärken und Schwächen aufweisen und damit über relative *comparative advantages* verfügen.[31]
Hieran anknüpfend führen *Peter Hall* und *David Soskice* diese relativen Vorteile im Rahmen ihrer *Theorie der differentiellen Kapitalismen* auf die unterschiedlichen nationalen Strukturen der Kerninstitutionen, also der Bildungs-, Finanz- und Rechtssysteme, Arbeitsmärkte und industrielle Beziehungen in den jeweiligen politischen Ökonomien zurück.[32] Dabei unterscheiden sie in idealtypischer Weise zwischen koordinierten Marktwirtschaften (z.B. Deutschland) und liberalen Kapitalismen (z.B. USA) und argumentieren, dass sich die Institutionen des Rechts, der Arbeitsmärkte, Bildungs- und Finanzsysteme in den jeweiligen Systemen wechselseitig stützen und sich sogar wie komplementäre Güter verhalten, indem die Anwesenheit oder/und Effizienz der einen Institution den Nutzen oder/und die Effizienz der anderen noch verstärkt. Diese Komplementarität sei auch bei den Forschungssystemen der einzelnen Länder zu beobachten. Während in den USA die öffentliche Forschungsförderung eher auf die Förderung von technologischen Durchbrüchen, weniger an der Diffusion von Technologien ausgerichtet sei und die Strukturierung der Forschungslandschaft weitgehend den Marktkräften und dem freien Wettbewerb überlasse, existiere in Deutschland eine staatlich koordinierte und stark ausdifferenzierte Infrastruktur von Forschungsorganisationen, welche das gesamte Spektrum von der Grundlagenforschung bis zum Technologietransfer abdecke.

Auf dieser Basis prognostiziert die Theorie des differentiellen Kapitalismus, dass sich die strukturell unterschiedlichen Innovationssysteme der koordinierten oder/und liberalen Marktwirtschaften aufgrund der institutionellen Komplementaritäten nur jeweils in pfadabhängiger Weise entwickeln und sich die Unterschiede sogar noch festigen werden. In der Konsequenz müsse eine erfolgreiche Forschungspolitik diesen unterschiedlichen strukturellen Bedingungen durch anreizkompatible Veränderungen und Reformen Rechnung tragen und auf Maßnahmen beschränken, die dem jeweiligen institutionellen Gefüge entsprechen, in welchem sich das Forschungssystem befindet.
Gegen diese deterministische Sichtweise von Forschungspolitik wird argumentiert, dass sich zum einen die institutionelle Vielfalt der unterschiedlichen politi-

30 Vgl. Graubard, Stephen (1964): 'A New Europe?', Boston ; zusammenfassend vgl. Stehr, Nico (2003): ‚Wissenspolitik. Die Überwachung des Wissens', Frankfurt am Main.

31 Porter, Michael E. (1990): 'The Competitive Advantage of nations', New York, S. 623.

32 Hall, Peter A. / Soskice, David (2001): 'An Introduction to Varieties of Capitalism', in: Hall, Peter A. / Soskice, David (Hrsg.): Varieties of Capitalism. The Institutional Foundations of Comparative Advantage, Oxford, S. 1-70.

schen Ökonomien nicht auf eine dichotomische Funktionslogik von liberalen und koordinierten Marktwirtschaften reduzieren lasse.[33] Zum anderen wird jedoch auch die strenge Interpendenz der einzelnen Institutionen in einer Ökonomie bezweifelt, die sehr wohl in der Lage seien, sich funktional äquivalent zu verhalten und damit inkrementelle oder/und begrenzte An- und Umbauten ermöglichen, die ihre Grundstruktur zwar intakt lassen, aber innovative Elemente hinzufügen.[34]

Empirischen Studien zufolge haben sich trotz manifester institutioneller Unterschiede in vielen Ländern, die nach *Hall* und *Soskice* dem koordinierten Kapitalismus zuzurechnen sind, mittlerweile „hybride" und funktional äquivalente Strukturen für das angelsächsische Modell herausgebildet, indem nach dem Ansatz von New Public Management wettbewerbs-, anreiz- und leistungsorientierte Elemente in den Forschungssystemen implementiert worden sind.[35]
In der Konsequenz bedeutet dies, dass die Politik bei der Initialisierung von Reformen zwar die strukturellen Rahmenbedingungen, in denen ein Reformprozess durchgeführt wird, berücksichtigen muss, andererseits aber nicht auf systemkompatible Maßnahmen beschränkt ist, sondern durchaus innovative, „systemfremde" Elemente einführen kann.

Im Hinblick auf die vorliegende Untersuchung stellt sich daher die Frage, inwieweit es gelungen ist, durch die Reform der programmorientierten Förderung in der Helmholtz-Gemeinschaft neue Formen der Forschungsteuerung wirksam zu etablieren. Konnten die Ansätze des New Public Management[36] mit den Elementen Wettbewerb, Kooperation und Globalsteuerung tatsächlich Änderungen in der Forschungssteuerung der Helmholtz-Einrichtungen herbeiführen oder haben die Akteure des Systems wirksame Strategien entwickelt, um diese Ansätze zu umgehen?

5.3. Reformansätze von Wissenschaftssystemen im internationalen Vergleich

Die veränderten Anforderungen an die Forschungs- und Innovationssysteme, wie sie in Kapitel 5.1. skizziert wurden, blieben international für die Forschungsförderung nicht ohne Folgen, wie aus einer Erhebung der OECD sicht-

33 Crouch, Colin / Farrell, Henry (2002): 'Breaking the Path of Institutional Development? Alternatives to the New Determinism', Köln, MPIfG Discussion Paper 02/5.

34 Die Diskussion zusammenfassend Hohn (2005), S. 6 f., m.w.N.

35 Vgl. zu den unterschiedlichen Ausprägungen von Reformansätzen: De Boer, Harry / Enders, Jürgen / Schimank, Uwe (2007): ‚On the Way towards New Public Management? The Governance of University Systems in England, the Netherlands, Austria and Germany', in: Jansen, Dorothea (Ed.): New Forms of Governance in Research Organizations – Interdisciplinary Approaches, Interfaces, and Integration, Dordrecht, S. 130 -146.

36 Näher hierzu Kapitel B. 3.1.

bar wird: Angesichts knapper Haushaltskassen wird in den westlichen Industrieländern die Grundfinanzierung zugunsten einer Verstärkung der Programmförderung reduziert. Gleichzeitig wird verstärkt Auftragsforschung für unterschiedliche Anwender durchgeführt. Die Programmförderung selber richtet sich nicht mehr wie bisher allein nach den Vorschlägen der außeruniversitären Forschungseinrichtungen, sondern nimmt in verstärktem Maße Bezug auf Prioritäten der Regierungen. Durch eine Intensivierung von Verbundforschungsprojekten entstehen neue Strukturen in der Forschungslandschaft, wobei diese auch nicht mehr allein aus staatlichen Mitteln finanziert wird, sondern zu einem beträchtlichen Teil auch aus der Wirtschaft gefördert werden.[37] Kennzeichnend für diese Entwicklung sind somit verstärkte Kooperation, multilaterale Finanzierung von kurzer - bis mittelfristigen Forschungsprojekten und verstärkter Anwendungsorientierung. Die reine institutionelle Förderung dient nur noch der Förderung langfristiger Maßnahmen und der Aufrechterhaltung des Wissenschaftspotentials.
Doch um die Veränderungen in den Anforderungen an die Wissenschaftssysteme wirksam werden zu lassen, müssen diese einhergehen mit einer Reform der institutionellen Rahmenbedingungen. Schon vor Einführung der POF wurde von den Großforschungseinrichtungen mehr Flexibilität im Aufgreifen neuer, strategisch relevanter Forschungsthemen und unternehmerisches Handeln gefordert. Bislang waren diese Bemühungen der Forschungseinrichtungen aber oftmals an den verhältnismäßig rigiden und unflexiblen institutionellen Rahmenbedingungen gescheitert. Denn die Vorschriften des allgemeinen öffentlichen Dienst- und Haushaltsrechts sind nur eingeschränkt adäquat für die Anforderungen des Wissenschaftsbetriebs.

Nicht erst seit dem auf dem Gipfel von Lissabon im Jahr 2000 formulierten Ziel, die Europäische Union bis 2010 zum dynamischsten und wettbewerbsfähigsten wissensbasierten Wirtschaftsraum der Welt zu entwickeln,[38] um damit über das Schließen einer „Technology gap" gegenüber den USA seit Mitte der achtziger Jahre die Wachstumslücke zu schließen, gibt es in Europa eine tiefergreifende Diskussion um diese Reform der institutionellen Rahmenbedingungen, die in einzelnen Ländern auch schon zu gesetzgeberischen Reformansätzen geführt hat.[39] Die vorliegende Arbeit soll auch darüber Aufschluss geben, inwieweit sich das Konzept der programmorientierten Förderung an Reformansätzen in anderen Ländern orientiert hat.

---

37 OECD 1989: 37 f.

38 Europäischer Rat (Lissabon) (2000): ‚Schlussfolgerungen des Vorsitzes', 23. - 24. 3. 2000.

39 Vgl. Zu den Reformansätzen im Hochschulbereich: Kehm, Barbara / Lanzendorf Ute (2006): ‚Reforming University Governance. Changing Conditions for Research in Four European Countries', Bonn.

B. Theoretische und strukturelle Rahmenbedingungen der institutionellen Förderung

Grundlagen für die vorliegende Untersuchung bilden die politischen und strukturellen Rahmenbedingungen *(Science policy and science politics)*, unter denen die institutionelle Förderung außeruniversitärer Forschung in Deutschland stattfindet. Dies beinhaltet eine Begriffsklärung von Steuerung und Kennzeichnung von Steuerungsmodellen sowie eine Skizzierung aktueller steuerungstheoretischer Hypothesen. Außerdem erfolgen eine Bestimmung der institutionellen außeruniversitären Forschungsförderung und ihre Einordnung in das deutsche Wissenschaftssystem, einschließlich der rechtlichen Rahmenbedingungen, unter denen staatliche Forschung stattfindet.

2. Soziologische, verhaltenstheoretische und betriebswirtschaftliche Erklärungsansätze der Steuerung

2.1. Zielrichtung der Steuerung

2.1.1. Staatliches Interesse an Steuerung

Welche forschungspolitischen Überlegungen stehen hinter der staatlichen Förderung von Wissenschaft und Forschung? Moderne Forschung ist teuer. Im Jahr 2004 betrugen die gesamten Bruttoinlandsausgaben für Forschung und Entwicklung (FuE) in Deutschland 55,4 Mrd. Euro. Die staatliche Forschungsförderung hatte hierbei mit 16,8 Mrd. Euro einen Anteil von ca. 1/3 an den Forschungsausgaben.[40] Ein beträchtlicher Teil der staatlichen Forschungsförderung fließt dabei in den Grundlagenbereich, in welchem nicht die konkrete Produktentwicklung im Fokus steht, sondern der originäre Erkenntnisgewinn über einen Gegenstand.

Während Wissenschaft und Forschung in Deutschland frührer eher als Kulturgut angesehen wurden, deren Förderung sich damit von selbst rechtfertigte,[41] treten zunehmend utilitaristische Aspekte in der Forschungsförderung in den Vordergrund.[42] Auf dem Weg in eine Wissensgesellschaft kommt der Förderung von Wissenschaft und Forschung mit öffentlichen Mitteln dabei eine zentrale Bedeutung zu. Qualität und Flexibilität in der Produktion neuen Wissens und dessen Verbreitung in der Gesellschaft werden heute als entscheidende Faktoren für die Zukunftsfähigkeit einer Gesellschaft und ihrer Wirtschaft angesehen, welche die Herausforderungen einer sich rasch wandelnden Umwelt erfolgreich aufgreifen

---

40 Bundesforschungsbericht 2006: 162.

41 Vgl. das grundlegende Hochschulurteil des BVerfG, wonach die Gewährung der Wissenschaftsfreiheit über ihre Abwehrfunktion hinaus als eine objektive Wertentscheidung des Staates in dessen Selbstverständnis als Kulturstaat eingeordnet wird: BVerfGE 35 ,79 (114 ff.).

42 Braun 2001: 50.

will. Hierdurch erfüllt das Wissenschafts- und Forschungssystem einen öffentlichen, dem Gemeinwohl dienenden Auftrag.[43]
Durch die Förderung der Grundlagenforschung will der Staat jenen Bereich der Forschung gewährleisten, welcher die Grundlage für die weiteren Phasen der Forschung bildet, von der angewandten Forschung über die technische Entwicklung bis zur praktischen Anwendung, die aber aufgrund des hohen wirtschaftlichen Risikos nicht ausreichend von der forschenden Industrie abgedeckt werden.[44] Die politische Steuerung der Wissenschaft bezieht sich demnach größtenteils auf die Steuerung der (problemorientierten) Grundlagenforschung.[45]

Wie in Kapitel C 1. noch zu zeigen sein wird, hat sich der Bund durch seinen Finanzierungsanteil von 90 Prozent an den Helmholtz-Zentren mit der Helmholtz-Gemeinschaft ein Instrument geschaffen, um diesen gesellschaftlichen Erfordernissen Rechnung zu tragen.

1.1.2. Unterschiedliche Steuerungsrichtungen

Mit der finanziellen Förderung ist gleichzeitig die Absicht des Staates zur Steuerung verbunden. Doch wie ist Steuerung definiert? Unter (politischer) Steuerung ist gemeinhin eine „absichtsvolle Beeinflussung" zu verstehen.[46] Derjenige der steuert, hat das Ziel, eine bestimmte „Sollgröße" zu erreichen.[47] Doch derjenige, der den Steuerkurs festlegt, muss auch Kenntnis darüber haben, welches Ziel er ansteuert und wie er dieses Ziel am besten erreichen kann. Damit sind Absicht, Ziel und Plan die notwendigen Vorraussetzungen für eine Steuerung. Mit den Worten von *Renate Mayntz* ist politische Steuerung die „Fähigkeit zur konzeptionell orientierten Gestaltung der gesellschaftlichen Umwelt durch politische Instanzen".[48]

Will man die Forschungsförderung nach ihrer Steuerungsrichtung beschreiben, so lassen sich grundsätzlich drei Orientierungen unterscheiden: Eine *Global-*

---

43 Internationale Kommission 1999: S. 4; Schröder, Thomas (2003): ‚Leistungsorientierte Ressourcensteuerung und Anreizstrukturen im deutschen Hochschulsystem. Ein nationaler Vergleich', Berlin, S. 38 m.w.N.

44 Mayntz, Renate / Scharpf, Fritz (1990): ‚Chances and problems in the political guidance of research systems', in: Krupp, Helmar (Hrsg.): Technikpolitik angesichts der Umweltkatastrophe, Heidelberg.

45 Braun, Dietmar (1997): ‚Die politische Steuerung der Wissenschaft: ein Beitrag zum korporativn Staat', Frankfurt a.M., New York, S.18.

46 Zur Diskussion um das Verständnis von Steuerung der Wissenschaft zusammenfassend Braun (1997), S. 36 ff.

47 Vgl. allgemein zum Steuerungsbegriff Braun, Dietmar /Giraud, Olivier (2003): ‚Steuerungsinstrumente', in: Schubert, Klaus / Bandelow, Nils C (Hrsg.): Lehrbuch der Politikfeldanalyse, München, Wien, S. 147-173.

48 Mayntz, Renate (1987): ‚Politische Steuerung und gesellschaftliche Steuerungsprobleme – Anmerkungen zu einem theoretischen Paradigma', in: Jahrbuch zur Staats- und Verwaltungswissenschaft, S. 92.

steuerung, deren Ziel die kontinuierliche Förderung des Forschungspotentials im Forschungssystem ist, eine *Programmförderung,* die gezielt zum Aufgreifen bestimmter Forschungsthemen veranlassen will und schließlich die *Strukturförderung,* die zum Ziel hat, strukturelle Defizite im Forschungssystem zu beseitigen.[49]

Abbildung 2: Steuerungsrichtung der staatlichen Forschungsförderung

Förderungsart		**Steuerungsrichtung**
Global	⇨	Kontinuierliche Förderung des Forschungspotentials
Programm	⇨	Gezieltes Aufgreifen bestimmter Forschungsthemen
Struktur	⇨	Beseitigung struktureller Defizite

Quelle: Eigene Darstellung nach Braun 2001:3.

Diese unterschiedlichen Steuerungsrichtungen können und sollten grundsätzlich nebeneinander in einem Forschungssystem existieren. Allerdings kann festgestellt werden, dass zu unterschiedlichen Zeiten unterschiedliche Steuerungsrichtungen in der Forschungsförderung dominiert haben, jeweils in Abhängigkeit vom jeweils favorisierten Steuerungsverständnis.
Auch die Geschichte der Großforschungseinrichtungen liest sich wie ein Spiegel der unterschiedlichen Schwerpunktsetzung einer politischen Steuerung.[50] Während in der Phase des Aufbaus des deutschen Forschungssystems in den 50er und 60er Jahren die Globalsteuerung klar präferiert wurde, ist man in den 70er Jahren verstärkt zur Programmförderung übergegangen. Die bis in die Gegenwart anhaltenden Diskussionen über die optimalen Organisationsstrukturen im Forschungssystem haben die Strukturförderung in den Vordergrund treten lassen. Eine wirkungsvolle Strukturförderung erfordert jedoch in höherem Maße eine Planung des Forschungssystems und die für die Planung erforderlichen Informationen über die Struktur aber auch über die wissenschaftlichen Inhalte.[51]

Die Frage der Informationsgewinnung der Politik über ein Expertensystem, das heißt ein System, das ein bestimmtes Wissen über einen eingegrenzten Tätigkeitsbereich – in diesem Fall das Wissen, wie man Wissen gewinnt – monopolisiert, gehört zu den Kernfragen der politischen Steuerung und soll in den fol-

---

49 Braun 2001: 3.

50 Näher hierzu Kapitel C.1.

51 Braun 2001: 3.

genden Kapiteln noch einmal vertieft werden.[52] Die vorliegende Arbeit wird daher auch untersuchen, inwieweit die POF eine Antwort auf das Problem der Informationsgewinnung gefunden hat.

1.2. Wirkung von Steuerung

1.2.1. Steuerungsoptimismus versus Steuerungspessimismus

Seit es staatliche Forschungsförderung gibt, existiert auch die Frage nach den optimalen Mechanismen der staatlichen Steuerung von Forschungsergebnissen. Folgt man dem *Ansatz des methodologischen Individualismus*, so stehen die psychologischen und motivationalen Aspekte der handelnden Akteure im Rahmen des Kooperationsprozesses im Mittelpunkt.[53] Als Ausgangspunkt der Analyse steht nicht mehr die Organisation per se im Mittelpunkt der Erkenntnis, sondern das Verhalten von Individuen innerhalb einzelner Organisationsformen.[54] Dabei ist zu beachten, dass das Individuum für eine ganze soziale Kategorie steht und folglich soziale Merkmale das Ergebnis institutioneller Entscheidungen mitbestimmen. Alle komplexen sozialen Gegebenheiten, Institutionen oder Ereignisse stellen somit das Ergebnis einer bestimmten Konfiguration von Individuen, deren Neigungen, Situationen, Überzeugungen, ihrer psychischen Hilfsmittel und ihrer Umgebung dar.
Während die Motivation des Grundlagenforschers im allgemeinen das Streben nach Erkenntnisgewinn ist, und die Lösung von gesellschaftlichen Problemen eher ein positives Nebenprodukt hiervon, ist der Ansatz des Staates verstärkt nutzenorientiert, mit Blick auf wirtschaftliches Wachstum und die Lösung von gesellschaftsrelevanten Problemen.[55]

Kann es vor diesem Hintergrund überhaupt Mechanismen der äußeren Steuerung von Forschungsprioritäten geben? In der Literatur werden hierzu sehr unterschiedliche Ansätze diskutiert, die im Folgenden kurz skizziert werden:
Das *steuerungsoptimistische Modell* geht von der optimalen Kontrolle aus: In einem hierarchischen System setzt der Staat Anreize, insbesondere durch Geld,

---

52 Vgl. ausführlich Braun 1997: 66ff. m.w.N.

53 Albert, Hans (1977): ‚Individuelles Handeln und soziale Steuerung', in: Lenk, Hans (Hrsg.): Handlungstheorien interdisziplinär IV, München, S.183.

54 Die für den methodologischen Individualismus charakteristische Verbindung von der Annahme über Individuen als Handelnde und die entsprechenden Regelmäßigkeiten des Handelns mit Annahmen über soziale Situationen, in welchen sich die handelnden Individuen befinden, als verhaltens- und ergebnissteuernde Faktoren um hierdurch individuelles Handeln und seine kollektiven Folgen zu erklären, findet sich als Idee bereits bei den schottischen Moralphilosophen und den Klassikern der Nationalökonomie (Weber, von Mieses, Schumpeter, Hayek und Popper); vgl. Boudon, Raymond / Bourricaud, Francois (1992): ‚Soziologische Stichworte', Opladen

Raub, Werner / Voss, Thomas (1981): Individuelles Handeln und gesellschaftliche Folgen, Darmstadt und Neuwied.

55 Mayntz / Scharpf 1990: 64.

um Wissenschaftler zu beeinflussen, die Forschungsprioritäten des Staates zu verfolgen.[56]

Das *steuerungspessimistische Modell* verfolgt einen eher autopoietischen Ansatz: Das Wissenschaftssystem, welches sich durch einen hohen Grad der Selbstorganisation auszeichnet, besitzt eine innere Logik und eigene Kriterien für wissenschaftliche Exzellenz, an denen sich die Wissenschaftler orientieren. Dies lässt sie für Steuerungsversuche von außen völlig unanfällig sein. Danach kann Wissenschaft von außen nur verhindert oder zerstört werden, nicht jedoch positiv beeinflusst.[57] Alle Beispiele, die bislang als Steuerungserfolge thematisiert wurden, wären demnach als Erfolge der Nicht-Steuerung zu bewerten.

Beide Modelle vertreten extreme Positionen und spiegeln vermutlich nicht die Realität wieder. Allerdings zeigen sie die Kernfragen auf, welche die Steuerungsdiskussion über die Jahrzehnte beschäftigt haben.

Das Modell der optimalen Kontrolle hat zwei Hauptkritikpunkte: Die Einflussnahme über Geldanreize ist im deutschen Forschungssystem nur relativ, keinesfalls absolut möglich. Voraussetzung der Steuerung wäre, dass sich die Forscher in einer totalen Ressourcenabhängigkeit befänden. Nachdem es aber bereits drei staatliche Ebenen der Forschungsförderung gibt (Bund-, Länder- und europäische Ebene) und daneben noch weitere private und industrielle Finanzierungsquellen existieren, ist die Möglichkeit der staatlichen Einflussnahme entsprechend relativ.[58]

1.2.2. Steuerung von Expertensystemen

Neben der Kontrollmöglichkeit setzt das Modell der optimalen Kontrolle beim Staat aber auch genügend Wissen voraus, um die richtigen Forschungsschwerpunkte zu definieren. Die Wissenschaft zählt, wie bereits erwähnt, zu den Expertensystemen. Selbst wenn die Politik sehr gut über die gesellschaftlichen Probleme informiert ist, die es zu lösen gilt, bleibt sie trotzdem sehr abhängig von dem Expertenwissen in Bezug auf die Realisierungschancen dieser Ziele. Die politische Steuerung der Wissenschaft und hier ganz besonders die Steuerung, die auf Veränderungen in der Struktur abzielt, ist darum auf organisierte Struk-

---

56 Vgl. zur ausführlichen Darstellung: Burth, Hans.-Peter / Görlitz, Axel (1998): ‚Politische Steuerung‘, Opladen, S. 31.

57 Vgl. stellvertretend Luhmann, Niklas (1988): ‚Die Wirtschaft der Gesellschaft‘, Frankfurt a.M., S. 324 ff.

58 Hierzu bedürfte es geschlossener gesellschaftlicher Verhältnisse, um eindimensional auf den Steuerungsanspruch des Staates abzustellen, vgl. König, Klaus / Dose, Nicolai (1993): ‚Klassifikationsansätze zum staatlichen Handeln‘, in: König, Klaus / Dose, Nicolai, (Hrsg.): Instrumente und Formen staatlichen Handelns, Köln, S. 5.

turen angewiesen, in denen Steuerungswissen über die Adressaten bereitgestellt wird.[59]

Die skizzierten Diskussionen zu den Interventionsmöglichkeiten von Politik und Verwaltung, die im Laufe der letzten Jahrzehnte geführt wurden, machen deutlich, dass Formen und Instrumente des staatlichen Handelns nicht als politisch-administrative „Werkzeuge" zu betrachten sind, die bei Bedarf zur sozialadäquaten Steuerung eingesetzt werden können.[60]
Schließt man sich der Auffassung an, dass auch funktional ausdifferenzierte moderne Gesellschaften in der Lage sind, durch geeignete Regelungsstrukturen Ziele absichtsvoll zu beeinflussen,[61] stellt sich nun die Frage nach dem „Wie" der Beeinflussung.[62]

Ein wichtiger Ansatz für staatliche Steuerungsaktivitäten bilden dabei die Organisationen, in denen Forschung betrieben wird. Möglichkeiten bieten sich hierbei in Form der Schaffung oder/und Auflösung von Organisationen, Festlegung der Finanzierungsmodi der Forschungseinrichtungen und die Verteilung finanzieller Ressourcen in Gestalt von Grundausstattung und Drittmitteln.[63]

Auch die Betriebswirtschaftslehre befasst sich mit diesen Steuerungs- und Organisationsfragen im Rahmen der „Neuen Institutionenökonomik".[64] Hierunter versteht man eine Reihe von methodologisch verwandten theoretischen Ansätzen, die sich aus verschiedenen Quellen speisen, sich gegenseitig ergänzen und teilweise aufeinander beziehen. Im folgenden Kapitel sollen die Ansätze der „Neuen Institutionenökonomik" näher beleuchtet und die Frage beantwortet werden, ob sich diese Ansätze aus der Betriebswirtschaftslehre auf die Organisation von Wissenschaft und Forschung übertragen lassen.

---

59 Braun 1997:18.

60 König / Dose 1993: 4.

61 Mayntz / Scharpf (1995): ‚Der Ansatz des akteurzentrierten Institutionalismus', in: Mayntz, Renate.; Scharpf, Fritz. (Hrsg.): Gesellschaftliche Selbstregelung und politische Steuerung, Frankfurt a.M., S. 39-72.

62 Anderenfalls wäre die Diskussion mit der Feststellung der Nicht-Steuerbarkeit hier zu Ende.

63 Schimank, Uwe (1995): ‚Politische Steuerung und Selbstregulation des Systems organisierter Forschung', in: Mayntz, Renate / Scharpf, Fritz. (Hrsg.): Gesellschaftliche Selbstregelung und politische Steuerung, Frankfurt a.M., S. 102.

64 Auch bezeichnet als „Institutionenökonomie" oder „institutionelle Ökonomie". Vgl. für einen Überblick über die Neue Institutionenökonomik Richter, Rudolf / Furubotn, Eirik G. (1999): ‚Neue Institutionenökonomik: Eine Einführung und kritische Würdigung', Tübingen.

1.3. Die Neue Institutionenökonomik

Die Neue Institutionenökonomik geht davon aus, dass Handlungsträger in ihrem Verhalten Ziele verfolgen, die durch eigene Interessen motiviert sind. Dabei sind strategische Verhaltensweisen im Sinne einer eigeninteressierten Ausnutzung von Situationen nicht auszuschließen.[65] So soll die Organisationseffizienz von Institutionen unter der Annahme begrenzt rational und opportunistisch handelnder Individuen erklärt und Gestaltungsmöglichkeiten abgeleitet werden. Das Ziel ist hierbei die Auswahl der effizientesten Institution mit den geringsten Koordinationskosten. Die neue Institutionenökonomik beschäftigt sich außerdem mit der Analyse der Auswirkungen von organisatorischen Veränderungen auf die Kosten und die Effizienz der Organisation. Kernpunkt der Analyse ist dabei die Frage nach der optimalen Arbeitsteilung zwischen Wirtschaftssubjekten und wie diese in Verträgen optimal vereinbart werden können.[66]

Der Begriff der Institution ist dabei weit gefasst und beinhaltet Regeln und Verfahren, soziale Normen und Gesetze sowie Organisationen, welche für das Verhalten von Individuen in von einander abhängenden Entscheidungssituationen bedeutsam sind.[67]

1.3.1. Asymetrische Informationsverteilung und Verhaltensrisiken

Die zunehmende Spezialisierung und Arbeitsteilung im Wissenschaftssystem, welche bereits beschrieben wurde, führt auch dazu, dass Informationen auf eine Vielzahl von Personen verteilt sind. Hieraus können sich sowohl fachliche Abstimmungs- und Koordinierungsprobleme ergeben wie auch Unsicherheiten über das Verhalten der beteiligten Personen.

So können Personen innerhalb eines Forschungssystems eine eigennützige Auswahl von Informationen vornehmen oder Informationen verbergen. Unsicherheiten können auch entstehen durch verdeckte Handlungen aufgrund von Unkenntnis oder/und der mangelnden Beobachtbarkeit von Handlungen.[68] Verhaltensunsicherheiten sind dabei nicht auf Handlungsträger beschränkt, die unmittelbar in der Wissenschaft tätig sind, sondern können alle Bereiche eines Forschungssystems betreffen, wie z.B. die Administration oder den Service- und Infrastrukturbereich.

Diese Verhaltensunsicherheiten treten generell dort auf, wo Handlungsträger in der Lage sind, Informationen zu ihrem Vorteil zu nutzen. Aus diesem Grund

65 Vgl. Williamson, Oliver E. (1975): 'Markets and Hierachies: Analysis and Antitrust Implications', New York, S. 26.

66 Zum Überblick vgl. Behrends, Sylke (2001): ‚Neue politische Ökonomie: Systematische Darstellung und kritische Beurteilung ihrer Entwicklungslinien', München, S. 87 ff.

67 Behrends 2001: 88.

68 So können Handlungsträger durch die mangelnde Beobachtbarkeit das Maß ihrer Anstrengungen oder/und die Qualität ihrer Leistung reduzieren. Vgl. hierzu im Folgenden Maier 1997: 21.

können gerade im Wissenschaftsbereich, welcher bestimmt ist durch ein hohes Maß an Unsicherheit beim Prozess der Wissensgenerierung, den hierfür erforderlichen Ressourcen und den zu erwartenden Ergebnissen, eine Vielzahl an strategischen Handlungen auftreten.
Eine optimale Forschungsorganisation müsste daher versuchen, die Möglichkeiten dieser strategischen Handlungen so weit wie möglich einzugrenzen. Dieser Ansatz kollidiert jedoch mit dem Postulat einer starken Autonomie der Wissenschaft, die die notwendigen Freiräume gewährt, um neues Wissen zu schaffen. In diesem Dilemma befinden sich alle Steuerungsansätze, die einerseits das strategische Handeln der einzelnen Handlungsträger reduzieren und andererseits ein rationales Wissenschaftsmanagement propagieren.[69]

Die Neue Institutionenökonomik kann unterteilt werden in drei grundlegende Konzepte, die sich jeweils auf unterschiedliche Problemkonstellationen beziehen: Die Transaktionenskostentheorie, die Princial-Agent-Theorie und die Theorie der Verfügungsrechte:[70]

1.3.2. Transaktionskostentheorie

Die Transaktionskostentheorie behandelt die Frage, welche Formen von Transaktionen in welchen institutionellen Arrangements am effizientesten abgewickelt werden können. Eine arbeitsteilige Aufgabenerfüllung erfordert den Abschluss von Verträgen zwischen den Kooperationspartnern. Der Prozess der Planung, Steuerung und Kontrolle eines Leistungsaustausches wird als Transaktion bezeichnet, die Kosten zur Regelung und Koordination wirtschaftlicher Transaktionen entsprechend als Transaktionskosten.[71] Transaktionskosten können somit auch als Reibungsverluste oder Reibungswiderstände bezeichnet werden.[72] Die zentrale Frage lautet dabei, in welche Organisationstypen mit jeweils welcher Leistungstiefe ein Aufgabenbereich vor dem Hintergrund der anfallenden Transaktionskosten gegliedert werden soll.

Im Bereich der Forschungsförderung können Transaktionskosten entstehen in Form von:

- *Informationsbeschaffungskosten* (z.B. Kosten für die Suche nach Kooperationspartnern oder/und Auswahl der zu fördernden Forschungsgebiete, Institutionen oder/und Wissenschaftler)

---

69 Vgl. Maier 1997: 22 f.

70 Vgl. Tietzel, Manfred (1991): ‚Der Neue Institutionalismus auf dem Hintergrund der alten Ordnungsdebatte', in: Jahrbuch für Neue Politische Ökonomie, Bd. 10. Tübingen, S.10.

71 Williamson 1975: 3 ff.; Williamson, Oliver E. (1994): 'Transaction Cost Economics and Organization Theory', in: Smelser, Neil J./ Swedberg, Richard (Hrsg.): The Handbook of Economic Sociology, New York, S. 77-107.

72 Vgl. Maier 1997: 45.

- *Vereinbarungs- oder/und Vertragsabschlusskosten* (z.B. Verhandlungen mit Wissenschaftlern oder/und Kooperationspartnern, genaue Festlegung der Leistungsinhalte, vertragliche Festlegung der Nutzung entstehender Rechte wie Patente, Kosten für Festlegung von Zielen, Strategien oder Budgets)
- *Kontrollkosten* (z.B. Überwachung oder/und Bemessung der Forschungsleistung, Überprüfung der zeitlichen Rahmenbedingungen)
- *Anpassungskosten* (z.B. neue Verhandlungen aufgrund veränderter Umweltzustände)[73]

Zur Planung der Transaktionskosten müssen die sie beeinflussenden Einflussfaktoren bekannt sein. Als wichtigster Einflussfaktor auf die Transaktionskosten gilt die *Faktorspezifität*, d.h. eine in die Kooperation eingebrachte Ressource ist umso spezifischer, je größer die Nutzendifferenz zur bestmöglichen Verwendungsalternative der Ressource außerhalb der angestrebten Kooperation ist oder/und je weniger das Tauschobjekt auch in anderen Austauschbeziehungen verwendet werden kann. Eine hohe Faktorspezifität, wie sie im Bereich von Forschung und Entwicklung offenkundig ist, führt zu einer starken Bindung der Akteure.[74]

Ein weiterer wichtiger Einflussfaktor ist der *Grad der Unsicherheit,* wobei man hier zwischen *Umweltunsicherheit* und *Verhaltensunsicherheit* unterscheidet. Der Grad der Unsicherheit bemisst sich dabei aus der Dynamik der Umwelt sowie der Komplexität (Anzahl der bei einer Entscheidung zu berücksichtigenden Faktoren).
Die Umweltunsicherheit beeinflusst die Höhe der Transaktionskosten. Im Bereich der Forschung besteht aufgrund des schnellen Wissenszuwachses eine vergleichsweise hohe Umweltdynamik.
Die Verhaltensunsicherheit bezieht sich auf ungleich verteilte Informationsverteilung zwischen den Kooperationspartnern. Im Bereich der öffentlichen Forschungsförderung können die Kooperationspartner wiederum auf verschiedenen Ebenen lokalisiert sein: Zuwendungsgeber und Forschungseinrichtungen, Zentrenleitung und Wissenschaftler oder auch Forschungszentren untereinander. Eine Reduktion der Transaktionskosten ist grundsätzlich über Verträge oder/und rechtliche Bestimmungen, Erfahrungen und Vertrauen der Partner möglich. Insgesamt führt eine steigende Unsicherheit zu häufigeren Anpassungen oder/und hohen Kontrollkosten, z.B. in Form von ausführlichen Berichts- und Dokumentationspflichten, wodurch die Transaktionskosten entsprechend steigen.[75]

---

73 Vgl. Maier 1997: 47; Becker, Ralph (2003): ‚Zielplanung und –kontrolle von Public Private Partnership in der Forschung', Stuttgart, S. 30 f.

74 Vgl. Becker 2003: 31.

75 Vgl. Becker 2003: 32.

Auch wenn die vorliegende Untersuchung keine Aussagen zu quantitativen Fragestellungen im Sinne einer Effizienzvermutung treffen kann, soll sie Erkenntnis darüber bringen, ob die mutmaßlichen Kompromisslösungen aufgrund der unterschiedlichen Interessenlagen der beteiligten Akteure die Transaktionskosten unverhältnismäßig hoch erscheinen lassen.

1.3.3. Theorie der Verfügungsrechte

Die Theorie der Verfügungsrechte (Property-Rights-Theorie) hat die gesellschaftlich verankerten Rechte an Gütern zum Inhalt und leitet daraus ökonomische Anreiz- und Effizenzvermutungen ab. Unter Verfügungsrechten versteht man dabei die Rechte, ein Tauschobjekt zu nutzen, formal und materiell zu ändern, die Erträge aus der Nutzung zu behalten und das Objekt ganz- oder teilweise zu veräußern.[76] Dabei wird davon ausgegangen, dass ein Akteur umso sorgfältiger und effizienter mit einem Tauschobjekt umgeht, je vollständiger ihm die Handlungs- und Verfügungsrechte daran übertragen werden. Im Falle von öffentlichen Institutionen kann es keine privaten, sondern nur „kollektive" Verfügungsrechte geben. Unter „Property Rights" sind hier Investitions-, Sach- und Personalmittel zu verstehen. Negative Folgen individuellen Fehlverhaltens werden bei kollektiven Verfügungsrechten externalisiert und damit unbeteiligten Dritten, in diesem Fall dem Steuerzahler, aufgebürdet. Sind die Eigentumsrechte, wie in diesem Fall, nicht gebündelt, sondern verstreut und nicht eindeutig zu zuordnen, so spricht man auch von einer Verdünnung der Rechte. Unter diesen Bedingungen entstehen Spielräume, die wiederum effizienzmindernd wirken können.

Im Kontext der vorliegenden Untersuchung muss die zentrale Frage folglich lauten: Welche Organisationsform der Forschungsförderung sollte gewählt werden, um den Zuwendungsempfängern einen möglichst hohen Anreiz zu geben, mit den zur Verfügung gestellten Ressourcen möglichst effizient umzugehen? Anders ausgedrückt, welche institutionellen Vorkehrungen müssen getroffen werden, um die Spielräume in geeigneter Weise zu begrenzen, ohne gleichzeitig die Handlungsmöglichkeiten im Rahmen der wissenschaftlichen Tätigkeit unnötig zu beschränken.[77]

---

76 Vgl. zur Theorie der Verfügungsrechte Demsetz, Harold (1967): 'Towards a theory of property rights', in: American Economic Review, 57, S. 347-361; Alchian, Armen A. /Demsetz, Harold (1973): 'The Property Rights Paradigm', in: Journal of Economic History, Nr. 173, S.16-27; Picot, Arnold (1981): ‚Der Beitrag der Theorie der Verfügungsrechte zur ökonomischen Analyse von Unternehmensverfassungen', in: v. Bohr, Kurt / Drukarczyk, Jochen / Drumm, Hans Jürgen / Scherrer, Gerhard (Hrsg.): Unternehmensverfassung als Problem der Betriebswirtschaftslehre, Berlin; Gäfgen, Gérad (1984): ‚Entwicklung und Stand der Theorie der Property Rights: Eine kritische Bestandsaufnahme', in: Neumann, Manfred. (Hrsg.): Ansprüche, Eigentums- und Verfügungsrechte, Berlin, S. 43-62.

77 Vgl. Maier 1997: 39.

Sind die Rahmenbedingungen des öffentlichen Dienst- und Haushaltsrechts hierfür adäquat?

1.3.4. Prinzipal - Agent - Theorie

Der zentrale Bezugspunkt in der Neuen Institutionenökonomik ist der Vertrag.[78] Mithilfe der Prinzipal - Agent - Theorie können die auf formalen und informellen Vertragsverhältnissen beruhenden Auftrags- oder/und Delegationsbeziehungen zwischen Auftraggeber *(Prinzipal)* und Auftragnehmer *(Agent)* analysiert werden, um daraus Empfehlungen für die Gestaltung der Vertragsbeziehungen abzuleiten. Im Vordergrund dieser Theorie stehen dabei die Identität und Integrität der Vertragspartner, denn aufgrund von Zieldivergenzen oder/und Interessenskonflikten und Informationsasymmetrien zwischen den Parteien kann es zu Unsicherheiten hinsichtlich der Vertragserfüllung kommen. Der Interessenkonflikt entsteht dadurch, dass der Agent in erster Linie deshalb für den Prinzipal tätig wird, weil er damit im Rahmen der ihm gesetzten Handlungsspielräume eigene Ziele verfolgt.

Von besonderer Bedeutung ist dabei die Informationsasymmetrie zwischen Auftraggeber und Auftragnehmer. Von Informationsasymmetrie spricht man, wenn einer der an einer Transaktion Beteiligten mehr weiß als der andere und diesen Vorteil zum Schaden des anderen ausnutzt. Die Prinzipal-Agent-Theorie unterscheidet dabei zwischen Formen von Informationsasymmetrien, die vor Vertragsschluss bestehen und solchen, die nach Vertragsschluss eintreten können.[79]

Eine asymmetrische Informationsverteilung, die vor Vertragsschluss auftreten kann, wird als *„Hidden characteristic"* bezeichnet. Danach bleiben dem Auftraggeber Eigenschaften des Auftragnehmers oder der von ihm angebotenen Güter oder/und Leistungen ganz oder teilweise verborgen. Im Kontext der Forschungsförderung können z.B. gewisse Unsicherheiten bestehen über die Begabung, Talent und Qualifikation von Wissenschaftlern. Diese Eigenschaften werden dem Auftraggeber erst nach Vertragschluss offenbar. Die Gefahr der Auswahl ungeeigneter Vertragspartner bezeichnet man als *„Adverse selection"*.

Nach Vertragsabschluss kann das Problem auftauchen, dass der Auftraggeber das Verhalten des Auftragnehmers nicht beurteilen kann. Zwar kennt er das Handlungsergebnis, doch nicht das Ausmaß von Anstrengung, Fleiß und Sorgfalt des Agenten. Diese Informationsasymmetrie bezeichnet man als *"Hidden action"*, die daraus resultierende Verhaltensunsicherheit als *„Moral hazard"*.

---

78 Vgl. hierzu und zum Folgenden Behrends 2001: 92 f. m.w.N.

79 Vgl. hierzu und zum Folgenden Becker 2003: 36 f.; Maier 1997: 42f.; Schröder 2003: 65 ff.

Als weitere Form der asymmetrischen Informationsverteilung nach Vertragsschluss bezeichnet man die Problematik, dass der Auftraggeber nicht weiß, wie sich der Auftragnehmer im Laufe der Zeit verhält. Dies wird als *„Hidden intention"* bezeichnet, die damit verbundene Verhaltensunsicherheit als *„Hold up"*. Diese Form der Verhaltensunsicherheit ist insbesondere dann kritisch, wenn der Auftraggeber bereits durch hohe Investitionskosten in ein Abhängigkeitsverhältnis geraten ist und den Auftragnehmer nur unter hohem Aufwand und Kosten zu interessenskonformem Verhalten bewegen kann.

Je spezifischer eine Leistung ist, auf die sich der Kontrakt bezieht, desto schwieriger ist es für den Auftraggeber, alle Eventualitäten vertraglich abzudecken. Bei der Handhabung von Problemen aus asymmetrischer Informationsverteilung können sogenannte *„Agency-Kosten"* entstehen, wie z.B. Kosten für die Informationsbeschaffung, aber auch Überwachungs- und Kontrollkosten, sowie verbleibende Wohlfahrtsverluste.

Im vorliegenden Kontext der Forschungsförderung können die beschriebenen Informationsasymmetrien auf verschiedenen Ebenen auftauchen, nämlich zum einen zwischen Zuwendungsgeber (Ministerialbürokratie) und Forschungsorganisation oder/und -zentrum und zum anderen zwischen der Leitung und den Mitarbeitern des einzelnen Forschungszentrums (siehe Abb. 3). *Dietmar Braun* hat daher die Beziehung zwischen Prinzipal und Agent im Bezug auf Forschungsförderorganisationen um einen dritten Akteur erweitert: Die Wissenschaftler. Von den Wissenschaftlern (und den anderen zentralen Einrichtungen oder/und der Verwaltung einer Forschungseinrichtung) hängt letztlich die Forschungsorganisation (Agent) ab, um den Erwartungen des Prinzipals (Zuwendungsgeber) zu entsprechen.[80]

80 Braun, Dietmar (1993): 'Who governs intermediate agencies? Principal agent relations in research policy-making', Journal of Public Policy, Nr. 2, S. 135-162. Im Modell von *Braun* ist als Forschungsorganisation eine Förderorganisation gemeint. Dieses Modell könnte jedoch auch auf eine Forschungseinrichtung angewandt werden, da die Führung dieser Einrichtung ebenfalls bis zu einem gewissen Grad mit Informationsasymmetrien konfrontiert ist.

Abbildung 3: Principal-Agent-Beziehungen in der Forschung

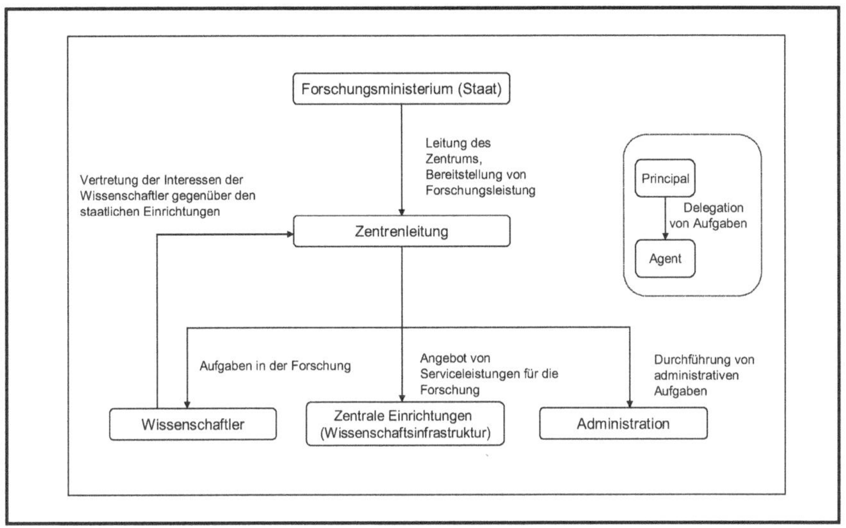

Quelle: Modifizierte Darstellung nach Schröder 2003: 73.

Anhand der Prinzipal-Agent-Problematik wird deutlich, dass Interessenskonflikte und Informationsasymmetrien eine Ausführung linear-hierarchischer Anweisungen in der öffentlichen Forschungsförderung als unwahrscheinlich oder zumindest wenig effizient erscheinen lassen. Die Leistungsfähigkeit einer Organisation kann hier nur erreicht werden, wenn es gelingt, einen weitgehenden Ziel- und Interessenausgleich zwischen Prinzipal und Agent auf den verschiedenen Ebenen herzustellen.[81] Im Verhältnis zwischen Zuwendungsgebern und Forschungsinstituten findet eine Reduzierung von Informationsasymmetrie statt durch formale Verhaltensrestriktionen, wie zum Beispiel die Anwendung des öffentlichen Haushalts-, Personal- und Beschaffungsrechts und entsprechende Kontroll- und Informationssysteme wie beispielsweise ein Berichtswesen über die Verwendung der Mittel und vorgenommenen Handlungen.

Im Bezug auf die Förderung von Wissenschaft und Forschung tritt wiederum die bereits angedeutete Problematik auf, dass die unterschiedlichen Mechanismen zum Schutz vor strategischen Handlungen die Handlungsmöglichkeiten der Wissenschaft einschränken und in der Konsequenz die wissenschaftlichen Risiken und Unsicherheiten durch institutionelle ergänzen.[82]

81 Vgl. Becker 2003: 37.

82 Vgl. Maier 1997: 44.

1.3.5. Zwischenfazit und Kritik

Zunächst ist festzustellen, dass die Neue Institutionenökonomie mit ihren Ansätzen der Transaktionskostentheorie, der Property-Rights-Theorie und der Prinzipal-Agent - Theorie durchaus geeignet ist, die aufgrund von Ziel- und Interessenskonflikten sowie assymetrischer Informationsverteilung auftretenden Planungs-, Steuerungs- und Kontrollprobleme in der institutionellen Forschungsförderung zu erfassen und zu erklären. Dabei versucht die Neue Institutionenökonomie auch nicht-ökonomische Akteure / Institutionen sowie eine soziale Dimension einzubeziehen, ohne dabei das ökonomische Effizienzparadigma aufzugeben.

Hier jedoch setzt auch gerade die Kritik dieses Ansatzes an, denn viele der Transaktionen sind nicht einfach (wenn überhaupt) monetär zu bemessen. Die Erkenntnis der negativen Externalitäten kann somit nur unzureichend in derartigen Berechnungen abgebildet werden. Ein anderer Kritikpunkt ist, dass bei diesem utilitaristischen Ansatz das Primat des Effizienzkalküls und der rationalen Entscheidung herrscht und damit andere soziale Faktoren wie das Verhältnis zur Öffentlichkeit und zum Staat, Werte, Kultur, Vertrauen und auch Macht nicht ausreichend berücksichtigt werden – zumindest insoweit als sie sich nicht adäquat monetär oder/und in Präferenz- oder Nutzenfunktionen abbilden lassen.[83]
Die beteiligten Akteure sollten nicht ausschließlich als individuelle Nutzenmaximierer mit begrenzter Rationalität und opportunistischem Verhaltenspotential betrachtet werden, wie es die Institutionenökonomik nahe legt.

Rudolf Richter vergleicht die neue Institutionenökonomie mit neueren soziologischen Ansätzen und kommt zu dem Ergebnis, dass den beiden Sichtweisen ein unterschiedliches Menschenbild zugrunde liegt: Während in den soziologischen Ansätzen verschiedene Handlungsmotivationen angenommen werden, dominiert in der Ökonomie die rationale Entscheidung. Die unterschiedlichen Ansätze könnten nach seiner Sicht durchaus einander näher gebracht werden, indem beispielsweise Pfadabhängigkeiten und Aspekte von Macht, Kultur und „Fairness" in den ökonomischen Ansätzen stärker berücksichtigt werden.[84]

Die geschilderten Probleme von Transaktionskosten, Verfügungsrechten und Informationsasymmetrie können allerdings wertvolle Hinweise geben auf die entscheidenden Punkte im Zusammenspiel zwischen Staat (Politik und Ministerien) und der Helmholtz-Gemeinschaft als Forschungsorganisation oder/und in

83 Vgl. Hollingsworth, J. Roger / Schmitter, Phillip / Streeck, Wolfgang (1994): 'Countries and Sectors. Concluding Remarks on Performance, Convergence, and Competitiveness', in: Hollingsworth, J. Roger / Schmitter, Phillip / Streeck, Wolfgang (Hrsg.): Governing Capitalist Economies. Performance and Control of Economic Sectors. Oxford, New York, S. 270 f.

84 Richter, Rudolph (2001): 'New Economic Sociology and New Institutional Economics. Annual Conference of the International Society for New Institutional Economics ', Berkley, California, S. 32.

den Helmholtz-Zentren zwischen Leitung und Wissenschaftlern, wie sie auch in der Konzeptionalisierung der POF virulent wurden.
Die Lösung dieser Probleme im Rahmen der programmorientierten Förderung musste allerdings umfassender, unter der Berücksichtigung weiterer soziologischer Aspekte, wie beispielsweise dem Verhalten der Wissenschaftler in ihrer „scientific community“, angegangen werden. Auch waren die Machtverhältnisse aufgrund der föderalen Finanzierungsstruktur und der relativ starken Autonomie der Wissenschaft zu berücksichtigen, wie noch weiter unten zu zeigen sein wird.[85]

Die in diesem Kapitel behandelten Inhalte lassen sich folgendermaßen zusammenfassen: Die Ansätze der Neuen Institutionenökonomie mit ihren Theorien der Transaktionskosten, Verfügungsrechte und Prinzipal-Agent-Beziehungen können einen wichtigen Beitrag leisten, die Beziehungen und Zielkonflikte der Akteure im forschungspolitischen Kontext zu verdeutlichen. Die Auseinandersetzungen mit den Rahmenbedingungen für Wissenschaft und Forschung oder/und dem Umfeld, in welchem gute Wissenschaft entsteht, legen jedoch nahe, dass die Ausgestaltung vertraglicher Beziehungen und Anreizmechanismen die rein monetär bewertet sind, Motivationsstrukturen von Wissenschaftlern und die wissenschaftssoziologischen Rahmenbedingungen nicht ausreichend berücksichtigen.[86] Aus diesem Grund wird die dargestellte Theorie der Institutionenökonomik im Verlauf der Arbeit nicht weiter herangezogen werden, um die durch die POF geschaffenen Strukturen hinsichtlich ihrer Effizienz und Adäquanz zu beurteilen.

2. Bisherige Steuerungsmodelle in der Forschungsförderung

Wie hatte der Staat bislang versucht, steuernd auf die öffentlich geförderte Forschung Einfluss zu nehmen? Nachfolgend sollen die unterschiedlichen Steuerungsansätze, die bereits in der Forschungsförderung mit unterschiedlichem Erfolg angewendet wurden, kurz skizziert werden. In *Kapitel C 1.* wird deutlich werden, dass die Geschichte der Großforschungseinrichtungen auch ein Spiegel der unterschiedlichen Ansätze der forschungspolitischen Steuerung ist. Diese Schilderung soll als Basis dienen, um die Argumentationen der Akteure im Dialog um die programmorientierte Förderung besser nachvollziehen zu können. Zunächst soll nun der Ansatz des „Science-push-Modells“ näher betrachtet werden.

---

85 Vgl. Kapitel B 4.3.

86 So im Ergebnis auch Schröder 2003: 81 f.

2.1. Das „Science-push-Modell“

Während die technologische Innovation in der neo-klassischen Ökonomie lediglich als bestehende Größe betrachtet wurde, und der Innovationsprozess als zu komplex erschien, um in allen Einzelheiten beschrieben zu werden („Black Box“),[87] begann die evolutorische Ökonomie die Antriebskräfte und Dynamik des Innovationsprozesses zu untersuchen. Dabei stellte sich zum einen die Frage nach den relevanten Input- und Output-Faktoren, aber auch nach den internen Vorgängen in der „Black Box“, durch welche Innovationen realisiert werden.[88] Eine zentrale Frage dabei war, ob neue Produkte und Prozesse vor allem die Folge neuer wissenschaftlicher und technologischer Entwicklungen sind („science and technology push“) oder ob sie durch eine neue Nachfrage entstehen („demand pull“).[89]

Die bundesdeutsche Forschungspolitik der 50er und 60er Jahre orientierte sich weitgehend am „Science- Push-Modell“.[90] Dieses basierte auf einem „linearen“ Innovationsmodell, welches davon ausging, dass eine „freie“ Grundlagenforschung die Voraussetzung und Basis des technologischen und gesellschaftlichen Fortschritts bilden würde. Danach sollte sich der Wissenschaftsfortschritt über den (quasi automatischen) Transfer des Grundlagenwissens in die angewandte Forschung vollziehen und von dort weiter in die Entwicklung, bis zur technischen Anwendung und schließlich in die Verbreitung der Anwendung.[91]

Entsprechend großzügig wurden z. B. die in den Jahren 1956-1960 gegründete "erste Generation" von sechs Forschungszentren,[92] die später als Großforschungseinrichtungen bezeichnet wurden[93] gefördert.[94] Doch die Erwartungen an das Science-Push-Modell erfüllten sich nicht. Die verwertbaren Ergebnisse insbesondere aus der Kernforschung, die nachweislich zum Wirtschaftswachstum hätten beitragen sollen, blieben weitgehend aus.[95]

---

87 Freeman, Christopher (1994): ‘The economics of technical change’, in: Cambridge Journal of Economics 1994 Nr. 18, S. 463.

88 Rosenberg, Nathan (1982): ‘Inside the Black Box, Cambridge’; Rosenberg, Nathan (1994): ‘Exploring the Black Box’, Cambridge, Massachusetts.

89 Einer der Hauptvertreter der „demand pull“-These war Schmookler, indem er annahm, dass Innovationen durch die Nachfrage stimuliert werden, die weitere Investitionen nach sich zieht. Vgl. Schmookler, Jacob (1966): ‘Invention and Economic Growth’, Cambridge, Massachusetts.

90 Braun 2001: 13

91 Vgl. z.B. als prominenten Vertreter dieses Modells Polanyi (1962).

92 Vgl. zur Geschichte der Großforschungseinrichtungen Kapitel C.1.

93 vgl. Ritter, Gerhard A. (1992): ‚Großforschung und Staat in Deutschland: ein historischer Überblick‘, München, S. 61.

94 Vgl. Hohn, Hans-Willy / Schimank, Uwe (1990): ‚Konflikte und Gleichgewichte im Forschungssystem. Akteurkonstellationen‘, Frankfurt a.M., S. 253 ff.

95 Vgl. Hohn / Schimank 1990: 277 f. m.w.N.

2.2. Staatlicher Interventionismus in den 70er Jahren

Seit Mitte der 60er bis Mitte der 70er Jahre war die Forschungspolitik durch eine aktivere oder/und interventionistische Haltung des Staates gekennzeichnet. Dahinter verbarg sich der Anspruch, durch eine primär hierarchische, etatistische Planung und Gestaltung gesellschaftlicher Felder durch die Politik (mit der Ministerialbürokratie als zentralem Gestaltungssubjekt) wirtschaftliche Ungleichgewichte und Folgekosten auszugleichen oder zumindest abzufedern.[96]

So erließ 1971 das Bundesministerium für Bildung und Wissenschaft (BMBW) die „Leitlinien zu Grundsatz-, Struktur- und Organisationsfragen von rechtlich selbständigen Forschungseinrichtungen".[97] In diesen wurden sowohl die Steuerungsbefugnisse der staatlichen Instanzen des Bundes und der Länder gegenüber den Großforschungseinrichtungen wie auch die Mitwirkung des wissenschaftlich-technischen Personals der Einrichtungen an Forschungsentscheidungen geregelt. Zudem wurde die Rolle der Forschungspolitik neu definiert. Die Großforschungseinrichtungen sollten für das Bundesforschungsministerium die primären Partner sein, um die forschungspolitischen Förderprogramme des Bundes durchzuführen.[98]

Seit Mitte der siebziger Jahre hatte das Bundesministerium für Forschung und Technologie (BMFT), wie es nun hieß, große Anstrengungen unternommen, die Großforschung zu einer zentralen Instanz des Technologietransfers im Wirtschaftssystem zu machen. Diesem Ziel dienten auch eine Reihe von Gesprächskreisen zwischen Großforschung und Bundesverband der Deutschen Industrie (BDI), die jedoch nicht den vom BMFT gewünschten Erfolg brachten. 1984 veröffentlichte der BDI eine ausführliche Stellungnahme zum Verhältnis von „Industrie und Großforschung".[99] Diese enthielt eine detaillierte Auflistung von „Schwachstellen" der Großforschungseinrichtungen aus Sicht der Unternehmen. Der BDI bemängelte u.a. die starke „Bürokratisierung" der Großforschungseinrichtungen, die sich gerade auch im Hinblick auf Kooperationsabkommen mit den Unternehmen bemerkbar machten und einen Grund für die personelle Immobilität darstellten. Die Arbeitsprinzipien einer „akademischen" Großforschung würden der theoretischen Weiterentwicklung einer Technologie den Vorzug geben vor einer praktischen Ausarbeitung. Terminliche Vereinbarungen für die Fertigstellung bestimmter Projekte würden oftmals nicht eingehalten und

96 Braun, Dietmar/ Giraud, Olivier (2003): ‚Steuerungsinstrumente', in: Schubert, Klaus / Bandelow, Niels C. (Hrsg.): Lehrbuch der Politikfeldanalyse, München, Wien, S.158.

97 BMBW (Hrsg.) (1971): Leitlinien des Bundesministers für Bildung und Wissenschaft zu Grundsatz-, Struktur- und Organisationsfragen von rechtlich selbständigen Forschungseinrichtungen, an denen die Bundesrepublik Deutschland, vertreten durch den Bundesminister für Bildung und Wissenschaft, überwiegend beteiligt ist. Schriftenreihe Forschungsplanung 2a, Bonn.

98 Hohn / Schimank 1990: 268.

99 BDI(Hrsg.) (1984): ‚Industrie und Großforschung. Vorschläge zur zukünftigen Entwicklung der Großforschungseinrichtungen und zur Verbesserung der Kooperationsmöglichkeiten mit der Industrie'.

die Publikationsinteressen der Forscher wären den Forschern oftmals wichtiger als die Geheimhaltungsinteressen der Unternehmen. Die Steuerungsbestrebungen des BMFT waren demnach zunächst weitgehend gescheitert.[100]

2.3. „Governing failures“ als Erkenntnis der Implementationsforschung

Dies war auch das Ergebnis der zu dieser Zeit einsetzenden Implementationsforschung, die nach den Auswirkungen der staatlichen Steuerungsbemühungen fragte. Das Ergebnis vieler Studien war, dass die jeweiligen Gestaltungsobjekte die ambitionierten Planungen staatlicher Politik nicht einfach über sich ergehen ließen, sondern eigendynamisch Aktivitäten entfalteten. Es entstand der Eindruck, dass politische Impulse an gesellschaftlichen Teilsystemen, wie sie auch die staatlich finanzierte Forschung darstellt, abprallten oder zumindest zu anderen, nicht intendierten Effekten führte.[101]
In der „Krise des Wohlfahrtstaates“ stellte das Implementationsproblem dabei einen Aspekt des Staatsversagens (*Governing failures*) dar, welches in diesem Zusammenhang thematisiert wurde.[102]

Die daraus folgende zunehmende Rücknahme aktiver politischer und administrativer Steuerung ging dabei jedoch einher mit dem Aufkommen neuer, internationaler Regulierungsmechanismen, die sich verstärkt an markt- und (privat-) wirtschaftlichen Interessen und Inhalten orientierten. Begriffe wie „Markt“ und „Wettbewerb“ traten in das politische „Steuerungsbewußtsein“, welches keineswegs komplett aufgegeben wurde, sondern dahingehend modifiziert wurde, dass die Steuerungsbemühungen, unter Verweis auf den „nationalen Wettbewerbsstaat“[103] nun verstärkt im Lichte wirtschaftlicher Interessen gesehen wurden.[104]

---

100 Vgl. ausführlicher Kapitel C.1.2.

101 Schimank,Uwe (2002): Governance in Hochschulen, Vortrag, Veranstaltung „Professionelles Wissenschaftsmanagement als Aufgabe“ des Zentrums für Wissenschaftsmanagement, 22.10.2002, Wissenschaftszentrum Bonn, Verfügbar über http://www.zwm-speyer.de/VortragSchimank.pdf [Datum des Zugriffs: 15.05.2005], S. 2.

102 Mayntz, Renate (1993): 'Governing Failures and the Problem of Governability: Some Comments on a Theoretical Paradigm', in: Kooiman, Jan (Hrsg.): Modern Governance: New Government-Society Interactions, London, S. 9-20.

103 Hirsch, Joachim (1995): ‚Der nationale Wettbewerbsstaat: Staat, Demokratie und Politik im globalen Kapitalismus‘, Berlin, Amsterdam.

104 Zusammenfassend Brunnengräber, Achim / Dietz, Kristina / Hirschl, Bernd / Walk, Heike (2004): ‚Interdisziplinarität in der Governance-Forschung‘, Diskussionspapier des Instituts für ökologische Wirtschaftsforschung Nr. 4, Berlin, S. 4 ff.

3. New Public Management (NPM) als neues Steuerungsmodell

Unter dem Schlagwort „New Public Management (NPM)[105] oder „Neues Steuerungsmodell“ (NSM) sollte in der Folge mit neuen Anreiz- und Kontrollsystemen, unter Bezugnahme auf modifizierte betriebswirtschaftliche Funktionen, eine Steigerung von Effizienz und Effektivität erreicht werden. Diese sich in Deutschland vollziehende grundsätzliche Neuausrichtung des Verwaltungsmanagements ist dabei eingebettet in eine in vielen Ländern westlicher Prägung stattfindende Reformbewegung.[106] In der Mehrzahl hat diese Reformbewegung dort früher eingesetzt als in Deutschland, meist auf kommunaler Ebene und sich dann auf weitere staatliche Ebenen ausgedehnt.[107] Auslöser für diese Reformen war häufig eine tiefgreifende Finanzkrise.

Da es sich bei NPM vorwiegend um eine „Praktiker-Bewegung“ handelt, ist New Public Management nicht als in sich geschlossenes Modell zu verstehen.[108] Kennzeichnend für Reformbewegungen, die unter NPM diskutiert werden, ist die traditionelle politische und rechtliche Steuerung durch eine ökonomische Steuerung zu ergänzen.[109] Nach *Brüggemeier* ist NPM eine „verwaltungswissenschaftlich aufgeklärte, interdisziplinäre aufgeschlossene und empirisch reflektierte betriebswirtschaftliche Lehre von der effizienz- und effektivitätsorientierten Gestaltung und Steuerung der Wahrnehmung öffentlicher Aufgaben“.[110]

Dabei gilt für das Verhältnis von Politik und Verwaltung in Deutschland ebenso wie in anderen Ländern: Die Stärkung der strategischen Führungen auf politi-

---

105 Eine ausführliche Erläuterung des Begriffs „New Public Management“ findet sich bei Schröter, Eckhard / Wollmann, Hellmut: ‚New Public Management‘, in: Blanke, Bernhard /v. Bandemer, Stephan / Nullmeier, Frank / Wewer, Göttrik (Hrsg.): Handbuch zur Verwaltungsreform, 2. Aufl., Opladen, S.71 ff.

106 Die Adaption der wesentlichen Elemente von NPM im Rahmen von Modernisierungsmaßnahmen in deutschen Verwaltungen unter dem Begriff „Neues Steuerungsmodell“ wurde maßgeblich von der KGSt geprägt, vgl. Kommunale Gemeinschaftsstelle (1992): ‚Wege zum Dienstleistungsunternehmen Kommunalverwaltung – Fallstudie Tilburg‘, KGSt-Bericht 19/1992, Köln, S.12 f.

107 So berichteten in den USA Osborne/Gaebler bereits 1992 über erste Erfahrungen der Kommunal- und Staatsverwaltungen im Rahmen von Umsetzungsprojekten des New Public Management. Vgl. Osborne, David / Gaebler, Ted (1992): 'Reinventing Government', Reading, Massachusetts.

Parallel hierzu brachte Margaret Thatcher in Großbritannien tiefgreifende gesellschaftliche Reformen auf den Weg, darunter auch eine grundsätzliche Reform der öffentlichen Verwaltung. Weitere Länder wie Kanada, Australien und Neuseeland folgten diesem Beispiel. Einen Überblick über die internationalen Reformansätze bietet Busch, Volker (2004): ‚Wettbewerbsbezogene Controllinginstrumente im Rahmen des New Public Management‘, München, S.51 ff.

108 Borins, Sandford / Grüning, Gernod (1998): ‚New Public Management – Theoretische Grundlagen und problematische Aspekte der Kritik‘, in: Budäus, Dietrich / Conrad, Peter / Schreyögg, Georg (Hrsg.): Managementforschung, Bd. 8. Berlin, New York, S. 14.

109 Vgl. hierzu Mundhenke, Ehrhard (2001): ‚Controlling / KLR in der Bundesverwaltung – Was man über KLR wissen sollte‘, in: Fachhochschule des Bundes für öffentliche Verwaltung (Hrsg.), 3. Aufl., Brühl 2001, S. 4.

110 Brüggemeier, Martin (2001): ‚Public Management‘, in: Anke Hanft (Hrsg.): Grundbegriffe des Hochschulmanagements, Neuwied, S. 377.

scher Ebene und eine umfassende Aufgabenerfüllung auf der Verwaltungsebene. Hieraus folgt ein Abbau der Übersteuerung im operativen und der Untersteuerung im strategischen Bereich.[111]

Auch das Konzept der programmorientierten Förderung ist gekennzeichnet durch Elemente des Wettbewerbs, der Stärkung des strategischen Elements und der Forderung nach einer Globalsteuerung. Im Rahmen der Bestandsaufnahme der erreichten Implementation der POF in Kapitel E 3. soll untersucht werden, in wieweit sich die Elemente des New Public Management in diesem Konzept wieder finden oder/und in wieweit sie schon implementiert wurden.

3.1. Strategische Steuerung und Erfolgskontrolle: Elemente des New Public Management

Zunächst ist zu beschreiben, aus welchen Elementen die Idee des New Public Management im Grundsatz besteht. Auch wenn es in der Gewichtung einzelner Maßnahmen Unterschiede in den verschiedenen Ländern gibt, so lassen sich doch gemeinsame Charakteristika der internationalen Reformbewegung des NPM identifizieren:[112]

- Ein Wechsel von der Bestandssicherung (Input) zur Ergebnisorientierung (Output), mit Markt und Wettbewerb als den entscheidenden Steuerungsmechanismen.
- Eine Abkehr von detaillierten rechtlichen Regelungen und Steuerungseingriffen des politisch-administrativen Systems zugunsten einer strategischen Steuerung. Entsprechend verändert werden müssen die institutionellen Rahmenbedingungen, die die geförderte Organisation stärker den Mechanismen von Markt und Wettbewerb unterwerfen sollen. Dies sind insbesondere Flexibilisierungsinstrumente im Haushaltsrecht und der Personalbewirtschaftung, wie beispielsweise die Einführung eines Globalbudgets in Verbindung mit Leistungsvereinbarungen, um dadurch einen eigenverantwortlichen, flexibleren und effizienteren Ressourceneinsatz der geförderten Organisation zu ermöglichen.
- Damit verbunden ist eine entsprechende Erfolgskontrolle der vereinbarten Leistungsziele statt wie bisher eine Ex-post-Leistungskontrolle durch politisch-administrative und rechtliche Prüfinstanzen.
- Die Stärkung der Eigenverantwortung geht einher mit einer Stärkung von Managementstrukturen und Managementkompetenz, die eine entsprechende

---

111 Busch, Volker (2004): ‚Wettbewerbsbezogene Controllinginstrumente im Rahmen des New Public Management', München, S. 51 f.

112 Borins/Grüning 1998: 14. Vgl. auch Ziegele, Frank (2005): ‚Die Umsetzung von Neuen Steuerungsmodellen (NSM) im Hochschulrecht', in: Fisch, Rudolf / Koch, Stefan: Hrsg.): Neue Steuerung von Bildung und Wissenschaft, Bonn, S.109 f.

Professionalisierung des Managements, beispielsweise durch ein kaufmännisches Finanzmanagement erfordert.

Das Verhältnis von Staat und Organisation unter NPM ist außerdem gekennzeichnet durch eine Mediatisierung, indem Aufgaben der strategischen Steuerung sowie der Kontrolle der Leistungserfüllung an ein Aufsichtsorgan übertragen werden, das Repräsentanten des Wissenschaftssystems und der Gesellschaft umfasst.

Die Kernelemente des NPM, wie sie auch in einer auf wissenschaftlicher Eigenverantwortung basierenden Forschungseinrichtung eingesetzt werden könnten, sind in folgender Abbildung dargestellt:

Abbildung 4: Kernelemente eines unternehmerischen Forschungsmanagements

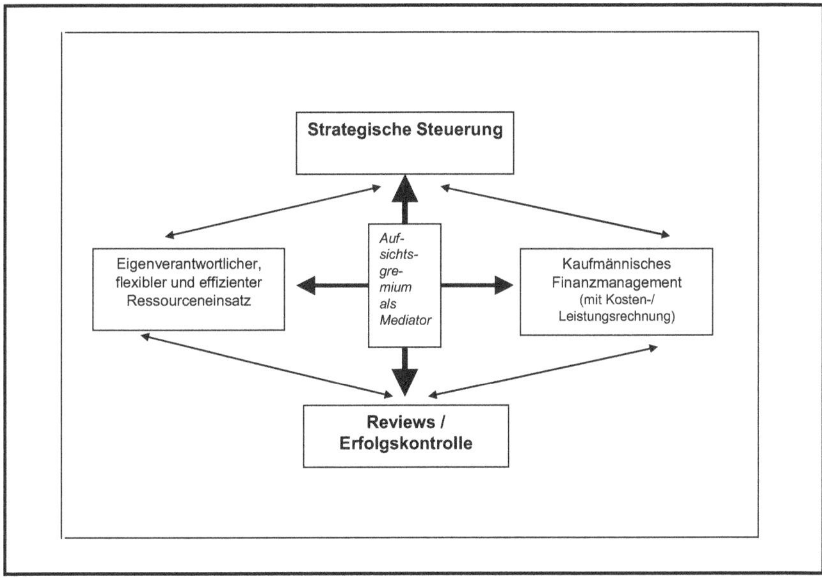

Quelle: Modifizierte Darstellung nach Knoche, Meinhard (2005): ‚Programmbudget: Scorecard für die Forschung?', in: Wissenschaftsmanagement, Nr. 3, S. 21.

Die Zielrichtung ist dabei eine doppelte: Steigerung der Effizienz der Organisation durch Optimierung des Ressourceneinsatzes und Steigerung der Effektivität, d.h. der Leistungsfähigkeit der Mitglieder der Organisation und letztlich der Organisation selbst.

Es wird davon ausgegangen, dass die theoretische Basis für das NPM in großem Maße durch die Neue Institutionenökonomie geliefert wurde[113] sowie durch den sogenannten „Managerialismus“, der eine große Anzahl verschiedener Management-Ansätze zur Reform des öffentlichen Sektors repräsentiert.[114] Danach sollten Aufgabenfelder mit hoher Spezifität und hoher strategischer Relevanz bevorzugt weiterhin durch den Staat und seine öffentlichen Verwaltungen wahrgenommen werden. Als Bewertungskriterium dienen hier die Transaktionskosten.[115]

Allerdings reicht es nicht aus, eine Verwaltungsreform auf die Binnenreform und damit auf die Anwendung von Managementkonzepten zu reduzieren. *Dietrich Budäus* weist darauf hin, dass zwischen einer verstärkt nutzerorientierten Leistungsfinanzierung und Binnenmodernisierung infolge einer verstärkten internen Managementorientierung und der externen Strukturreform, d.h. vor allem einer Schaffung von Wettbewerbsbedingungen oder/und Wettbewerbsäquivalenten, ein unmittelbar wechselseitiger Zusammenhang besteht.[116] Eine wirksame Steigerung von Effektivität und Effizienz erfordert eine systematische Umsetzung und Anwendung von Managementwissen bei intern praktizierten Verfahren und umgekehrt die Gewährleistung von positiver oder/und negativer Sanktionierung von Verwaltungshandeln. Die Definition von Wettbewerbsäquivalenten, z.B. in Form eines Benchmarking vergleichbarer Einrichtungen, setzt wiederum systematische Verfahren zur Erfassung und Dokumentation von Vergleichsgrößen voraus.[117]

3.2. Public Governance als Weiterentwicklung des New Public Managements

In jüngerer Zeit wird das Konzept von New Public Management um den Begriff der *Public Governance* erweitert, wobei die beiden Konzepte (noch) relativ schwer voneinander abzugrenzen sind.

Der Begriff der *Governance* wird dabei gegenwärtig generell mit den verschiedensten Bedeutungen und Konzepten verknüpft.[118] In der politikwissenschaftlichen Forschung wird er zunehmend als eine Art Gegenbegriff zu hierarchischer

---

113 Vgl. hierzu im Kontext der Forschungsförderung Maier 1997: 48 ff. m.w.N.

114 Borins / Grüning 1998: 15f.

115 Budäus, Dietrich (1998): ‚Von der bürokratischen Steuerung zum New Public Management - Eine Einführung‘, in: Budäus, Dietrich / Conrad, Peter / Schreyögg, Georg (Hrsg.): Managementforschung, Bd. 8. Berlin, New York, S. 4.

116 Budäus 1998: 5.

117 Budäus 1998: 5.

118 Zu den verschiedenen Ansätzen vgl. Jansen, Dorothea (2004): ‚Governance of research networks‘, FÖV Discussion Paper Nr. 11, S. 3 ff. m.w.N.

Steuerung verwendet, wobei er sich sowohl auf die Regelungsstruktur wie auch auf den Prozess der Regelung bezieht.[119]
Während Steuerung als die fachsprachliche Präzisierung staatlicher Interventionen in die Gesellschaft interpretiert wurde,[120] wohnt dem Begriff der Governance ein verändertes Aufgabenverständnis des Staates inne. Er ist nicht mehr der zentrale Akteur oder/und die übergeordnete Regulierungsinstanz.[121] Vielmehr wird in diesem Zusammenhang nicht selten vom korporativn und moderierenden Staat gesprochen. Das Konzept von Public Governance verfolgt die Verschlankung bürokratischer Abläufe bei gleichzeitiger Öffnung für private und gesellschaftliche Akteure und Einbindung der Adressaten. Anders formuliert bleibt die Stoßrichtung („Schlanker Staat", Steigerung von Effizienz) gleich, nur werden die Akzente („Gestaltung und Steuerung von Organisationsverbänden und Netzwerken statt einzelner öffentlicher Einrichtungen", „aktivierender Staat") anders gesetzt und das Konzept von NPM um den Aspekt „Umgang bürokratischer Regelungsinstanzen mit ihren Adressaten" erweitert.
Der Governance-Begriff wird damit auch als Gegenreaktion auf eine übertriebene managerialistische Ausrichtung unter NPM interpretiert und folgt der Einsicht, dass weder Etatismus noch der Markt allein den idealen Lösungsansatz bieten.[122] Vielmehr muss eine „intelligente" Kombination dieser Elemente unter Einbeziehung weiterer Governance-Mechanismen erfolgen.[123] Wie schon in der Kritik der neuen Institutionenökonomie aufgezeigt,[124] reicht es nicht aus, nur auf „markt- und wettbewerbseffektive" Mechanismen zu vertrauen. Vielmehr müssen diese eingebettet werden in den staatlichen Organisationsrahmen, unter Berücksichtigung weiterer Faktoren, wie z.B. Netzwerkstrukturen bestimmter Kulturen, wie hier der scientific communitiy.[125]

Auf den Kontext der vorliegenden Arbeit bezogen bedeutet dies, dass in stärkerem Maße hinterfragt wird, ob die Steuerungsmechanismen von Markt und Wettbewerb, die sich für Unternehmen im Bereich der Marktwirtschaft als leistungsfähig erwiesen haben, auf „Betriebe" oder/und Organisationen in Forschung und Wissenschaft übertragen werden können oder allenfalls nur in stark modifizierter Form einzusetzen sind. Inwieweit die Strukturmerkmale einer Forschungsorganisation mit denen eines wirtschaftlichen Betriebes vergleichbar

119 Brunnengräber et al. 2004: 10.

120 Burth/ Görlitz 1998: 77f.

121 Mayntz, Renate, 2005: ‚Governance-Theory als fortentwickelte Steuerungstheorie?', in: Schuppert (Hrsg.): Governance-Forschung, S.17: „Akzentverschiebung".

122 Jann, Werner / Wegrich,Kai.(2004): ‚Governance und Verwaltungspolitik', in: Benz, Arthur (Hrsg.): Governance-Regieren in komplexen Regelsystemen. Eine Einführung, Wiesbaden, 2004, S. 199.

123 Schimank 2002: 3.

124 Vgl. Kapitel B 1.3.5.

125 Groß / Arnold bezeichnen Governance als Set von hierarchischen und nicht hierarchischen Koordinationsmechanismen. Groß, Thomas / Arnold, Nathalie (2007): ‚Regelungsstrukturen der außeruniversitären Forschung', Baden-Baden, S. 146.

sind und welche Konsequenzen sich hieraus ergeben, soll im Folgenden kurz beleuchtet werden.

3.3. Produktionsprozess und Leistungsbewertung in der Forschung

In einem „Produktionsprozess" einer Forschungsorganisation werden personelle Ressourcen, Kapitalgüter etc. als „Input" kombiniert und sollen zu einem „Output" von Forschungsergebnissen führen.
In zwei wesentlichen Merkmalen unterscheidet sich dieser Produktionsprozess dabei von demjenigen eines wirtschaftlichen Betriebs: Der Struktur des Produktionsprozesses und der schwierigen objektiven Bewertung des Outputs.

3.3.1. Die Struktur des Produktionsprozesses

Produktionsprozesse in der Forschung, insbesondere in der Grundlagenforschung, zeichnen sich grundsätzlich durch geringe Strukturierung aus, sind i.d.R. nicht technologisch determiniert, offen und wenig planbar. Demgegenüber kommt der Motivation, Leistungsorientierung und Qualifikation der Forscher eine ganz entscheidende Bedeutung für die erbrachten Leistungsergebnisse zu. Diesen Besonderheiten in einem „wissenschaftlichen Produktionsprozess" muss daher beim Setzen von (neuen) Rahmenbedingungen Rechnung getragen werden, wenn man die gewünschten Steuerungseffekte erzielen will.

3.3.2. Bewertungsmaßstab für die Forschungsleistung

Wohl am schwierigsten umzusetzen sind Wirkungs- und Leistungsindikatoren. Ein unabhängiger, objektiver Bewertungsmaßstab für den Output einer Forschungsorganisation existiert bislang nur näherungsweise und stellt damit ein zentrales Problem in der Umsetzung von NPM (in modifizierter Form auch schon bei den vorangegangenen Steuerungsmodellen) dar. Wie sollen Leistungsvereinbarungen zwischen Zuwendungsgeber und Forschungsorganisation definiert und wie in diesem Expertensystem überprüft werden? Wie werden die Steuerungseffekte einer indikatororientierten Finanzierung sichtbar?

Die umfangreiche Literatur zur Messung von Forschungsleistungen[126] gibt auch einen Hinweis auf die Grenzen der gebräuchlichen Verfahren. Generell kann man die gängigen Messinstrumente kategorisieren in meinungsabhängige und meinungsunabhängige Verfahren.[127] Das zentrale meinungsabhängige Messin-

---

126 Daniel, Hans-Dieter (2001): ‚Wissenschaftsevaluation. Neuere Entwicklungen und heutiger Stand der Forschungs- und Hochschulevaluation in ausgewählten Ländern', Zentrum für Wissenschafts- und Technologistudien, Bern, S. 14.

127 Zusammenfassend Seiter, Mischa / Stirzel, Martin (2005): ‚Messung von Forschungsleistung: State-of-the- Art', in: Wissenschaftsmanagement Nr. 3, S. 25-29; Für einen Länder übergreifenden Überblick der Wissenschaftsevaluation vgl. Daniel 2001.

strument zur Vergabe von Forschungsgeldern ist die Beurteilung der Forschungsleistungen durch Fachkollegen, der sog. *Peer Review*. Dabei kann die Durchführung aufgrund der Anzahl der Gutachter, der Aggregation der zugrunde liegenden Information und die Entscheidungstransparenz variieren. Auch wenn der Peer Review insgesamt in der Scientific Community anerkannt ist, steht dieses Instrument aufgrund der hohen Subjektivität auch immer wieder in der Kritik: Besonders innovative Ideen stehen in der Gefahr, nicht ausreichend gewürdigt zu werden, da sie außerhalb des gegenwärtigen Konsenses stehen. Ebenso laufen „zerrissene Disziplinen" oder/und interdisziplinäre Forschungsansätze Gefahr, von den Forschern der jeweiligen Disziplinen nicht genügend anerkannt zu werden.[128]

Bei den meinungsunabhängigen Verfahren handelt es sich um objektiv auszählbare (monetäre und nicht monetäre) Indikatoren, wie zum Beispiel die Fähigkeit Drittmittel einzuwerben,[129] Anzahl von Patenten und Lizenzen, Ehrungen, Preisen und Rufen an andere Universitäten, abgeschlossenen Dissertationen und Habilitationen, die ein bestimmtes Qualitätsniveau indizieren. Weit verbreitet ist außerdem das Auszählen von Veröffentlichungen in Zeitschriften und die Erstellung von Indizes. Grundlage dieser Methode ist einerseits die Annahme, dass Forscher ihrem Respekt vor der Arbeit von Kollegen durch Zitierung Ausdruck verleihen und andererseits zu den besten Zitierquellen greifen, um ihre eigene Forschungsarbeit zu verteidigen. Häufig zitierte Artikel sind demnach auch von hoher Qualität. Allerdings gibt auch diese Methode Anlass zu Kritik, da nicht ausgeschlossen werden kann, dass Wissenschaftler sich oft wechselseitig zitieren oder/und die Zeitschriften zitieren, in welchen sie auch selbst publizieren und dadurch das Ergebnis verzerren. Außerdem gibt es fachspezifische Gepflogenheiten in der Zitatendichte und nicht alle Zeitschriften erscheinen in den gleichen Abständen oder/und gleich umfangreich. Schwierig ist auch hier die Bewertung von innovativer Forschung, da diese naturgemäß seltener zitiert wird, während Meta-Artikel schnell zu hohen Zitationswerten führen können, ohne besonders innovativ zu sein.

Insgesamt ist festzuhalten, dass die geschilderten Verfahren und Methoden nicht universell anwendbar sind, sondern auf den jeweiligen Fall adaptiert werden müssen, um eine umfassende Bewertung wissenschaftlicher Arbeit zu ermöglichen. Gleichzeitig kommt der Ausgestaltung und Kombination einzelner Mess-

---

128 Fischer, Klaus (2004): ‚Soziale und kognitive Aspekte des Peer-Review-Verfahrens', in: Fischer, Klaus/ Parthey, Heinrich. (Hrsg.): Evaluation wissenschaftlicher Institutionen. Wissenschaftsforschung Jahrbuch 2003, Berlin, S.26 f.

129 Der eingeworbene Betrag weist dabei auf eine Ansammlung vergangener Forschungsleistungen hin, da i.d.R. bei der Vergabe eine Prüfung der Qualität der Forschungsleistungen durch die Bewertung der Erkenntnisse aus der Vergangenheit stattfand.

instrumente oder/und Maßgrößen in einem output - gesteuerten System in der Form von Kennzahlen eine zentrale Rolle zu.[130]
Neben der methodisch adäquaten Umsetzung der Evaluation ist auch die Implementation der Ergebnisse und die Überwachung der Folge-Aktivitäten für eine erfolgreiche Steuerung von Bedeutung. Einem Berichtssystem mit klaren Adressatenbezügen wird hier eine zentrale Rolle beigemessen.[131]

Im Folgenden sollen daher Modelle von Kennzahlensystemen, die bereits im öffentlichen Bereich diskutiert oder/und angewendet wurden, dargestellt werden. Daraus sollen die Möglichkeiten abgeleitet werden, welche im Rahmen der programmorientierten Förderung bestanden, ein Berichtssystem wirksam und wissenschaftsadäquat einzusetzen.

3.4. Kennzahlensysteme als Instrumente der strategischen Steuerung

3.4.1. Strategische Steuerung

Wichtig für die Umsetzung der Anforderungen des New Public Management ist ein wirksames Instrument zur strategischen Steuerung. Erforderlich ist ein relativ einfaches und transparentes Modell zur Strategieimplementation und zur strategischen Kontrolle. Dabei sollte der administrative Aufwand für Planung, Begutachtung und begleitende Kontrolle in einem adäquaten Verhältnis zur Forschung stehen und den Forschern den notwendigen Freiraum belassen.

3.4.2. Die Idee der Kennzahlensysteme

So genannte Kennzahlensysteme versuchen wichtige Sachverhalte und komplexe Zusammenhänge durch verschiedene Kennzahlen, die miteinander in sachlich sinnvoller Weise in Beziehung stehen und insgesamt auf ein übergeordnetes Ziel ausgerichtet sind, in einer übersichtlichen Form darzustellen.[132] In der Betriebswirtschaftslehre und Praxis werden Kennzahlensysteme bereits seit Jahrzehnten verwendet und wurden in dieser Zeit zu sog. Performance-Measurement-Konzepten fortentwickelt, die nicht mehr nur Input und Output messen, sondern sowohl vergangenheits- wie auch zukunftsbezogene Informationen verarbeiten und außerdem externe Anspruchsgruppen und deren Anforderungen berücksichtigen. Mit diesem Ansatz soll durch die Definition von Leistungskennzahlen auf allen Leistungsebenen Transparenz erzielt werden, die effektive Planungs- und Steuerungsabläufe zur Leistungsverbesserung ermöglichen. Als Ausgangspunkt

---

130 Vgl. hierzu auch Fisch, Rudolf (1988): ‚Ein Rahmenkonzept zur Evaluierung universitärer Leistungen‘, in: Daniel, Hans-Dieter /Fisch, Rudolf. (Hrsg.): Evaluation von Forschung - Methoden, Ergebnisse, Stellungnahmen, Konstanz, S. 13-31.

131 Daniel 2001: 49 f.

132 Reichmann, Thomas (2001): ‚Controlling mit Kennzahlen und Managementberichten: Grundlagen einer systemgestützten Controlling-Konzeption‘, 6. Aufl., München, S. 23.

für die Performance-Measurement-Ansätze dient die strategische Zieldefinition, aus der die strategische und operative Planung abgeleitet wird.[133]

3.4.3. Die Balanced Scorecard

Der gegenwärtig in Theorie und Praxis wohl am meisten diskutierte Ansatz ist die von *Kaplan/Norton* Anfang der 90er Jahre entwickelte Balanced Scorecard (BSC)[134]. Mit der BSC sollen Visionen und Strategien in monetäre und nichtmonetäre Kennzahlen transformiert werden, um letztlich in Handlungsanweisungen und Maßgrößen operationalisiert zu werden. Ziel ist die ganzheitliche Beschreibung des Unternehmens. Sie soll dazu dienen, die Chancen für die Umsetzung von Strategien zu erhöhen und das Wertschaffungspotential eines Unternehmens adäquat beurteilen zu können.[135] Die Bezeichnung *Balanced* steht in diesem Zusammenhang für die Ausgewogenheit der unterschiedlichen Leistungsperspektiven und Unternehmensziele. „Scorecard" bezeichnet eine Punktetafel, mit deren Hilfe die Leistungsentwicklung transparent gemacht werden soll.

Dis BSC besteht aus folgenden vier miteinander verknüpften Kategorien von Kennzahlen, denen folgende Fragestellungen zugrunde liegen:

- Aus *finanzwirtschaftlicher Perspektive* lautet die Frage: Anhand welcher Kriterien beurteilen Investoren das Unternehmen? Typische Kennzahlen sind hierbei der Shareholder Value oder die Wachstumsrate.
- Bei der *Kundenperspektive* wird die Leistung aus Sicht der Kunden bewertet: Typische Kennzahlen sind hier Kundenzufriedenheit, Kundenbindung und Lieferzeiten.
- Die *interne Prozessperspektive* fragt nach den erfolgskritischen internen Geschäftsprozessen, die zur Erfüllung der Kundenanforderungen und der Erwartungen der Kapitalgeber abgebildet sein müssen.
- Mithilfe der *Lern- und Entwicklungsperspektive* wird die zur Erreichung notwendige Infrastruktur identifiziert, welche das Unternehmen zur Leis-

[133] Zusammenfassend Brade, Janet (2005): ‚Strategisches Management in der außeruniversitären Forschung: Entwicklung einer Konzeption am Beispiel der Helmholtz-Gemeinschaft', Stuttgart, S. 299 ff. m.w.N.

[134] Kaplan, Robert, S. / Norton, David P.(1992): 'The Balanced Scorecard: Measure That Drive Performance', in: Harvard Business Review, Vol. 70, Nr.1, S.71ff.; Kaplan, Robert.S. /Norton, David.P. (1996): 'The Balanced Scorecard: Translating Strategy into Action', Boston, S. 7 ff.

[135] Gaiser, Bernd / Grainer,Oliver (2002): ‚Strategische Steuerung. Von der Balanced Scorecard zur strategie-focussierten Organisation', in: Gleich, Ronald / Möller, Klaus / Seidenschwarz, Werner / Stoi, Roman (Hrsg.): Controllingfortschritte, München, S. 199.

tungsverbesserung und Sicherung der langfristigen Existenz schaffen muss.[136]

Abbildung 5: Die Balanced Scorecard nach Kaplan / Norton (1997:25)

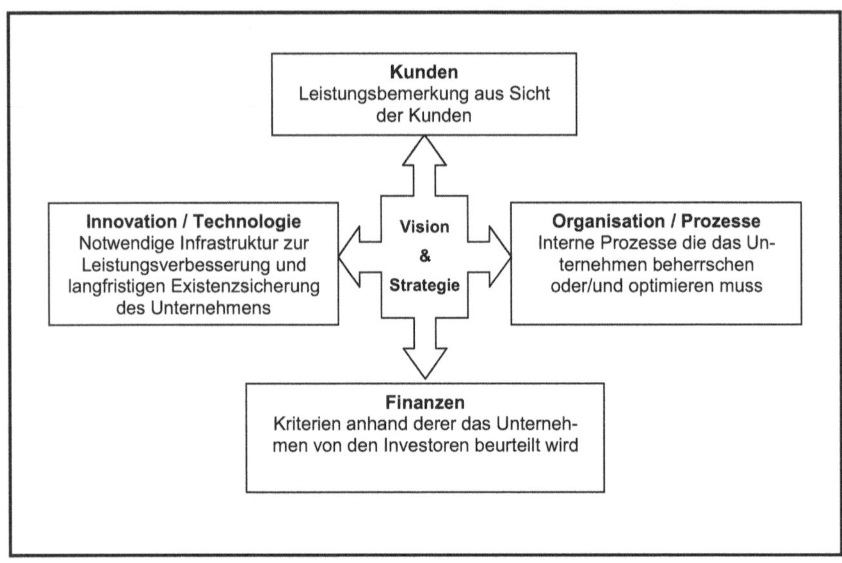

Mithilfe dieses Systems sollen Ursache-Wirkungsketten entstehen, welche die Strategie in strategische Zielsetzungen übersetzen und für eine Konsistenz der strategischen Ziele und der daraus abgeleiteten Maßgrößen und die entsprechenden Kennzahlen sorgen. Durch die durchgängige Verknüpfung aller Leistungsebenen sollen Zielgrößenketten entstehen, die letztlich auch dem einzelnen Mitarbeiter seinen Beitrag zur Zielerreichung deutlich machen. Die Konzentration auf wesentliche strategierelevante Steuerungsgrößen erlaubt die übersichtliche Präsentation der Managementinformationen und ermöglicht zugleich die Dokumentation der Zielerreichung gegenüber dem Management und Dritten, wodurch die BSC auch als wirksames Kommunikationsinstrument dienen kann.

Die Umsetzung der BSC ist jedoch nicht ganz unproblematisch. Die Aussagefähigkeit wird gerade aufgrund der Vielzahl der Abhängigkeiten zwischen den Leistungsperspektiven und den strategischen Zielen in Frage gestellt. Bei der erfolgskritischen Frage nach den geeigneten Wirkungs -und Leistungsindikatoren und der Formulierung operativer Messgrößen herrschen auch in der Betriebswirtschaftlehre mit den vergleichsweise strukturierten Prozessabläufen und

136 Vgl. Kaplan / Norton 1997: 25

einem finanztechnisch bewertbaren Output noch viele Unklarheiten.[137] Auch explizite Aussagen zu Effektivität und Effizienz können durch das BSC-Konzept nicht geleistet werden, da der Schwerpunkt der BSC eher auf der Implementation einer Strategie liegt. Zur Beurteilung von Leistungen in einer Forschungsorganisation und ihrer strategischen Kontrolle sind jedoch Effektivitäts- und Effizienzkennziffern notwendig, wie dies auch im Verständnis von NPM zum Ausdruck kommt.

3.4.4. Das 3-E-Konzept für den öffentlichen Bereich

Ein Performance-Measurement-Ansatz, der für den öffentlichen Bereich und die Erfordernisse der Umsetzung von NPM entwickelt wurde, ist das sog. 3-E-Konzept von *Budäus*.[138] Ziel dieses Konzepts ist die Identifikation aller Determinanten und Zusammenhänge, die für die Beurteilung und Steuerung einer öffentlichen Einrichtung relevant sind. In diesem Konzept wird ein Zusammenhang zwischen Effektivität, Effizienz und Wirtschaftlichkeit (*Economy*) hergestellt.

Diesen drei Kerngrößen werden jeweils bestimmte Leistungsebenen zugeordnet, die *Budäus* als Programm-, Produkt- und Prozessebene bezeichnet. Dabei wird jede Ebene nochmals in eine Planungs- und Kontrollebene unterteilt. Auf der Programmebene werden die Zielvorgaben festgelegt und die entsprechenden Maßgrößen zur Erfassung der Zielerreichung definiert. Der Zielerreichungsgrad oder/und die Effektivität ergibt sich aus dem Verhältnis von Zielerreichung und Zielvorgabe. Auf der Produktebene werden die öffentlichen Produkte oder/und Leistungsergebnisse (Output) dem Ressourceneinsatz (Input) gegenübergestellt. Die sich daraus ergebende Größe wird als Maß der Effizienz bezeichnet. Auf der Prozessebene schließlich werden die Ist-Kosten den Sollkosten gegenübergestellt und daraus die Wirtschaftlichkeit abgeleitet.[139]

Dieser Ansatz ermöglicht, im Gegensatz zur BSC eine integrierte Betrachtung von strategischen und operativen Elementen. Allerdings fehlt diesem Ansatz die Analysemöglichkeit der verschiedenen Leistungsebenen eines Unternehmens, wie sie von der BSC geleistet werden kann. Ebenfalls kritisch bei diesem Modell ist wiederum die Definition von aussagefähigen Maßgrößen und ihre Verknüpfung für den Bereich der Forschung, der sich im Hinblick auf messbare

---

137 Gleich, Ronald (1997): ‚Balanced Scorecard', in: Die Betriebswirtschaft, Nr. 3, S.435.
Gleich, Ronald (2001): ‚Das System des Performance Measurement: Theoretisches Grundkonzept, Entwicklungs- und Anwendungsstand', Habilitationsschrift, München, S. 59.

138 Budäus, Dietrich (1996): ‚Controlling in öffentlichen Verwaltungen', in: Scheer, August-Wilhelm (Hrsg.): Rechnungswesen und EDV: Kundenorientierung in Industrie, Dienstleistung und Verwaltung, Heidelberg, S. 485ff.; vgl. auch Buschor, Ernst (1993): ‚Ein wirkungsorientiertes Modell der kommunalen Verwaltungsführung', in: Banner, Gerhard / Reichard, Christoph (Hrsg.): Kommunale Managementkonzepte in Europa: Anregungen für die deutsche Reformdiskussion, Köln, S. 199

139 Ausführlich dargestellt bei Brade 2005: 305 ff.

Leistungen und Arbeitsweise oder/und „Produktionsprozess“ deutlich vom klassischen Bereich der öffentlichen Verwaltung unterscheidet.[140]

3.4.5. Ansätze von Kennzahlensystemen in der außeruniversitären Forschung

- *Der Ansatz nach Horváth:* Für die außeruniversitäre Forschung wurde in Literatur und Praxis insbesondere der Ansatz der BSC empfohlen. *Horvàth* hat den Ansatz der BSC für die außeruniversitäre Forschungseinrichtungen dahingehend modifiziert, dass er den öffentlichen Forschungsauftrag als oberste Priorität definiert, während die finanziellen Ressourcen einen Engpassfaktor darstellen. Die Kundenperspektive im ursprünglichen Ansatz wird durch die Perspektive des öffentlichen Auftrags ersetzt. [141]

Abbildung 6: Die Balanced Scorecard für öffentliche Forschungseinrichtungen nach dem Konzept von Horváth (1999:18)

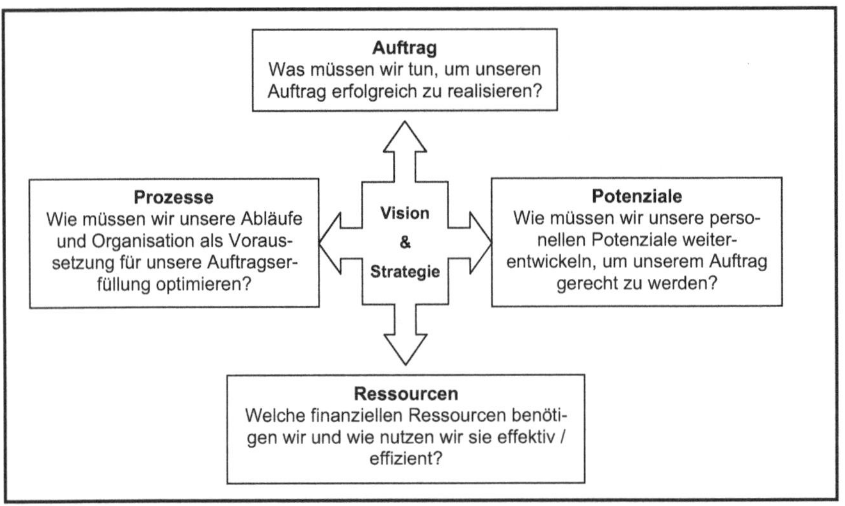

Die FuE-spezifische Besonderheit von *Horváth* ist die Modifikation der Kundenperspektive zur „Auftragsdimension“, der er zudem die höchste Priorität einräumt. Auf die Besonderheiten der Definition von FuE-spezifischen Zielen, der

140 Vgl. zu den grundlegenden Unterschieden einer Forschungseinrichtung gegenüber der übrigen öffentlichen Verwaltung: Kapitel B 5.2.

141 Vgl. Horváth, Peter (1999): ‚Balanced Scorecard: Wissenschaftsadäquate strategische Steuerung in öffentlichen Forschungseinrichtungen‘, in: Wissenschaftsmanagement, Nr. 6, S.18.

zugehörigen Kennzahlen und Zielwerte sowie der entsprechenden Maßnahmenplanung wird allerdings nicht weiter eingegangen, da *Horváth* die Auffassung vertritt, dass diese Elemente nach dem ursprünglichen Ansatz von *Kaplan / Norton* erarbeitet werden können.[142]

Trotz ihrer Schwächen im Bereich der Leistungsbeurteilung war die BSC auch der Ausgangspunkt zur Entwicklung der programmorientierten Förderung:

- *Der Ansatz der Boston Consulting Group:* So führte die *Boston Consulting Group*(BCG) 2000 im Auftrag der Helmholtz-Gemeinschaft eine erste Machbarkeitsprüfung zur Anwendbarkeit der BSC in den Zentren der HGF durch und entwickelte hieraus ein programmorientiertes Steuerungskonzept.[143] Dieses Projekt umfasste den damaligen Umweltverbund (den heutigen Forschungsbereich Erde und Umwelt) mit den Helmholtz-Zentren GBF, GKSS und UFZ.
  In Anlehnung an die Modifikation von *Horváth* hat die *Boston Consulting Group* hierbei Kenngrößen erarbeitet, welche zentrenübergreifend standardisiert werden sollten, um eine entsprechende Vergleichbarkeit zu erzielen. Außerdem wurden folgende vier Perspektiven gebildet: Wissenschaftliche Leistungen, Ressourcen (inkl. Finanzen), Prozesse und Außenwirkung. Im Vergleich zur ursprünglichen BSC von *Kaplan / Norton* wurde damit die Kundenperspektive durch zwei Leistungsbereiche ersetzt, und zwar durch die wissenschaftliche Leistungsperspektive und die Außenwirkungsperspektive. Während als interne Perspektive die Prozessbetrachtung integriert wird, findet die Lern- und Entwicklungsperspektive keine Berücksichtigung. Ähnlich wie im 3-E-Konzept von *Budäus* hat BCG eine Unterteilung in mehrere Leistungsebenen vorgenommen, indem zwischen Zentrum, Institut und Programm unterschieden wird.[144] Durch die differenzierte Kenngrößenstruktur und die Ebenenunterteilung sollte die Aussagekraft der BSC verstärkt werden.

Es stellt sich jedoch die Frage, ob dieses Konzept noch dem Erfordernis eines möglichst geringen Implementierungs- und Steuerungsaufwands gerecht geworden wäre. Denn zu berücksichtigen war, dass die einzelnen Zentren und Wissenschaftsdisziplinen der Helmholtz-Gemeinschaft erhebliche strukturelle Unterschiede aufweisen. Wollte man die Kennzahlen und Erfolgsfaktoren zentrenübergreifend zu detailliert für die gesamte Helmholtz-Gemeinschaft festschreiben, so wäre ein erheblicher Aufwand für die Implementation und Steuerung zu erwarten.

---

142 Horváth 1999: 17 f.

143 Vgl. Boston Consulting Group (2000): ‚Schaffung von Transparenz und wissenschaftsadäquater Steuerung im Umweltverbund: Machbarkeitsstudie zum Einsatz von <Balanced Scorecard>‘, Frankfurt a.M. sowie den Hinweis in Kapitel D 1.8

144 Für eine ausführlichere Darstellung vgl. Brade 2004: 310 f.

- *Der Ansatz der KPMG für das Forschungszentrum Jülich:* Die Beratungsgesellschaft
KPMG hat demgegenüber im selben Jahr in einem Projekt Grundzüge der Voraussetzungen eines wirkungsvollen wissenschaftsadäquaten Controllingsystems im Forschungszentrum Jülich (FZJ) entwickelt und die entsprechenden Voraussetzungen definiert.[145]
Auch KPMG hat die BSC als Modellbasis verwendet und folgendermaßen modifiziert: Die vier ursprünglichen Perspektiven wurden für die Institute auf sieben Perspektiven erweitert, welche für unterschiedliche Organisationseinheiten unterschiedlich relevant sein können. Für die Perspektiven wurden jeweils Ziele definiert, kritische Erfolgsfaktoren abgeleitet und Maßgrößen zugeordnet. Zudem erfolgen neben quantitativen Beurteilungen auch qualitative Aussagen. In diesem „Jülicher ZIEL-System" unterscheidet sich der Ansatz klar von der *BCG*, die übergreifende Standards für alle Organisationseinheiten und Zentren entwickelt hat.[146] Während die Perspektiven grundsätzlich gleich definiert sind, soll in der Formulierung der Erfolgsfaktoren und Maßgrößen den unterschiedlichen Situationen der Institute Rechnung getragen werden.

Abbildung 7: Die Balanced Scorecard für Institute nach dem Ansatz der KPMG (2000:16)

	ZIELE
Leistungsperspektive	+ Referierte Publikationen + Index zur FuE-Leistung + ...
Technologie-/ Transferperspektive	+ Beantragte Patente + Erteilte Patente + ...
Außenwirkungsperspektive	+ Gutachten + Vorträge auf internationalen Konferenzen + ...
Community Perspektive	+ Aufenthaltsquote entsendeter Wissenschaftler + Kooperationen + ...
Finanz-/ Ressourcenperspektive	+ Drittmittelquote + Verwaltungskostenquote + ...
Personalperspektive	+ Diplomandenquote + Doktorandenquote + Altersstruktur Personal
Großgeräteperspektive	+ Quote neuer Vorschläge + Restlebensdauer Großgeräte + ...

145 Vgl. KPMG Unternehmensberatung GmbH (2000): ‚Kurzfassung der Projektergebnisse: Analyse der Voraussetzungen sowie Entwicklung der Umsetzungsinstrumente für eine programmorientierte Steuerung im Auftrag der Forschungszentrum Jülich GmbH', Jülich.

146 Vgl. KPMG 2000: 16.

Mit der Einführung weiterer Perspektiven versucht dieser Ansatz, den Besonderheiten der Wissenschaft zu entsprechen. Hierbei müssen komplexe Sachverhalte abgebildet werden, die von Zentrum zu Zentrum oder/und von Institut zu Institut differieren. Positiv zu werten sind die vielfältigen Erfolgsfaktoren monetärer und nicht monetärer Art, welche der Ansatz des ZIEL-Modells einbezieht, um damit eine breite Informationsbasis für die Steuerung zu schaffen.
Allerdings kann weder der Ansatz der BCG noch von KPMG eine Ursache-Wirkungsbeziehung herstellen. Auch werden Ziele und Maßgrößen nicht aus der Vision und Strategie abgeleitet, wie im ursprünglichen Ansatz der BSC.[147]

Ob mit der programmorientierten Förderung letztlich ein Konzept erarbeitet wurde, in welchem abstrakte Forschungsziele mit der operativen Ebene unter Einsatz von Steuerungs- und Controlling-Instrumenten verknüpft werden konnten, wird noch thematisiert werden.[148]

4. Die außeruniversitäre Forschung im Kontext der deutschen Forschungslandschaft

In diesem Abschnitt soll die Struktur der außeruniversitären Forschung, insbesondere auch in Abgrenzung zur universitären Forschung, erarbeitet werden. Ziel ist es dabei aufzuzeigen, in welchem forschungspolitischen Kontext sich die programmorientierte Förderung als Strukturreform einer „Säule" in der Forschungslandschaft vollzogen hat.

4.1. Die Struktur der außeruniversitären Forschung

Das staatlich geförderte deutsche Wissenschaftssystem lässt sich grundsätzlich in zwei Bereiche unterteilen:
Die staatlichen Hochschulen zeichnen sich durch eine enge Verbindung von Forschung und Lehre aus. Dies trifft ebenfalls zu auf die privaten Hochschulen, die teilweise staatlich gefördert werden. In der Regel sind die Hochschulen eher auf die Grundlagenforschung ausgerichtet. Das bedeutet, dass der Verwertbarkeit und Umsetzung der Ergebnisse in die Praxis nicht die gleiche Bedeutung zukommt wie in Teilen der außeruniversitären Forschung.
In Deutschland ist das außeruniversitäre Forschungssystem nach Forschungstypen differenziert. Die Gründung von Forschungseinrichtungen erfolgte in dem Bestreben, entweder möglichst das ganze Spektrum der Wissensproduktion abzudecken – also Grundlagenforschung, „Problemorientierte Grundlagenfor-

[147] So im Ergebnis auch Brade 2004: 313 ff., die die vorgestellten Ansätze weiterentwickelt zu einem Instrument, welches auch für die interne Steuerung geeignet sein soll.

[148] Vgl. Kapitel E 3.2.

schung", angewandte Forschung, industrienahe Forschung oder einen bestimmten Typus von Forschung wie die Großforschung einzurichten. Bei dieser Strukturierung, welche sich an dem sog. linearen Innovationsmodell orientiert, stand also das Bemühen im Vordergrund, ein möglichst umfassendes Forschungspotential aufzubauen, das in jeder Entwicklungsphase der Wissensproduktion die Möglichkeit zur Forschung verleiht.[149]
Allerdings wird diese theoretische Unterscheidung der vorgefundenen Realität der außeruniversitären staatlichen Forschung in Deutschland nicht völlig gerecht. Weitere Determinanten, wie zum Beispiel die föderale Struktur, haben neben den sachlichen Leistungserwartungen die Entwicklung und Ausdifferenzierung der Forschungslandschaft in Deutschland bestimmt.

Die außeruniversitäre Forschung findet in Deutschlang größtenteils in vier großen Verbünden statt:

- *Die Fraunhofer-Gesellschaft (FhG)* fördert die praktische Verwendung wissenschaftlicher Erkenntnisse in z.Zt. 56 Instituten durch langfristig anwendungsorientierte Forschung.[150] Dazu betreibt die FhG Vertragsforschung für die Industrie, für Dienstleistungsunternehmen und für die öffentliche Hand.[151] Die Finanzierung der Vertragsforschungsinstitute erfolgt zu 66 Prozent aus eingeworbenen Erträgen. Die Grundfinanzierung der verbleibenden 34 Prozent wird zu 90 Prozent vom Bund und 10 Prozent von dem jeweiligen Sitzland des Instituts getragen. Dabei ist die Grundfinanzierung seit 1975 erfolgsorientiert, das heißt, dass sie an die eingeworbenen Vertragsforschungserträge gekoppelt ist.[152]

- Die 15 Forschungszentren für naturwissenschaftlich-technische und biologisch- medizinische Forschung der *Hermann von Helmholtz-Gemeinschaft Deutscher Forschungszentren e.V.* identifizieren und bearbeiten große und drängende Fragen von Gesellschaft, Wissenschaft und Wirtschaft und erforschen Systeme hoher Komplexität unter Einsatz von Großgeräten und entsprechenden Infrastrukturen. Die Finanzierung erfolgt zu 90 Prozent durch den Bund und zu 10 Prozent durch das jeweilige Sitzland eines Zentrums. Dies hat zur Folge, dass der Bund rund 42 Prozent seiner gesamten Aufwendungen im Rahmen der gemeinsamen Forschungsförderung in die Helmholtz-Gemeinschaft investiert.[153]

- Die z.Zt. 80 Institute der *Max-Planck-Gesellschaft* konzentrieren sich auf ausgewählte Felder der Grundlagenforschung in den Naturwissenschaften und

149 Vgl. Braun 2001: 8.

150 Vgl. http://www.fraunhofer.de/ueberuns/index.jsp [Datum des Zugriffs: 20.02.2008].

151 Neben den Vertragsforschungsinstituten betreibt die FhG auch zwei Dienstleistungseinrichtungen, ein Teilinstitut und zwei verteidigungsbezogene Forschungsinstitute.

152 Die verteidigungsbezogenen Forschungseinrichtungen werden dagegen vollständig vom Bund finanziert.

153 Bundesbericht Forschung 2006: 183.

Geisteswissenschaften sowie den Ingenieur- und Lebenswissenschaften in Komplementarität zu den Universitäten.[154] Die Max-Planck-Gesellschaft selbst ist eine Trägerorganisation, die selbständig über die Mittelverteilung und die Gründung und Schließung von Instituten entscheiden kann. Die Finanzierung erfolgt zur Hälfte vom Bund und zur Hälfte von den Ländern.

- Die ursprünglichen „Königsteiner Institute" oder „Blaue Liste" – Einrichtungen haben sich nach einigen organisatorischen Veränderungen 1997 überwiegend unter dem Namen „*Wissenschaftsgemeinschaft Gottfried-Wilhelm-Leibnitz e.V. (WGL)* zusammengeschlossen. Sie besteht z.Zt. aus 82 Einrichtungen.[155] Die Finanzierung erfolgt in der Regel zu 50 Prozent durch den Bund, bei Serviceeinrichtungen liegt der Finanzierungsanteil des Bundes zwischen 30 und 85 Prozent. Der verbleibende Betrag wird zwischen allen Bundesländern und dem jeweiligen Sitzland aufgeteilt. Aus der Vielfalt der bearbeiteten Themenbereiche ist eine grobe Einteilung in Institute für Geistes- und Sozialwissenschaften und solche mit Schwerpunkt auf naturwissenschaftlich-technischer Forschung möglich.

Daneben gibt es noch die Ressortforschungseinrichtungen der Verwaltung und weitere von den Ländern getragene Forschungseinrichtungen.

4.2. Finanzierungsanteile in der deutsche Forschungslandschaft

Das deutsche Forschungssystem gilt im internationalen Vergleich als relativ gut entwickelt:[156] Im Jahr 2004 waren 472.000 Personen (Vollzeitäquivalente) mit Forschung und Entwicklung (FuE) beschäftigt. Die Gesamtausgaben für FuE beliefen sich auf knapp 57,6 Mrd. Euro, das entspricht 2,5 Prozent des Brutto-Inlandproduktes.[157] Die Forschungsinfrastruktur ist vergleichsweise differenziert und ermöglicht prinzipiell auch eine entsprechend differenzierte Aufgabenwahrnehmung.

Die Industrie realisiert den größten Anteil von FuE in Deutschland (298.000 FuE- Mitarbeiter): 2003 investierte sie knapp 38 Mrd. Euro überwiegend in angewandte Forschung und experimentelle Entwicklung. In der folgenden Abbildung sind der Finanzierungsanteil und die Anzahl der Mitarbeiter (MA) der vier großen Forschungsverbünde im Kontext der deutschen FuE-Landschaft dargestellt:

---

154 Vgl. http://www.mpg.de/instituteProjekteEinrichtungen/index.html [Datum des Zugriffs: 20.02.2008].

155 Vgl. http://www.wgl.de/?nid=ubu&nidap= [Datum des Zugriffs: 20.02.2008].

156 Im Vergleich der G7-Staaten lag 2004 der Anteil staatlich finanzierter FuE-Ausgaben am BIP in den USA bei 1,08 Prozent, gefolgt von Frankreich mit 1,02 Prozent. Deutschland liegt mit 0,76 Prozent an dritter Stelle, vor Großbritannien und Japan (je 0,71 Prozent). (Bundesbericht Forschung 2006: 190.).

157 Bundesbericht Forschung 2006:161 ff.

Abbildung 8: Die Finanzierung der außeruniversitären Forschung in der deutschen Wissenschaftslandschaft

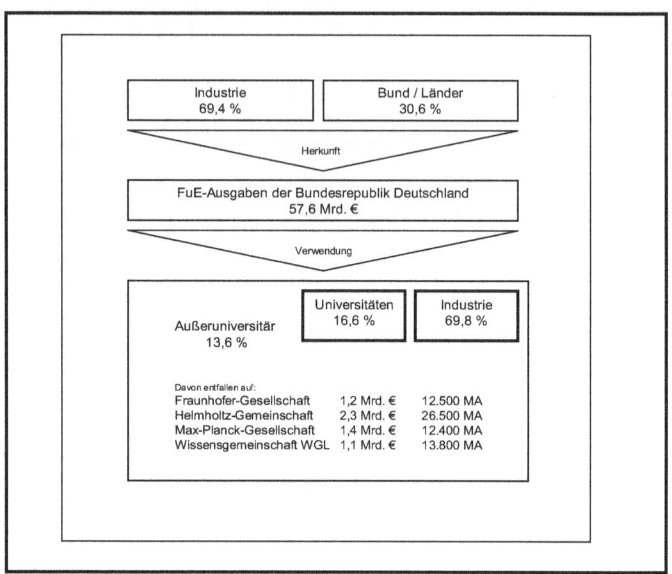

Quelle: Bundesbericht Forschung 2006. Modifizierte und aktualisierte Darstellung nach Hamacher, Klaus / Borrmann, Robert (2003): Strategische Steuerung außeruniversitärer Forschung: Dargestellt am Beispiel der Hermann von Helmholtz-Gemeinschaft. In: Horváth, Peter (Hrsg.): Performancesteigerung und Kostenoptimierung: Neue Wege und erfolgreiche Praxislösungen, Stuttgart, S. 492.

Aus dieser Darstellung wird die Relevanz der außeruniversitären Forschung im deutschen Wissenschaftssystem deutlich. Im Hinblick auf die Finanzierung steht dieser Sektor nur kaum hinter dem universitären Bereich zurück.

4.3. Der Korporative Föderalismus im deutschen Wissenschaftssystem

Neben der hohen wissenschaftspolitischen Relevanz der außeruniversitären Forschung ist ein weiteres Merkmal kennzeichnend für das deutsche Wissenschaftssystem: Der Korporative Föderalismus, welcher Bund und Länder in besonderem Maße zur Zusammenarbeit in der institutionellen Forschungsförderung verpflichtet.[158]

158 Vgl. Braun 2001: 49.

4.3.1. Kompetenzverteilung der Forschungsförderung zwischen Bund und Ländern

Die Kompetenzverteilung zur Förderung der Forschung war zwischen Bund und Ländern bis zur sog. Großen Finanzreform im Jahr 1969 sehr umstritten. Bis dahin konnte in Fragen der staatlichen Gesetzgebungs- und Verwaltungskompetenz zur Forschungsförderung nur auf die allgemeinen Regelungen des Grundgesetzes nach Art. 30 GG in Verbindung mit Art. 70 Abs.1 GG und der daraus abgeleiteten Kulturhoheit der Länder sowie die konkurrierende Gesetzgebungskompetenz des Bundes aus Art. 74 Abs.1 Nr.13 GG zurückgegriffen werden.[159] In der Realität waren die Länder allerdings bereits ab dem Jahr 1956 immer weniger in der Lage, diesen Aufgaben aus eigener Finanzkraft nachzukommen. In der Folge entwickelten sich zwischen Bund und Ländern vielfältige Formen administrativer Zusammenarbeit. Im Zuge der „Großen Finanzreform" wurden verschiedene Grundgesetzartikel eingeführt, um der faktischen Situation eine rechtliche Grundlage zu geben und außerdem für die Klärung der Verhältnisse zu sorgen.[160]

Mit der Einführung des Art. 91 b GG handelt es sich um die wichtigste grundgesetzliche Kompetenznorm für die bundesweite und länderübergreifend koordinierte staatliche Forschungsförderung. Danach können Bund und Länder auf Grund von Vereinbarungen in Fällen überregionaler Bedeutung zusammenwirken bei der Förderung von Einrichtungen und Vorhaben der wissenschaftlichen Forschung außerhalb von Hochschulen, bei Vorhaben der Wissenschaft und Forschung an Hochschulen und bei Forschungsbauten an Hochschulen einschließlich Großgeräten. Durch seine Konstruktion als Ermächtigungsnorm eröffnet diese Regelung Bund und Ländern einen großen Freiraum zur Ausgestaltung ihrer Förderpolitik.[161]

Die Ergebnisse der Föderalismusreform traten im September 2006 mit der Grundgesetzänderung in Kraft.[162] Dadurch wurde die Verteilung der Zuständigkeiten von Bund und Ländern modifiziert, hat aber für die gemeinsame Förderung von Einrichtungen überregionaler Bedeutung und Vorhaben der wissenschaftlichen Forschung außerhalb von Hochschulen keine grundlegende Änderung gebracht. Wie wirkt sich diese föderale Struktur auf die Reformfähigkeit der deutschen Forschungslandschaft aus? Diese Frage soll im Folgenden noch näher beleuchtet werden.

159 Vgl. Meusel 1999: § 9 Rn. 141 ff.

160 Vgl. Meusel 1999: § 9 Rn. 144.

161 Am 28.11.1975 kam es zum Abschluss der Rahmenvereinbarung zwischen Bund und Ländern über die gemeinsame Förderung der Forschung nach Art. 91 b GG (RV - Fo). Darin wurden zum einen die Aufgaben der Bund-Länder-Konferenz (BLK) und die Gebiete gemeinsamer Forschungsförderung konkretisiert und außerdem genaue Finanzierungsschlüssel erstellt.

162 Gesetz zur Änderung des Grundgesetzes vom 28.08.2006, BGBl.I, S. 2034.

4.3.2. Korporativer Föderalismus als Systemgarant des Wissenschaftssystems

Die föderale Verflechtung des politischen Entscheidungssystems in Deutschland, wie sie sich durch Art. 91b GG auch auf die gemeinsame Forschungsförderung von Bund und Ländern erstreckt, und der hohe Grad der Selbst-Organisation gesellschaftlicher Teilbereiche, wie er auch kennzeichnend ist für das deutsche Wissenschaftssystem,[163] haben dazu geführt, vom semi-souveränen Charakter des deutschen politischen Systems zu sprechen.[164]

Die föderale Struktur beschränkt die Möglichkeiten der Politik, kohärente Steuerungsstrategien gegen die Interessen der Steuerungsobjekte zu entwickeln. Die weitgehende sektorale Autonomie hat zur Folge, dass Steuerungsansätze nur bedingt kontrolliert werden können und zu Gegenstrategien der Steuerungsobjekte führen.[165] In der Folge vollziehen sich die politischen Entscheidungsprozesse in sektoralen Politiknetzwerken durch Aushandlungen und Abstimmungen zwischen staatlichen und gesellschaftlichen Akteuren, die sich einerseits gegenseitig blockieren können und nicht selten zu Kompromisslösungen führen.[166]

Für die Wissenschaftsorganisationen hat diese Konstellation zur Folge, dass die Gemeinschaftsfinanzierung auf einem umfassenden Konsens aller beteiligten Akteure beruht, der in der Regel eine stabile Erwartungshaltung aller Seiten kreiert. Die Tatsache, dass keine einzelne Regierung ohne die Zustimmungen anderer Regierungen handeln kann, nimmt die Forschungspolitik weitgehend vom politischen Tagesgeschäft und kontroversen Debatten aus. Sie sorgt für eine weitgehende Stabilität und Kontinuität in der Forschungsförderung und gewährt den Forschungsorganisationen selber ein hohes Maß an Autonomie und Selbstorganisation.[167]

Die Kehrseite dieser Beständigkeit ist jedoch eine mangelnde Flexibilität des Systems.[168] Im Hinblick auf die Einführung grundlegender institutioneller Neuerungen im Wissenschaftssektor ist die staatliche Politik in der Regel weitgehend blockiert und fällt daher als alleiniger Impulsgeber für grundlegende institutionelle Innovationen aus. Aber auch inkrementelle Veränderungen lassen sich im deutschen außeruniversitären Forschungssystem nur schwer durchführen, da die Wissenschaftsorganisationen in ihrer jeweiligen Aufgabendefinition[169] über

---

163 Mayntz, Renate / Scharpf, Fritz (1990): 'Chances and problems in the political guidance of research systems', in: Krupp, Helmar (Hrsg.): Technikpolitik angesichts der Umweltkatastrophe, Heidelberg, S. 70.

164 Katzenstein, Peter J. (1987):'Policy and Politics in West Germany. The Growth of a Semi-souvereign State', Philadelphia.

165 Mayntz /Scharpf 1990: 68.

166 Hohn 2005: 10.

167 Mayntz / Scharpf 1990: 70; Hohn 2005:10; Braun spricht angesichts der vertikalen Machtteilung im Regierungssystem zwischen Bund und Ländern von den Wissenschaftsorganisationen als „Tertius Gaudens". Braun 1997: 379.

168 Braun 2001: 50.

169 Vgl. Kapitel B 4.1.

funktionale Monopole mit intern ausdifferenzierten Governance-Strukturen verfügen, die es ihnen erleichtert, sich gegen Veränderungsbestrebungen der Politik zu stellen.[170] Interessanterweise forderten aber gerade auch die Vertreter der Wissenschaft selber anlässlich der jüngsten Bund-Länder-Föderalismus-Reform einen „korporativn Föderalismus" in der Bildungs- und Forschungspolitik, der den Herausforderungen zunehmender Internationalisierung, wachsender Wissensbasierung und Innovationsorientierung in Deutschland besser gerecht wird.[171] Für die gemeinsame Förderung von Wissenschaft und Forschung haben sich, wie bereits dargestellt, durch die Föderalismusreform keine grundlegenden Änderungen ergeben. Die Möglichkeit des Zusammenwirkens von Bund und Ländern bei der Förderung überregional bedeutsamer Forschung bleibt erhalten. Daneben kann der Bund weiterhin Projekte allein fördern.

In der Großforschung der Helmholtz-Gemeinschaft besitzt der Bund aufgrund der 90:10 - Finanzierung eine relative „Hausmacht", die ihm jedoch gleichzeitig die Verantwortung für Erfolg und Misserfolg der Forschungsinstitute zuschreibt. In Kapitel D soll näher untersucht werden, wie die Akteure in diesem Reformprozess agiert haben oder/und unter welchen Bedingungen es möglicherweise gelungen ist, staatliche Vorstellungen institutioneller Veränderungen zu verwirklichen.

5. Gesetzliche Rahmenbedingungen

5.1. Freiheit der Wissenschaft, Art. 5 Abs. 3 GG

Verschiedentlich wurde insbesondere von Vertretern der Wissenschaft argumentiert, dass angesichts des Konzepts der programmorientierten Förderung mit sog. „Forschungspolitischen Vorgaben" durch die Zuwendungsgeber und Programmplanungen im 5-Jahreszyklus gegen die verfassungsrechtlich garantierte Freiheit der Wissenschaft verstoßen würde. Die forschungspolitischen Vorgaben beziehen sich dabei auf die Struktur der Forschungsbereiche, mehrjährige Budgetrahmen und Evaluationszeiträume und globale Zielsetzungen. Diese sollen auf der Grundlage einer zwischen den Zuwendungsgebern zu treffenden Vereinbarung im Rahmen einer fortlaufenden Diskussion mit Wissenschaft und Wirtschaft sowie mit Senat und Helmholtz-Zentren für eine mehrjährige Laufzeit beschlossen werden.[172]

Im Folgenden soll der Frage nachgegangen werden, welchen Rahmen die durch das Grundgesetz garantierte Wissenschaftsfreiheit der staatlichen Organisationsfreiheit, Planung und Steuerung setzt.

---

170 Hohn 2005: 11.

171 http://www.petition-der-wissenschaft.de/ [Datum des Zugriffs: 27.02.2008].

172 Näher zum Konzept der POF und den „Forschungspolitischen Vorgaben" vgl. Kapitel D 5.2.5.1.

Nach Art. 5 Abs. 3 Satz 1 GG sind „Wissenschaft, Forschung und Lehre [.....] frei“. Hierbei entspricht es gefestigter Auffassung von Rechtsprechung und Lehre, dass der Begriff der Wissenschaft den Oberbegriff für Forschung und Lehre darstellt, und letztere somit als Teilaspekte wissenschaftlicher Tätigkeit anzusehen sind.[173] Da die vorliegende Arbeit die Forschungsförderung als Schwerpunkt hat, wird im Folgenden nur auf die Forschung als Teilaspekt des Grundrechts aus Art. 5 Abs. 3 GG eingegangen. Forschung wird vom Bundesverfassungsgericht (BVerfG) definiert als der „nach Inhalt und Form .....ernsthafte und planmäßige Versuch zur Ermittlung der Wahrheit“ und setzt zudem einen gewissen Kenntnisstand sowie ein methodisch geordnetes Vorgehen voraus.[174]

5.1.1. Die Grundrechtsträger

Träger des Grundrechts aus Art. 5 Abs. 3 GG ist zunächst jedermann, der Wissenschaft betreibt.[175] Der Frage nach der Wissenschaftlichkeit von Forschung soll im vorliegenden Zusammenhang nicht weiter nachgegangen werden.[176]
Nach Art. 19 Abs. 3 GG können sich auch juristische Personen auf Grundrechte berufen, soweit es sich nicht um höchstpersönliche Grundrechte handelt. Folglich können sich grundsätzlich auch außeruniversitäre Forschungseinrichtungen auf den Schutz des Art. 5 Abs. 3 GG berufen, unabhängig davon, ob sie juristische Personen des privaten oder öffentlichen Rechts sind.[177]

5.1.2. Wissenschaftsfreiheit als subjektives Abwehrrecht

Dem Wortlaut nach gewährt Art. 5 Abs. 3 GG ein Freiheitsrecht wissenschaftlicher Forschungstätigkeit, nämlich den Schutz vor staatlicher Beeinflussung.[178] Damit garantiert Art. 5 Abs. 3 GG einen vorbehaltlos geschützten Freiraum, in dem „absolute Freiheit von jeder Ingerenz öffentlicher Gewalt“ herrscht.[179]

---

173 BVerfGE 35, 79 (113). Jarass, Hans D./ Pieroth, Bodo (Jarras) (2002): ‚Grundgesetz für die Bundesrepublik Deutschland‘, 6. Auflage, München., Art. 5, Rn. 95; Maunz, Theodor / Dürig, Günter, (Scholz) (2007): ‚Kommentar zum Grundgesetz‘, Stand 50. Ergänzungslieferung, München, Art. 5 Abs. 3, Rn.85.

174 BverfGE 35, 79 (113).

175 BVerfGE 15, 256 (263 f); 90, 1 (11); Jarass / Pieroth (Jarass) 2002: GG, Art. 5 Rn. 98; Maunz/Dürig (Scholz) 2007: GG, Art. 5 Abs. 3, Rn. 119 ff.

176 Vgl. Heinrich, Oliver (2003): ‚Die rechtliche Systematik der Forschungsförderung in Deutschland und den Europäischen Gemeinschaften unter Beachtung von Wissenschaftsfreiheit und Wettbewerbsrecht‘, in: Hobe, Stephan (Hrsg.): Kölner Schriften zum Internationalen und Europäischen Recht, Münster, S. 9 ff. m.w.N.

177 Maunz /Dürig (Scholz) 2007 GG, Art. 5 Abs. 3 Rn. 125; Meusel, Ernst-Joachim (1999): ‚Außeruniversitäre Forschung im Wissenschaftsrecht‘, 2. Auflage, Köln, Berlin, Bonn, München, § 10 Rn. 163 ff.

178 BVerfGE 35, 79 (112 f.); Jarass/Pieroth (Jarass) 2002: GG, Art. 5, Rn. 100.

179 Maunz /Dürig (Scholz) 2007: GG, Art. 5 Abs. 3, Rn. 115; BVerfGE 35, 79 (112).

5.1.3. Art. 5 Abs. 3 Satz 1 GG als „wertentscheidende Grundsatznorm“

Eine ausdrückliche Förderungspflicht des Staates gegenüber wissenschaftlicher Forschung findet sich demgegenüber nicht. Allerdings entnimmt das Bundesverfassungsgericht dem Art.5 Abs.3 GG über seinen Gehalt als subjektives Abwehrrecht auch eine Reihe objektiv-rechtlicher Gehalte.[180] So enthalten Freiheitsrechte über die Garantie des Schutzes vor staatlicher Beeinträchtigung hinaus regelmäßig auch objektive Wertentscheidungen, von denen alle Bereiche des geltenden Rechts Richtlinien und Impulse empfangen.[181]

5.1.4. Art. 5 Abs. 3 Satz 1 GG als institutionelle Gewährleistung

Über den objektiven Gehalt hinaus können Freiheitsrechte noch eine weitere Ausprägung erfahren: Sie werden auch als institutionelle Gewährleistungen verstanden, da dem Staat die Verpflichtung erwächst, für die Schaffung und Aufrechterhaltung eines Zustands Sorge zu tragen, der notwendige Voraussetzung zur Verwirklichung des fraglichen Rechts ist.[182] Bislang existiert einschlägige Rechtssprechung nur für den Bereich des Hochschulorganisationsrechts. Allerdings hat das BVerfG in seinem ersten grundlegenden Urteil festgestellt, dass sich der Grundrechtschutz durch Organisation generell auf den „mit öffentlichen Mitteln eingerichteten und unterhaltenen Wissenschaftsbetrieb“ erstrecken müsse.[183] Die hohen finanziellen, personellen und organisatorischen Anforderungen zur Durchführung wissenschaftlicher Forschungstätigkeit übersteigen meist die Möglichkeiten des Einzelnen. Diesem Umstand hat das Bundesverfassungsgericht Rechnung getragen und festgestellt, dass Art. 5 Abs. 3 Satz 1 GG auch die selbst auferlegte Verpflichtung des Staates enthält, „die Pflege der freien Wissenschaft [...] durch Bereitstellung von personellen, finanziellen und organisatorischen Mitteln zu ermöglichen und zu fördern“.[184] [185]

5.1.5. Objektiv-rechtliche Verpflichtung für einen Bestandsschutz?

Inwieweit aus dem bisher Gesagten ein Bestandsschutz für bestehende Institutionen der Wissenschaftspflege abgeleitet werden kann, ist umstritten.[186] Es ist jedoch Ausdruck des Rechts auf freie Gestaltung staatlicher Wissenschaftspolitik, staatlichen Forschungseinrichtungen und Universitäten bestimmte Aufga-

---

180 Vgl. in jüngerer Zeit BVerfGE 90, 1 (11); 93, 85 (95); BVerfG, NJW 1997, S.513 f.

181 Ständige Rechtsprechung; Richtungweisend war hier BVerfGE 7, 198 (205).

182 BVerfGE 33, 303 (330 f.).

183 BVerfGE 35,79 (115).

184 BVerfGE 35,79 (114 f.)

185 Zum eingeschränkten Anwendungsbereich des Grundrechtsschutzes durch Organisation in der außeruniversitären Forschung vgl. Groß/Arnold 2007: 154 ff.

186 Vgl. Meusel 1999: § 10 Rn. 157.

benbereiche zuzuteilen und Selbstverwaltungskompetenzen nur innerhalb dieser Bereiche zuzulassen. Diese politischen Gestaltungsmöglichkeiten stehen allein unter dem Vorbehalt der verfassungsrechtlich gebotenen Verbesserung wissenschaftlicher Leistungsfähigkeit und des freiheitlichen Grundrechtsschutzes und müssen außerdem der objektiv-rechtlichen Wertentscheidung zur Schaffung einer pluralistischen Forschungslandschaft gerecht werden. Soweit also ein Bestandsschutz angenommen wird, bezieht er sich jedenfalls nicht auf jede einzelne Einrichtung, sondern allenfalls auf bestimmte „Typen außeruniversitärer Forschung".[187] Veränderungen abstrakter Organisationsformen sind somit zulässig, soweit sie das verfassungsmäßige Institut der freien Wissenschaft nicht beeinträchtigen.[188] Gleiches trifft zu auf staatliche Fördermaßnahmen, die zwar zur Anpassung an anderweitige, meist wirtschaftliche Gegebenheiten umgeschichtet oder reduziert werden können, jedoch nicht in dem Maße verändert, gekürzt oder eingestellt werden dürfen, dass hierdurch die angestrebte pluralistische Forschungslandschaft oder auch die Verwirklichung der Wissenschaftsfreiheit als Grundrecht gefährdet würde.[189]

5.1.6. Subjektiv-rechtliche Ansprüche auf Forschungsförderung?

Aus der in der objektiv-rechtlichen Wertentscheidung liegenden Verpflichtung des Staates zur Förderung freier Wissenschaft und Forschung leitet sich die Frage nach subjektiven Ansprüchen auf Forschungsförderung ab.[190] Ein umfassender Anspruch des einzelnen auf Forschungsförderung aus Art. 5 Abs. 3 GG besteht nach gefestigter Auffassung nicht.[191] Hingegen ist ein derivatives Teilhaberecht von natürlichen und juristischen Grundrechtsträgern an der Vergabe staatlicher Fördermaßnahmen von größerer Bedeutung, da die Durchführung wissenschaftlicher Arbeiten häufig nur durch Zuteilung staatlicher Förderungsgelder möglich ist. Auch wenn bestehende Forschungseinrichtungen, wie bereits erwähnt, über keine Bestandsgarantie verfügen, sichert ihnen Art. 5 Abs. 3 GG

---

187 Vgl. Meusel 1999: § 10 Rn. 157.

188 BVerfGE 66, 155 (177 f.); BVerwGE 45, 39 (44).

189 Heinrich 2003: 19 f.

190 Hierbei ist zu beachten, dass bei der Ableitung von Leistungsrechten aus Abwehrrechten Vorsicht geboten ist. Insbesondere deshalb, weil sich die Grenzen des für den Grundrechtsträger liegenden Anspruchs und gleichzeitig für den Staat entstehenden Verpflichtung nicht abschließend definieren lassen. Des Weiteren wäre die Freiheit des Gesetzgebers zur Gestaltung des Haushalts im Allgemeinen und hier speziell in seiner Wissenschaftspolitik weitestgehend beeinträchtigt. Folglich hat das Bundesverfassungsgericht besonders hervorgehoben, dass die persönliche Freiheit des Einzelnen auf Dauer nicht losgelöst von der Funktionsfähigkeit des Ganzen verwirklicht werden kann und unbegrenztes Anspruchsdenken auf Kosten der Allgemeinheit unvereinbar mit dem Sozialstaatsgedanken ist (BVerfGE 33, 303 ff.).

191 Vgl. hierzu wiederholt Aussagen des BVerfG, wonach den Freiheitsrechten gegenüber nicht mehr als dasjenige geschützt und bereitgestellt werden soll, was unerlässlich für deren jeweilige Realisierung ist: BVerfGE 15, 256 (264); 33, 303 (334); 35, 79 (116); 36, 321 (321).

die Teilhabe an staatlichen Förderungsmitteln in dem Maße zu, wie sie zur Durchführung von Forschung in dem ihnen zugewiesenen Aufgabenbereich notwendig ist.[192]
Andererseits bleibt dem Staat zur Erfüllung seiner Verpflichtungen, wie aufgezeigt, ein weiter Gestaltungsspielraum, in welchen auch die Judikative nicht mit konkreten Vorgaben eingreifen darf.

5.1.7. Staatliche Rahmensetzungskompetenz

Durch eine entsprechende Rahmensetzungskompetenz, welche dem Staat in den Satzungen und Gesellschaftsverträgen der Großforschungseinrichtungen vorbehalten ist, kann er durch generelle Vorgaben, insbesondere in der Rahmenplanung, Schwerpunktsetzung und bei Finanzierungsfragen oder/und allgemein im administrativ-wirtschaftlichen Bereich auf den Forschungsauftrag der Forschungseinrichtungen Einfluss nehmen. Dieser staatliche Gestaltungsspielraum findet lediglich dort seine Grenzen durch Art. 5 III GG, wo die Programmautonomie oder/und konkrete wissenschaftliche Einzelfragen berührt sind, die zu den Kernelementen der freien Wissenschaft gehören.[193]

Im Ergebnis bedeutet dies für die programmorientierten Förderung, dass die wissenschaftlichen Programme, welche nun anstatt der einzelnen Zentren finanziert werden, nicht einseitig durch den Staat vorgegeben werden dürfen, sondern aus den wissenschaftlichen Einrichtungen heraus nach wissenschaftlichen Kriterien entwickelt werden müssen. Sofern dies gewährleistet ist, ist ein Verstoß gegen das Grundrecht der Wissenschaftsfreiheit nach Art. 5 Abs. 3 GG nicht ersichtlich.

5.2. Öffentliches Haushalts- und Dienstrecht

Außeruniversitäre Forschungseinrichtungen unterliegen dem öffentlichen Haushalts- und Dienstrecht. Doch sind die Rahmenbedingungen der öffentlichen Daseinsvorsorge, für die das öffentliche Haushalts- und Dienstrecht konzipiert wurde, vergleichbar mit denen der außeruniversitäre Wissenschaftseinrichtungen, die dem öffentlichen Haushalts- und Dienstrecht ebenfalls unterliegen? In diesem Umstand liegt ein zentrales Problem in der Diskussion um die Flexibilisierung und die geforderte dynamische Anpassung der Forschungseinrichtungen an sich schnell entwickelnde Forschungsumwelten. Die unterschiedlichen Rahmenbedingungen veranschaulicht die folgende Darstellung:[194]

---

192 Heinrich 2003: 24 ff.

193 Vgl. Meusel 1999: § 10 Rn. 171.

194 Knoche 2005: 21.

Abbildung 9: Rahmenbedingungen von Behörden und Forschungseinrichtungen

	Behörden	Forschungseinrichtungen
Finanzquellen	Öffentliche Gelder	Institutionelle Förderung; im Wettbewerb einzuwerbende Drittmittel; Vermögensverwaltung
Arbeitsebene	Kommunal, regional oder national	National oder international
Arbeitsweise	Vertrauensbildung durch solide, zuverlässige Amtsführung; Vermeidung von Risiken; meist Anwendung bestehender Regelungen; Kontinuität und Planbarkeit ausgeprägt	Hochinnovativ und riskant; Erschließung wissenschaftlichen Neulands; Lösung komplexer Probleme mit wissenschaftlichen Mitteln; Kontinuität und Planbarkeit eingeschränkt
Wettbewerbssituation	In aller Regel Monopolcharakter	Internationaler Wettbewerb um Mittel und Köpfe
Legitimation	Erfüllung öffentlicher Bedürfnisse	Auf Spitzenleistung in Forschung und Service beruhendes gesamtstaatliches Interesse

Quelle: Modifizierte Darstellung nach Knoche 2005:20.

5.2.1. Haushaltsrecht

5.2.1.1. Rechtsgrundlagen

Im Haushaltsrecht gelten Zuwendungen auch auf dem Gebiet der Forschung als das wichtigste Instrument zur Abwicklung staatlicher Förderungsmaßnahmen.[195] Bei öffentlich-rechtlich organisierten Forschungseinrichtungen gilt das öffentliche Haushaltsrecht unmittelbar, bei privatrechtlicher Organisationsform wird den Forschungseinrichtungen dessen Anwendung durch Nebenbestimmungen des die öffentliche Zuwendung regelnden Verwaltungsaktes oder durch Satzung oder/und Organbeschluss auferlegt. Es gilt dabei für die Planung, Aufstellung und Ausführung des Haushaltsplans sowie für die Verwaltung, Abrechnung und Kontrolle öffentlicher Haushaltsmittel.[196]

Grundsätzlich stellt der Gesetzgeber im Haushaltsgrundsätzegesetz und in der Bundeshaushaltsordnung (BHO) vergleichsweise wenig Anforderungen an das

195 v. Köckritz, Sieghardt / Ermisch, Günter / Dittrich, Norbert / Lamm, Christel (2007): ‚Bundeshaushaltsordnung‘, Loseblattsammlung, 37. Ergänzungslieferung, München, § 23 Erläuterung 2.

196 Vgl. Meusel 1999: § 22 Rn. 340.

Verhalten des staatlichen Zuwendungsgebers gegenüber dem Zuwendungsempfänger. Die Begrenzungen entstehen letztlich aus der generellen Zweckbindung in Orientierung an den satzungsmäßigen Aufgaben und dem jährlichen Wirtschaftsplan der institutionell geförderten Einrichtung. Demgegenüber wird mit den „Vorläufigen Verwaltungsvorschriften“, die durch das Bundesfinanzministerium zur Bundeshaushaltsordnung (BHO) erlassen wurden, konkretisiert durch die „Allgemeinen Nebenbestimmungen für Zuwendungen zur institutionellen Förderung“ (ANBest-I), ein hohes Maß an administrativer Detailregelung erreicht, welche zu einer Reduktion des ursprünglich vorhandenen weiten Ermessenspielraums zugunsten der außeruniversitären Forschungseinrichtungen führte. Entsprechend restriktiv waren vor der Einführung der programmorientierten Förderung auch die Bewilligungsbedingungen der jährlichen Zuwendungsbescheide sowie die Bewirtschaftungsgrundsätze für die Wirtschaftspläne. Ein Finanzstatut für die Zentren der Helmholtz-Gemeinschaft regelt abschließend, unter Berücksichtigung der haushaltsrechtlichen Grundsätze, das interinstitutionelle Haushaltsrecht.[197]

5.2.1.2. Wirtschaftsplan

Im Wirtschaftsplan veranschlagten die Forschungseinrichtungen ihren Finanzbedarf der institutionellen Förderung, der zur Erfüllung ihrer satzungsmäßigen Aufgaben notwendig und finanzierbar war. Hierzu musste der Wirtschaftsplan nach einer Wirtschaftsplanverhandlung zwischen Forschungseinrichtung und Zuwendungsgeber in satzungsgemäßer Form festgestellt werden und die in ihm veranschlagten Mittel vom Zuwendungsgeber formal bewilligt werden.[198] Nach Einführung der programmorientierten Förderung, welche eine Finanzierung für einen 5-Jahreszeitraum vorsieht, sind die Wirtschaftsplanverhandlungen in ihrer ursprünglichen Form obsolet geworden. Sie werden jedoch bislang beibehalten und als Gelegenheit von Zuwendungsgebern und Zentren zum gegenseitigen Informationsaustausch über aktuelle Entwicklungen genutzt.

5.2.1.3. Haushaltsvollzug

Der Haushaltsvollzug unterliegt einer Reihe von *Bewirtschaftungsgrundsätzen*, die, ergänzt durch andere Nebenbestimmungen im Zuwendungsbescheid die notwendige Flexibilität von Forschungseinrichtungen beeinträchtigten.[199] Dies sind insbesondere der Grundsatz der Jährlichkeit des Haushalts, die eingeschränkte Möglichkeit, Rückstellungen und Rücklagen zu bilden, die Titelbindung und das Besserstellungsverbot.

197 Vgl. Meusel 1999: § 22 Rn. 341 f.
198 Vgl. Meusel 1999: § 24 Rn. 351 f.
199 Vgl. Meusel 1999: § 25 Rn. 357 ff.

Der in § 11 Abs. 1 BHO definierte *Grundsatz der Jährlichkeit des Haushalts* besagt, dass nicht verbrauchte Mittel am Jahresende an die Zuwendungsgeber zurückzuführen sind. Hierdurch bestand für die Forschungseinrichtungen kein Anreiz, eingesparte Mittel bis zum Jahresende nicht auszugeben – vielmehr mussten sie noch damit rechnen, dass ihnen diese Differenz in den kommenden Wirtschaftplanverhandlungen als ungenaue Planung vorgehalten wird.
Weitere Bewirtschaftungsgrundsätze, die zu einem Ruf nach stärkerer Flexibilisierung geführt hatten, sind die sehr *eingeschränkte Möglichkeit, Rückstellungen und Rücklagen zu bilden* und die *Titelbindung,* die besagt, dass die Einzelansätze (für die Ausgaben) und die Planstellen verbindlich sind. Eine Flexibilität der Titelbindung kann durch die Deckungsfähigkeit erzielt werden, die ermöglicht, dass bei einem Titel höhere Ausgaben als veranschlagt auf Grund von Einsparungen bei einem oder mehreren Ausgabentiteln möglich sind. Hierbei wird zwischen gegenseitiger und einseitiger Deckungsfähigkeit unterschieden.[200] Während bei der gegenseitigen Deckungsfähigkeit ersparte Ausgaben eines Titels in einem anderen verwendet werden können und umgekehrt, ist dies bei der einseitigen Deckungsfähigkeit nur in eine Richtung möglich.[201] Innerhalb des Betriebsmittelplans und des Investitionsmittelplans war den außeruniversitären Forschungseinrichtungen, im Gegensatz zu den Hochschulen, Deckungsfähigkeit eingeräumt. Eine Umschichtung zwischen Investitions- und Betriebsmitteln ist jedoch nur in eingeschränktem Umfang möglich.

Ein weiterer Bewirtschaftungsgrundsatz, der sich in starkem Maße auf das Personalmanagement der Forschungseinrichtungen und die Konkurrenzfähigkeit der deutschen Wissenschaft auf dem internationalen Arbeitsmarkt für hochqualifiziertes Personal auswirkt, ist das *Besserstellungsverbot.* Dieses untersagt dem Empfänger von Zuwendungen der öffentlichen Hand, in diesem Falle den Forschungseinrichtungen, seine Beschäftigten besser zu stellen als vergleichbare Beschäftigte des Zuwendungsgebers. Vorbehaltlich abweichender tarifvertraglicher Regelungen dürfen deshalb für die Arbeitnehmer der Forschungseinrichtungen keine besseren Arbeitsbedingungen vereinbart werden, als sie für vergleichbare Arbeitnehmer des Bundes vorgesehen sind. Das Besserstellungsverbot ist dabei regelmäßig Bestandteil der Bewilligungsbedingungen, so dass die Beachtung des Verbotes Voraussetzung der Zuwendungsbewilligung oder/und bei ihrer rechtlichen Ausgestaltung als Auflage Ermächtigungsgrundlage für den Widerruf des Bescheids ist. Ausnahmen hiervon sind lediglich im Einvernehmen mit dem Bundesminister der Finanzen zulässig.[202]

---

200 § 20 Abs. 1 BHO.

201 D.h., ersparte Ausgaben eines Titels (deckungspflichtiger Ansatz) dürfen nur zugunsten eines anderen (deckungsberechtigten) Ansatzes geleistet werden.

202 v. Köckritz et. al 2007: § 44, Erläuterung 32.

Bereits in der Vergangenheit war die Forderung nach Flexibilisierungsinstrumenten in diesem Bereich laut geworden.[203] In den Verhandlungen zur programmorientierten Förderung war die Forderung nach mehr Flexibilisierung denn auch ein Kernthema der Forschungseinrichtungen.[204]

5.2.1.3. Buchführung

Die Buchführung der institutionell geförderten Forschungseinrichtungen richtet sich nach der BHO und den entsprechenden Verwaltungsvorschriften. Dabei stehen grundsätzlich zwei unterschiedliche Buchungssysteme zur Verfügung: Die Kameralistik und die kaufmännische doppelte Buchführung.
Die kameralistische Buchführung ist rein finanzwirtschaftlich orientiert und stellt anhand einer Verlaufsrechnung - aufgeteilt nach den veranschlagten Titeln- dar, wie der Haushaltsplan ausgeführt wurde. Dieser kameralistische Buchführungsprozess erschwert nicht nur die Durchführung von Planungs- und Kontrollmaßnahmen, sondern führt auch zu erheblichem Zusatzaufwand im Rahmen von Steuerungsprozessen.[205] Demgegenüber erfasst die kaufmännische doppelte Buchführung alle Geschäftsvorfälle nicht nur in zeitlicher Sicht, sondern auch sachlich hinsichtlich ihrer Wirkung auf Vermögen und Erfolg (Erträge oder Aufwendungen). Als Jahresabschluss werden die Bilanz und die Gewinn- und Verlustrechnung abgeleitet. Die Buchführung und der Jahresabschluss folgen dabei den handelsrechtlichen Vorschriften.[206]

Die Helmholtz-Zentren wenden die kaufmännisch doppelte Buchführung aufgrund des Finanzstatuts an.[207] Sowohl der Kontenrahmen wie auch das Schema für den Jahresabschluss wurden dabei entsprechend der speziellen Anforderungen der Forschungseinrichtungen modifiziert.[208] Da allerdings die staatlichen Zuwendungsgeber für ihre eigene Jahresrechnung einen Verwendungsnachweis mit kameralistischer Abrechnung nach Einnahmen und Ausgaben benötigen, sind die kaufmännisch buchenden außeruniversitären Forschungseinrichtungen verpflichtet, ihre Wirtschaftpläne und Jahresabschlüsse in eine Einnahmen- / Ausgabenrechnung „überzuleiten“.[209]

---

203 Vgl. Meusel 1999: § 24 Rn. 354a.

204 Vgl. hierzu Kapitel D 2.1.5.

205 Vgl. Meusel 1999: § 26 Rn. 367.

206 Vgl. Meusel 1999: § 26 Rn. 368

207 Forschungseinrichtungen in der Rechtsform der GmbH gelten als Kaufmann und unterliegen damit unmittelbar dem Handelsrecht.

208 Vgl. Meusel 1999: § 26 Rn. 368 f.

209 v.Köckritz et al. 2007: § 44 Erläuterung 10.

5.2.2. Dienstrecht

5.2.2.1. Rechtsgrundlagen

Unabhängig von der Rechtsform der Forschungseinrichtungen gilt das öffentliche Dienstrecht. Für den kleineren Teil der Mitarbeiter kommt dabei Beamtenrecht zur Anwendung, für alle übrigen das Recht der öffentlichen Angestellten.[210]

Die Regelungen zu Vergütung und Anstellungsmodalitäten, wie sie bislang durch den Bundesangestelltentarifvertrag (BAT), jetzt Tarifvertrag für den öffentlichen Dienst (TVöD), die Beamtengesetze und das Besoldungsrecht definiert sind, werden vielfach als nicht adäquat angesehen, um den öffentlich geförderten Forschungseinrichtungen eine anforderungsgerechte Qualifizierung und einen aufgabenadäquaten Einsatz insbesondere ihres wissenschaftlichen Personals zu ermöglichen.[211]

5.2.2.2. Das Eingruppierungssystem des TVöD

Das Tarifsystem des öffentlichen Dienstes ist prinzipiell darauf ausgerichtet, Betriebstreue zu belohnen, so dass die auf die Belange des öffentlichen Dienstes zugeschnittenen Regelungen der Tarifverträge wenig Spielraum für eine anforderungs- und leistungsgerechte Bezahlung bieten.[212] Auch das wenig flexible Eingruppierungssystem steht einer leistungsorientierten Honorierung in Forschungseinrichtungen entgegen. Die auf eher statische Arbeitsplätze in der Verwaltung abgestimmte „Eingruppierungsautomatik“ des BAT[213], die bislang auch für den TVöD gilt, verlangt Aufgabenzuschnitte, welche der dynamischen Tätigkeitsbeschreibung eines wissenschaftlichen oder wissenschaftsnahen Arbeitsplatzes nicht gerecht werden.

5.2.2.3. Stellenplan

Im Hinblick auf eine flexible personelle Reaktion bei kurzfristigen Entwicklungen in der Wissenschaft hat sich auch die Bindung an Planstellen und Stellenpläne als Hindernis erwiesen. [214] Daher wurden tariflich Möglichkeiten geschaf-

---

210 Für die öffentlich-rechtlichen Forschungseinrichtungen ist die Anwendung des öffentlichen Dienstrechts zwangsläufig, für die privatrechtlich organisierten Forschungseinrichtungen ergibt sie sich aus dem Besserstellungsverbot. Vgl. Meusel 1999: § 30 Rn. 399.

211 Vgl. Internationale Kommission 1999: 12.

212 Die im neuen TVöD vorgesehene Leistungskomponente beläuft sich z.Zt. auf 1 Prozent der Entgeltsumme und soll sich auf maximal 8 Prozent steigern.

213 § 22 BAT.

214 Planstellen sind Stellen, die unmittelbar im Haushaltsplan ausgebracht werden müssen und nur für solche Aufgaben eingerichtet werden, für deren Wahrnehmung die Begründung eines Beamtenverhältnisses zulässig ist und die sich außerdem auf Daueraufgaben beziehen. Die Gesamtheit dieser im Haushaltsplan ausgebrachten Stellen wurde nach Besoldungsgruppen und Amtsbezeichnungen gegliedert in Stellenplänen zusammengefasst. Vgl. Meusel 1999: § 36 Rn. 452.

fen, Mitarbeitern, um sie zu gewinnen, zu halten oder leistungsgerecht zu vergüten, bestimmte Zulagen zu gewähren. Darüber hinaus wurde einigen Forschungseinrichtungen ermöglicht, an bis zu 30 Prozent aller Angestellten und Arbeiter höhere tarifliche Vergütungen zu zahlen, als es der Wertigkeit ihrer Planstelle entspricht.[215] Alle diese Maßnahmen hatten finanzneutral zu erfolgen. Unter dem Stichwort „Globalhaushalt" wurde bereits seit einiger Zeit und letztendlich erfolgreich in den Verhandlungen zur POF die Abschaffung der Stellenpläne und im Gegenzug die Festsetzung einer Obergrenze des Personalbestandes diskutiert.

5.2.2.4. Befristete Arbeitsverträge

Für die Möglichkeiten des Abschlusses von befristeten Beschäftigungsverhältnissen erscheinen die derzeitigen gesetzlichen Regelungen für eine Wissenschaftseinrichtung nicht adäquat. Unter dem Gesichtspunkt der Anpassung an wechselnde Aufgaben, den Erhalt der Innovationskraft einer wissenschaftlichen Einrichtung und auch der Nachwuchsförderung ist der Abschluss von befristeten Arbeitsverträgen im Wissenschaftsbereich, ähnlich wie im kulturellen Bereich, von besonderer Bedeutung.[216] Im Anwendungsbereich des TVöD beläuft sich die höchstzulässige Dauer von Zeitverträgen auf fünf Jahre. Für den Bereich von Wissenschaft und Forschung regelt das Gesetz über befristete Arbeitsverträge in der Wissenschaft (Wissenschaftszeitvertragsgesetz – WissZeitVG) die Befristung von Beschäftigungsverhältnissen an Hochschulen und außeruniversitären Forschungseinrichtungen.[217] Das WissZeitVG, welches im April 2007 in Kraft trat, schreibt die bereits im Hochschulrahmengesetz (HRG) seit 2002 festgelegte Höchstbefristungsdauer von 12 oder/und 15 Jahren für Qualifikationszeiten fort, welche auch außeruniversitären Forschungseinrichtungen die Möglichkeit zum Abschluss befristeter Arbeitsverträge mit einer Reihe zusätzlicher Befristungstatbestände für wissenschaftliches Personal ermöglichen. Obwohl dies im Vergleich zur vorherigen Begrenzung auf fünf Jahre im Hinblick auf die Wissenschaftler und Wissenschaftseinrichtungen als Fortschritt gewertet werden kann, stellt sich für Nachwuchswissenschaftler nach Erreichen dieser 12-Jahresfrist die Problematik, dass sie im gesamten öffentlichen Dienst keine befristete Anstellung mehr bekommen, die Zahl der unbefristeten Stellen jedoch kontinuierlich abgebaut wird.

Besondere Kündigungsgründe gelten seit dem WissZeitVG außerdem für Mitarbeiter, die im Bereich der Drittmittel- oder Projektforschung befristet eingestellt wurden. Bei Wegfall der Drittmittel ist die Kündigung des Arbeitsverhältnisses möglich.

---

215 Vgl. Meusel 1999: § 36 Rn. 458.

216 Vgl. Meusel 1999: § 36 Rn. 461.

217 Wissenschaftszeitvertragsgesetz (BGBl. I, S. 506).

Eine effektive Bearbeitung von Forschungsaufgaben und optimale Bedingungen für die Nachwuchsförderung erfordern flexible Beschäftigungsverhältnisse. Ein von allen Parteien als notwendig erachteter Wissenschaftstarifvertrag, der auf diese besonderen Belange in Wissenschaft und Forschung Rücksicht nimmt, ist bislang wegen fehlender Einigung der Tarifpartner nicht zustande gekommen.[218]

5.2.3. Wie viel Flexibilisierung ist notwendig?

Insgesamt ist festzustellen, dass die Fülle der Detailvorschriften und Beschränkungen, denen die Forschungseinrichtungen vor Einführung der programmorientierten Förderung auch die Helmholtz-Zentren unterlagen, nicht der im Sinne des New Public Management geforderten eigenverantwortlichen Ressourcenbewirtschaftung entsprachen. Daraus wird auch deutlich, warum die Forderung nach Flexibilisierung im Haushalts- und Personalrecht eine zentrale Forderung der Helmholtz-Zentren bei der Umsetzung des wissenschaftsadäquaten Controllings war.

Dem Ruf der Forschungseinrichtungen nach mehr Flexibilität steht auf der anderen Seite das öffentliche Interesse einer ordnungsgemäßen Verwendung öffentlicher Gelder gegenüber, die zu den oben skizzierten Bewirtschaftungsgrundsätzen geführt haben. Die wenig ausgeprägte Bereitschaft des Bundesfinanzministeriums, diese Grundsätze den Erfordernissen eines Wissenschaftsbetriebs anzupassen, rührt vermutlich auch aus der Tatsache, dass eine Nachvollziehbarkeit von Investitionen in diesem Expertensystem nur eingeschränkt möglich ist. Wie lässt sich die Angemessenheit oder Wirtschaftlichkeit eines wissenschaftlichen Gerätes oder baulichen Investition beurteilen? Hier treten wieder die Fragen der Wissensgenerierung in einem Expertensystem in den Vordergrund, wie sie bereits anhand der Neuen Institutionenökonomik thematisiert wurden. Folgt man jedoch der Argumentation der Property-Rights-Theorie,[219] so ist davon auszugehen, dass die wirtschaftliche Verwendung der Ressourcen durch die Forschungsinstitutionen in dem Maße gestärkt werden kann, wie auch die Eigenverantwortlichkeit für die Mittelverwendung erhöht wird. Dies bedeutet in der Folge, dass der wirtschaftliche Erfolg von den Zentren internalisiert werden kann. Gleiches muss dann konsequenterweise aber auch für den wirtschaftlichen Misserfolg gelten, der dann ebenfalls in der Zentrenverantwortung stehen muss.
Einer flexiblen Personalbewirtschaftung, wie sie von den Forschungszentren gefordert wird, steht wiederum das staatliche Interesse nach einem verlässlichen

---

218 Auf weitere arbeitsrechtliche Aspekte, wie z.B. das Nebentätigkeitsrecht, Arbeitszeit und betriebliche Mitbestimmung sowie sozialrechtliche Bestimmungen wird im Rahmen dieser Arbeit nicht näher eingegangen, da sie nicht in unmittelbarem Bezug zum Kernthema der vorliegenden Untersuchung gehören.

219 Vgl. Kapitel B.1.3.3.

und ausgeglichenen Beschäftigungssystem für Beschäftigte im öffentlichen Dienst gegenüber.
Erkennt man aber die staatliche Forderung oder/und das Primat des geltenden Arbeitsrechts an, dass es keine unbefristete Möglichkeit von befristeten Arbeitsverträgen geben darf, so müssen andere Instrumente entwickelt werden oder/und zur Verfügung stehen, um die notwendige personelle Flexibilität in einem dynamischen, innovativen Umfeld zu gewährleisten. Neben der Möglichkeit aufgrund der Befristung höhere, kompetitive Gehälter zu zahlen, müsste es bei unbefristeten Arbeitsverhältnissen die Möglichkeit geben, Abfindungen zu zahlen. Daneben müsste der Bereich der Personalentwicklung in den Forschungsorganisationen konsequent ausgebaut werden, um Mitarbeiter für zukünftige Aufgaben zu befähigen.

Zusammenfassend kann daher gesagt werden, dass die Haushalts- und Dienstvorschriften wie sie in der öffentlichen Verwaltung gelten, nur eingeschränkt geeignet sind für eine Anwendung im Wissenschaftsbereich. Der Wissenschaftsbereich zeichnet sich durch eine hohe Dynamik und sich schnell ändernde Aufgabenanforderungen sowohl in der Wissenschaft wie auch im wissenschaftsnahen Bereich aus und konkurriert international um die besten Wissenschaftler und Wissenschaftsprojekte. Die Anforderungen nach dem Konzept des New Public Management legen, wie bereits dargestellt, eine Reduzierung der Detailvorschriften nahe, zugunsten einer Steigerung der strategischen Steuerung. In wieweit aber wurden die unterschiedlichen Steuerungsmodelle bei der Steuerung der Großforschungseinrichtungen bereits angewendet? Welche Diskussionen wurden bereits um die Flexibilisierung der haushalts- und dienstrechtlichen Vorgaben geführt? Die Beantwortung dieser Fragen soll im folgenden Kapitel versucht werden, indem noch einmal die Geschichte der Helmholtz-Gemeinschaft kurz skizziert wird. Ziel ist dabei nicht die Darstellung und Bewertung der Forschungsergebnisse dieser Zeit. Vielmehr soll der steuerungspolitische Diskurs zwischen den Zuwendungsgebern und den Großforschungseinrichtungen beleuchtet werden, welcher letztlich zur Reform der programmorientierten Förderung führte.

C. Staatliche Steuerung am Beispiel der Großforschungseinrichtungen

1. Entstehung und Entwicklung der Großforschungseinrichtungen

Den Beginn der modernen Großforschung, der sog. „Big Science“, markiert nach allgemeinem Verständnis das Manhattan-Projekt, die Entwicklung und der Bau der amerikanischen Atombombe im Zweiten Weltkrieg. Allerdings reichen die Wurzeln, insbesondere in Deutschland, zurück bis zu den Forschungsinstitutionen für Gemeinschaftsaufgaben des Deutschen Reiches.[220] Das heutige Verständnis der Großforschung in Deutschland bezieht sich auf den besonderen Organisationstyp der institutionellen Forschung, der sich nach 1955 zunächst vor allem im Gebiet der Kernforschung und Kerntechnik entwickelte, später aber auf die Luft- und Raumfahrtforschung, die Datenverarbeitung, den Umweltschutz, biologisch-medizinische Forschung, Polarforschung, Mikroelektronik sowie Forschungen zu Transport- und Verkehrssystemen ausweitete. Dabei ist die Institutionalisierung der Großforschung, wie auch insgesamt die Forschungspolitik selber nicht als ein gezielter politischer Akt zu sehen, dem etwa ein Master-Plan zugrunde gelegen hätte. Vielmehr stellt sie sich als das Ergebnis machtpolitischer Auseinandersetzungen der Akteure Forschergruppen, Bundesländer und Bund dar.[221]

1.1. Die fünfziger und sechziger Jahre: Die Gründungswelle und der Aufbau

Kernforschung und Kerntechnik wurden zum ersten Kristallisationskern einer vornehmlich vom Bund bestimmten Forschungspolitik und zum Hauptarbeitsgebiet der in den Jahren 1956 -1960 gegründeten "ersten Generation" von sechs Forschungszentren, die später als Großforschungseinrichtungen bezeichnet wurden.[222] Eine Konzentration von Ressourcen wurde dabei vom Bund als notwendig erachtet, um den Wissens- und technologischen Vorsprung der westlichen Industrienationen, insbesondere der USA, einzuholen und damit das weitere Wirtschaftswachstum zu sichern.

Die ersten sechs Großforschungseinrichtungen wurden zwischen 1956 und 1960 gegründet: 1956 das Kernforschungszentrum Karlsruhe (KFK),[223] die Kernforschungsanlage in Jülich (KFA),[224] und die Gesellschaft für Kernenergieverwen-

---

220 Vgl. Ritter 1992: 13 ff.

221 Vgl. ausführlich Braun 1997: 373 f.; Hohn / Schimank 1990: 247.

222 Die folgenden Ausführungen zur Geschichte der Großforschungseinrichtungen basieren überwiegend auf Ritter 1992; Hohn / Schimank 1990: 236 ff. und Szöllösi-Janze, Margit (1996): ‚Geschichte der außeruniversitären Forschung in Deutschland‘, in: Fläming, Christian et al. (Hrsg.): Handbuch des Wissenschaftsrechts, Bd. 2. 2. Auflage, Berlin, Heidelberg, S. 1209 u. 1213 f.

223 Heute Forschungszentrum Karlsruhe (FZK).

224 Heute Forschungszentrum Jülich (FZJ).

dung in Schiffbau und Schiffahrt (GKSS),[225] 1957 das Hahn-Meitner-Institut (HMI) in Berlin[226].
In den sechziger Jahren erfolgten noch zwei weitere Gründungen unter dem Forschungsthema Energieversorgung: Das Max-Planck-Institut für Plasmaphysik (IPP) in Garching (1960) mit dem Ziel, ein Fusionskraftwerk zu entwickeln. Die 1964 gegründete Gesellschaft für Strahlenforschung (GSF) in Neuherberg sollte die biologischen Wirkungen radioaktiver Strahlung erforschen.[227]
Mit der Gründung des Deutschen Elektronensynchrotron (DESY) 1959 in Hamburg und der Gesellschaft für Schwerionenforschung (GSI) 1969 in Darmstadt entstand ein zweiter Typ der Großforschungseinrichtung: Großgeräte für die Grundlagenforschung.

Die Gründung des FZK im Jahr 1956 – ursprünglich: „Kernreaktorbau- und Betriebs-GmbH“ war ein joint venture des BMAt, des Landes Baden-Württemberg, der aus 65 Unternehmen bestehenden „Kernreaktor-Finanzierungs-GmbH“ und einer Wissenschaftlergruppe, die ursprünglich vom Göttinger Max-Planck-Institut für Physik stammte. Der Finanzierungsmodus war so gestaltet, dass die beteiligten Unternehmen gemeinsam die Hälfte des Stammkapitals der GmbH aufzubringen hatten; die andere Hälfte wurde zu drei Fünfteln vom Bund und zu zwei Fünfteln vom Land Baden-Württemberg aufgebracht. Die laufenden Kosten des FZK sollten allerdings allein von Bund und Land getragen werden.

Das FZJ, ursprünglich Kernforschungsanlage Jülich, entstand 1956 als Forschungseinrichtung des Landes Nordrhein-Westfalen, in Konkurrenz zum gleichzeitig vom Bund geplanten FZK. Die Hochschulen in Köln, Bonn und Aachen wurden vom Land aufgefordert, eine „Gemeinsame Kernforschungsanlage für die Hochschulen des Landes“ zu konzipieren. Gleichzeitig wurden Unternehmen durch eine „Gesellschaft zur Förderung der kernpysikalischen Forschung“ in die Planungen einbezogen. Finanziell wurde die KFA fast ausschließlich vom Land getragen.

Das HZB wurde als Gemeinschaftsforschungseinrichtung der beiden Berliner Hochschulen gegründet. Eine ursprüngliche Initiative von Berliner Unternehmen wurde nicht verwirklicht, nachdem sich die betreffenden Unternehmen am KFK unter besseren Bedingungen beteiligen konnten. So wurde das HMI ein grundlagenorientiertes Zentralinstitut der Hochschulen, finanziert vom Land Berlin, wobei der Bund einen erheblichen Teil der Baukosten übernahm.

Die GKSS wurde 1956 gegründet, um eine spezifische technische Nutzungsmöglichkeit der Kernenergie zu erforschen: Kernenergie als Schiffsantrieb. Initi-

---

225 Heute GKSS-Forschungszentrum Geesthacht (GKSS).
226 Heute Helmholtz-Zentrum Berlin für Materialien und Energie (HZB).
227 Heute Helmholtz-Zentrum München (HMGU).

iert wurde dieses Projekt von Unternehmen, die sich in der „Studiengesellschaft für Kernenergieverwertung in Schiffahrt und Industrie“ zusammengeschlossen hatten. Nach dem Finanzierungsmodus trug 60 Prozent der Kosten der Bund, die restlichen 40 Prozent wurden von den vier norddeutschen Bundsländern getragen. Die interessierten Unternehmen waren nur als Anteilseigner beteiligt.

Die Gründung des IPP 1960 ging auf die Initiative einer Forschergruppe am Münchener Max-Planck-Institut für Physik und Astrophysik unter Leitung von Werner Heisenberg zurück. Trotz einer Krise der Fusionsforschung gab es ermutigende Anzeichen für bevorstehende Durchbrüche in der Grundlagenforschung, die auch das Bundesministerium für Atomfragen (BMAt) überzeugten, ein deutsches Institut für Plasmaphysik zu errichten[228]. Nachdem sich die Einfügung des IPP in die MPG aufgrund der Größe des Instituts schwierig gestaltete, wurde das IPP aus der MPG ausgesondert und als GmbH mit MPG und Werner Heisenberg als Gesellschafter gegründet. Die Finanzierung des IPP erfolgte ab 1961 zu einem Drittel durch die Europäische Atomgemeinschaft, zwei Drittel der Betriebskosten teilten sich seit 1962 Bund und Länder.

Die GSF ging aus einer „Versuchs- und Ausbildungsstätte für Strahlenschutz“ hervor, die seit 1960 organisatorisch als Teil der KFK bestanden hatte. Das BMAt als Initiator dieses Instituts hatte den Bedarf nach Strahlenschutzforschung und – Ausbildung erkannt und ergänzte die bestehenden Kernforschungseinrichtungen daher um eine Forschungseinrichtung, die sich mit den Folgeproblemen der dort erforschten Technologien befasste.

Das DESY wurde 1959 als ausdrücklich grundlagentheoretisch orientierte Gemeinschaftsforschungseinrichtung der internationalen scientific community der Elementarteilchenpysiker etabliert. Hier sollte ein sehr kostenintensives Großgerät der nationalen und internationalen Forschergruppe als kollektives Gut zur Verfügung gestellt werden. Die Initiative hierzu ging von deutschen Physikergruppen aus, die sich an das BMAt wandten, wo die Idee aufgegriffen wurde. Als Grundlagenforschungseinrichtung wurde das DESY vom Bund gemeinsam mit dem Land Hamburg getragen. Die Investitionskosten trug größtenteils der Bund, während die laufenden Kosten vom Bund und allen Bundesländern gemeinsam getragen wurden.

Die GSI beruhte auf einem ähnlichen Konzept wie DESY. Physiker aus drei hessischen Hochschulen propagierten die Errichtung eines Schwerionenbeschleunigers, der ihnen und anderen als kollektiv nutzbare Infrastruktur zur Verfügung stehen sollte.

---

228 Zum Rollenverständnis des BMAt als forschungspolitischer Akteur vgl. Braun 1997: 224 ff.

Die institutionelle Ausdifferenzierung der deutschen Großforschung als eigenständiger Sektor der staatlich finanzierten außeruniversitären Forschung vollzog sich in den sechziger Jahren. Ende der 60er und in den frühen 70er Jahren dehnte der Bund seine Forschungsförderung weit über die Kernforschung in andere Bereiche aus und legte damit die Basis für eine Art „Hausmacht" in der Forschungspolitik.[229] Dies wurde strukturell unterstützt durch die Ergänzung des Grundgesetzes um Artikel 91 a und b zur gemeinsamen Forschungsförderung des Bundes und der Länder im Jahre 1969.

Im Bereich der Informationstechnologien wurde 1968 die Gesellschaft für Mathematik und Datenverarbeitung (GMD) und in der Luft- und Weltraumforschung 1969 die Deutsche Forschungs- und Versuchsanstalt für Luft- und Raumfahrt (DFVLR)[230] gegründet.

Die GMD ging aus dem vom Land Nordrhein-Westfalen geförderten, grundlagentheoretisch orientierten „Institut für instrumentelle Mathematik" hervor. Nachdem das Land sich nicht mehr in der Lage sah, das auf Wachstum konzipierte Institut zu tragen und das Bundesministerium für Wissenschaft und Forschung (BMWF) gleichzeitig einen Träger für sein 1967 geschaffenes „Förderprogramm Datenverarbeitung" suchte, kam man überein, dass das Institut nach dem Modus 10:1 von Bund und Land finanziert werden solle.
Die Gründung des DFVLR war der organisatorische Zusammenschluss bereits bestehender Forschungsinstitute, formal als Landesinstitute etabliert, die jedoch in immer stärkerem Maße von Finanzmitteln des Bundes abhängig geworden waren. Als der Bund Anfang der sechziger Jahre aufgrund europäischer Anstöße auf diesem Gebiet aktiv wurde, und das BMWF 1962 ein entsprechendes Förderprogramm für die Raumfahrtforschung schuf, initiierte es die organisatorische Zusammenfassung dieser Institute.

Nachdem die mittel- und langfristig benötigten finanziellen Ressourcen die Kapazitäten der meisten Bundesländer, die zu dieser Zeit ja noch ein weitgehendes forschungspolitisches Kompetenzmonopol besaßen, überstiegen, war dieser Bereich der Forschungsförderung für die bundespolitischen Akteure gerade aus kompetenzpolitischen Gründen sehr interessant.
Unterstützung bei der Identitätsfindung als eigenständigem Forschungstyp kam hierbei sowohl aus den Reihen der Forschungszentren selber, wie auch von forschungspolitischer Seite.[231] In dem Maße wie es gelang, die unabhängig vonein-

229 Stucke, Andreas (1993): ‚Institutionalisierung der Forschungspolitik. Entstehung, Entwicklung und Steuerungsprobleme des Bundesforschungsministeriums', Frankfurt, New York, S. 68, 151ff.

230 Heute Deutsches Zentrum für Luft- und Raumfahrt (DLR).

231 Cartellieri, Wolfgang (1967): ‚Die Großforschung und der Staat: Gutachten über die zweckmäßige rechtliche und organisatorische Ausgestaltung der Institutionen für die Großforschung', Bd 1. Wesen und Inhalt der Großforschung: Das besondere Verhältnis zum Staat', München.

ander gegründeten Großforschungseinrichtungen über die Konzeption eines neuen Forschungstypus zu vereinheitlichen, wurde die Position des Bundes als Träger gegenüber den Bundesländern gestärkt, denn der Bund war der einzige Akteur, der an allen Großforschungseinrichtungen beteiligt war. Die so im kollektiven Diskurs hervorgebrachte Identität der Forschungszentren enthielt drei zentrale Elemente:[232]

- Großforschung bearbeitet Forschungsthemen, deren Umfang und Komplexität einen außerordentlichen finanziellen, apparativen und personellen Ressourcenaufwand über einen längeren Zeitraum erforderlich machen.
- Großforschungseinrichtungen sind außerdem durch eine angestrebte integrale Verknüpfung grundlagenorientierter und anwendungsorientierter Forschungsaktivitäten gekennzeichnet.
- Zudem sind die Themenprioritäten dadurch, dass sie an außerwissenschaftliche Anwendungsbezüge anknüpfen, Gegenstand politischer Entscheidungen.

Diese Diskussion um die Identität der Großforschungseinrichtungen ging einher mit einer gesteigerten Erwartungshaltung seitens der Forschungspolitik. Denn in der Summe sollten die Großforschungseinrichtungen all jenes können, wozu MPG, Hochschulen, Unternehmen und Ressortforschungseinrichtungen nicht in der Lage schienen. Dieser Erwartungsdruck, sowohl für die Einrichtungen als auch für die forschungspolitischen Akteure, wirkte sich zunächst sehr günstig auf die Ressorcenmobilisierung aus. Alle Großforschungseinrichtungen erlebten während der sechziger Jahre entsprechend hohe Wachstumsraten ihrer Finanz- und Personalausstattung. Gleichzeitig stieg der Anteil des Bundes an der Finanzierung der Großforschungseinrichtungen, wodurch sich die Tendenz des Bundes fortsetzte, sich mittels der ihm verfügbaren größeren finanziellen Mittel de facto forschungspolitische Kompetenz anzueignen.[233]

1.2. Die siebziger und achtziger Jahre: Paradigmenwechsel in der Forschungspolitik und wachsende Kritik an den Großforschungseinrichtungen

Zwei generelle gesellschaftliche Strukturveränderungen in den siebziger Jahren waren für die deutsche Großforschung bestimmend und hatten eine Vielzahl von Auswirkungen zur Folge: 1969 erfolgte ein Regierungswechsel auf Bundesebene von der CDU/SPD- zur SPD/FDP-Koalition. 1973 setzte die erste wirtschaftliche Krise ein.

Von den Großforschungseinrichtungen wurde erwartet, dass sie durch gezielte Technologieentwicklungen einen unmittelbaren Beitrag zur Stärkung der Innovationsfähigkeit der deutschen Industrie und damit mittelbar zum Wirtschafts-

232 Vgl. Hohn / Schimank 1990: 251 f.

233 Vgl. ausführlich Hohn / Schimank 1990: 248 - 259.

wachstum leisten.[234] Diese Forschungspolitik wurde argumentativ unterstützt durch verschiedene Untersuchungen der Organization for Economic Cooperation and Development (OECD), welche unter anderem die große Bedeutung von Innovationen für das Wirtschaftswachstum und den Wohlstand einer Gesellschaft hervorhob. Im Vergleich zur US-amerikanischen Entwicklung wurde bei den westeuropäischen Ländern bei der Umsetzung der naturwissenschaftlichen Erkenntnisse in Innovationen eine „technologische Lücke" ausgemacht.[235]
1970 schlossen sich die Großforschungseinrichtungen zur Arbeitsgemeinschaft der Großforschungseinrichtungen (AGF) zusammen, um ihre Interessen angesichts dieser gesteigerten Erwartungshaltung gegenüber den Zuwendungsgebern besser vertreten zu können.[236] Schon damals gab es die Forderung nach einer Globalsteuerung mit der entsprechenden Lockerung öffentlich-rechtlicher Haushalts- und Verwaltungsvorschriften. Diese Forderung wurde vom Forschungsministerium positiv aufgenommen, indem eine gemeinsame Arbeitsgruppe aus Vertretern des Ministeriums und der AGF gegründet wurde, in welcher ein für die Großforschungszentren gültiges Finanzstatut erarbeitet wurde.[237] 1972 formulierte das BMBW für die Großforschung das Konzept der Globalsteuerung durch den Staat, d.h. Formulierung der generellen Forschungsziele und finanziellen Gesamtzuwendungen, Koordination der Arbeiten unter Gewährung eines möglichst großen administrativen Freiraumes. Im vierten Bundesbericht Forschung hieß es dazu:

„Indem der Staat einerseits die generellen Forschungsziele und die finanziellen Gesamtzuwendungen formuliert, die Arbeiten koordiniert, Prioritäten setzt und für einen wirtschaftlichen und sparsamen Einsatz der öffentlichen Mittel sorgt, andererseits jedoch den Forschungseinrichtungen auch im administrativen Bereich einen großen Raum gewährt, handelt er nach dem Prinzip der Globalsteuerung."[238]

Mit diesen ersten forschungspolitischen Reformen ging jedoch eine starke Wachstumsverlangsamung im Hinblick auf finanzielle und personelle Ressourcen einher. Die Wachstumsraten für die Großforschung lagen dabei unter dem Durchschnitt des gesamten Sektors der staatlich finanzierten außeruniversitären Forschung. So kann man bei den personellen Ressourcen über den Zeitraum

---

234 Vgl. ausführlich Mutert, Susanne (2000): ‚Großforschung zwischen staatlicher Politik und Anwendungsinteresse der Industrie (1969-1984)', Frankfurt a.M., S.14 ff.

235 Vgl. z.B. OECD (1970): 'Gaps in Technology. Analytical Report. Comparison between Member Countries in Education, Research Development, Technological Innovation, International Economic Exchange', Paris.

236 Szöllösi-Janze, Margit (1990): ‚Geschichte der Arbeitsgemeinschaft der Großforschungseinrichtungen, 1958-1980', Frankfurt a.M.,New York, S. 132 ff.

237 Ganten, Detlev (2006):‚Die Geschichte der Helmholtz-Gemeinschaft', in: GSF- Forschungszentrum für Umwelt und Gesundheit, Neuherberger Vorträge Nr.1, Neuherberg , S. 26.

238 Bundesbericht Forschung 1972: 65.

1971 bis 1979 eine jährliche Steigerung von nur 3 Prozent feststellen.[239] Insbesondere die KFA und das KFK mussten innerhalb von zwei Jahren (1973/1974) jeweils 6 Prozent ihrer Planstellen abbauen. Ähnliche Stellenkürzungen gab es bei der DFVLR.
Argumente für die Wachstumsbegrenzung sind zum einen in einer Konsolidierungsphase zu sehen, die der Aufbauphase der sechziger Jahre folgen sollte, aber auch in den staatlichen Sparmaßnahmen, die durch die Wirtschaftskrise notwendig geworden waren.
Doch auch die veränderte Erwartungshaltung der forschungspolitischen Akteure und der Öffentlichkeit an die Großforschungseinrichtungen machte sich bemerkbar: Ein erhöhter Legitimationsdruck veranlasste 1972 das BMBW dazu „Grundsätze für die Erfolgskontrolle" für die Großforschung zu erlassen.
Zudem wurde die Rolle der Forschungspolitik neu definiert. In den siebziger Jahren zeigten immer mehr Untersuchungen, dass die meisten Innovationen nicht direkt und geradlinig aus der Anwendung neuer technologischer Entwicklungen oder gar aus der Grundlagenforschung ableitbar waren, wovon die Forschungspolitik der 50er und 60er Jahre in Anlehnung an das Science-Push-Modell noch ausgegangen war.[240] Keine Organisationsstruktur konnte danach als die allein angemessene für erfolgreiche Innovationstätigkeiten gelten. Diese allmählich sich durchsetzende Erkenntnis, dass Innovationen selten bis nie direkt aus neuen wissenschaftlichen Erkenntnissen hervorgehen, führte zu der Feststellung, dass die Aufgaben der staatlichen Innovationsförderung neben einer intensiven Förderung von Forschung auch in der Förderung der Entwicklung von Forschungsergebnissen liegen.[241] Die Vernetzung von Technologie und Grundlagenwissen durch eine enge Kooperation zwischen Universitäten und technischen Hochschulen, Forschungs- und Entwicklungsinstitutionen, und Industrieunternehmen wurde so zur zentralen Aufgabe. Staatliche Forschungspolitik wurde immer mehr in einen wirtschaftpolitischen Leistungskontext gerückt. Die Zusammenarbeit mit der Industrie und ein hierdurch möglich werdender Technologietransfer gewannen in den Leistungserwartungen an die Großforschungseinrichtungen zunehmend an Bedeutung. Die Großforschungseinrichtungen sollten für das Forschungsministerium die primären Partner sein, um die forschungspolitischen Förderprogramme des Bundes durchzuführen.[242]

Diesem Ziel diente auch die Etablierung zweier weiterer Großforschungseinrichtungen, wobei es sich in beiden Fällen um die Überführung bereits bestehender Forschungseinrichtungen in den Status von Großforschungseinrichtungen handelte.

239 Hohn /Schimank 1990: 262 f.

240 Gibbons / Johnston (1974): 'The roles of science in technological innovation', in: Research Policy Nr. 3, S. 220-242.

241 Mutert 2000: 39.

242 Hohn /Schimank 1990: 267 f.

1976 ging das Deutsche Krebsforschungszentrum (DKFZ) aus einer durch die Ländergemeinschaft getragenen gleichnamigen Einrichtung hervor und stellte die Basis dar für das Förderprogramm des BMFT „Forschung im Dienste der Gesundheit und Ernährung“ Für das 1964 unter Inkorporierung zweier Institute der medizinischen Fakultät Heidelberg als Stiftung des öffentlichen Rechts gegründete DKFZ ging damit eine Sicherung oder/und Steigerung der institutionellen Zuwendungen einher.

Ebenfalls 1976 in eine Großforschungseinrichtung umgewandelt wurde die Gesellschaft für Biotechnologische Forschung (GBF). [243] Nachdem anfangs die Finanzierung durch die Stiftung Volkswagenwerk erfolgte, übernahm schließlich der Bund die Trägerschaft unter der Prämisse, dass sich das Zentrum künftig von der molekularbiologischen Grundlagenforschung zur anwendungsorientierten biotechnologische Forschungen umorientiere.

Neben einigen neuen Instituten an bestehenden Großforschungseinrichtungen blieben dies die einzigen institutionellen Erweiterungen der deutschen Großforschung in den siebziger Jahren. Während einzelne Institute bestehender Großforschungseinrichtungen durchaus auch aufgelöst wurden, traf dies für ganze Einrichtungen nicht zu.[244]
Gegen eine Schließung sprachen aus der Sicht des BMFT eine Reihe von Gründen: Jede Schließung hätte zunächst erhebliche Vollzugskosten verursacht, da für die unbefristet beschäftigten Mitarbeiter umfangreiche Sozialpläne aufgestellt hätten werden müssen. Nicht wenige Mitarbeiter verschiedener Einrichtungen waren sogar bereits über 15 Jahre dort beschäftigt und damit unkündbar. Diese Mitarbeiter hätten bei anderen staatlichen Einrichtungen in entsprechenden Tätigkeitsfeldern untergebracht werden müssen. Auch Legitimationskosten gegenüber dem Parlament und der politischen Öffentlichkeit mussten beachtet werden. Die Schließung einer Großforschungseinrichtung hätte als forschungspolitisches Versagen und Eingeständnis einer verfehlten Energiepolitik interpretiert werden können.
Nicht zuletzt die Sitzländer der jeweiligen Einrichtungen fungierten als Garanten der Bestandsinteressen, waren die Großforschungseinrichtungen neben ihrer Funktion als forschungspolitische Prestigeobjekte vor allem wichtige Objekte regionaler Wirtschaftspolitik. Dabei hatten die Länder mit ihrer 10 Prozentigen Beteiligung zwar kein formelles Vetorecht, faktisch konnte der Bund jedoch aufgrund vielfältiger Interessenverflechtungen keine generelle harte Linie fahren, da er in vielen anderen Fällen auf die Kooperationsbereitschaft der Länder

243 Heute: Helmholtz-Zentrum für Infektionsforschung (HZI).

244 Allein bei der GKSS wurde Ende der siebziger Jahre ernsthaft eine Schließung erwogen, nachdem sie ihre ursprüngliche Aufgabe, einen Schiffsreaktor zu entwickeln, erfüllt hatte. Schließlich entschloss sich der Bund jedoch auch hier für die Option der thematischen Umorientierung.

angewiesen war, eine Situation wie sie kennzeichnend ist für den in Deutschland bestehenden Korporativen Föderalismus.[245]
Schließlich hätte das BMFT bei einer Auflösungsentscheidung auch riskiert, dass die bislang für die jeweilige Einrichtung verfügbaren Finanzmittel und insbesondere die Planstellen für das BMF zur Disposition gestanden hätten. Dies konnte aber gerade bei den Großforschungseinrichtungen nicht das Interesse des Bundes sein.[246]

Wenn somit weder Wachstum noch die Schließung von Einrichtungen als Voraussetzung für Neugründungen realistische Optionen für das BMFT darstellten, um die inhaltlich anderen und gesteigerten Erwartungen an die Großforschung in die Tat umzusetzen, blieb als letzte Handlungsoption die thematische Flexibilisierung der existierenden Einrichtungen.
Allerdings waren der Fähigkeit der Großforschungseinrichtungen, sich flexibel zu verhalten, gerade im Bereich des Personals enge Grenzen gesetzt. Wie bereits erwähnt, war ein Großteil der Mitarbeiter in Großforschungseinrichtungen auf unbefristeten Planstellen beschäftigt, zudem war ein nicht geringer Anteil in den Anfangsjahren der Großforschung rekrutiert worden und somit länger als 15 Jahre dort beschäftigt. Das Angebot attraktiver externer Stellen wurde seit Mitte der siebziger Jahre geringer, zudem war ein Wechsel für die bereits länger beschäftigten Mitarbeiter aufgrund der Besoldungsregeln und Sozialleistungen des öffentlichen Dienstes nicht sehr attraktiv. Dies führte dazu, dass während der siebziger Jahre ein hochgradig altershomogenes Wissenschaftlerpersonal den Großteil der Stellen besetzte. Dies hatte zur Folge, dass die Großforschungseinrichtungen in immer geringerem Maße Stellenneubesetzungen vornehmen konnten und damit keine Möglichkeit hatten, Nachwuchswissenschaftler von Hochschulen zu rekrutieren, um darüber den Kontakt zu den neuesten Forschungsthemen zu erhalten.

Gleichzeitig beklagten sich die Forschungszentren wieder stärker über die zunehmende „Zerwaltung der Forschung".[247] Die Globalsteuerung, die das Forschungsministerium in den Leitlinien 1972 formuliert hatte, entsprach nicht der Realität, denn die personal- und haushaltsrechtlichen Regelungen des öffentlichen Dienstes bestanden weiterhin für die Großforschungseinrichtungen, welche die Flexibilität der Forschungseinrichtungen nachhaltig einschränkte.[248] Gleichwohl ist es den Großforschungseinrichtungen z.B. auf dem Gebiet der Umweltforschung, welches 1971 als Förderprogramm etabliert worden war, durchaus gelungen, thematische Flexibilität zu beweisen: Bereits laufende Forschungen an verschiedenen Einrichtungen wurden unter Umweltforschung subsumiert, um

245 vgl. Kapitel B.4.3.
246 Vgl. hierzu ausführlich Hohn /Schimank 1990: 270 f.
247 Meusel, Ernst-Joachim (1977): ‚Die Verwaltung der Forschung', in: Wissenschaftsrecht Heft 10, 118-137.
248 Hohn / Schimank 1990: 275.

damit die Verankerung der Großforschung auf diesem Gebiet zu dokumentieren. Insbesondere das Helmholtz-Zentrum München, das 1971 von „Gesellschaft für Strahlenforschung“ in „Gesellschaft für Strahlen- und Umweltforschung“ umbenannt worden war, aber auch die KFA wandten sich in den siebziger Jahren vermehrt umweltbezogenen Themen zu.

Die siebziger Jahre waren für die Großforschungseinrichtungen gekennzeichnet von einer Wachstumsbegrenzung, die mit gesteigerten Erwartungen an die Großforschungseinrichtungen einherging, denen die Großforschungseinrichtungen aus einer Reihe von genannten Gründen nicht gerecht werden konnten.[249]

Gegen Ende der siebziger Jahre hatte das BMFT schließlich damit begonnen, die Transferbereitschaft der Großforschungseinrichtungen durch finanzielle Anreize zu steigern.[250] Seit 1978 konnten die Einrichtungen zwei Drittel ihrer erzielten Einnahmen als zusätzliche Finanzmittel behalten. Gleichwohl stellte sich der gewünschte Effekt nur äußerst unzureichend ein. Seit 1977 gab es von der AGF gewünschte Gesprächskreise mit dem Bundesverband der Deutschen Industrie (BDI), in denen die Gründe für die wahrgenommenen Schwierigkeiten im Verhältnis zwischen Großforschungseinrichtungen und Unternehmen diskutiert wurden. Während die Großforschungseinrichtungen beklagten, dass ihr Transferpotential von den Unternehmen nicht abgerufen würde, führten die Unternehmen eine Reihe von Gründen und Einschätzungen an, die aus ihrer Sicht die Zusammenarbeit mit den Großforschungseinrichtungen erschwerten. Auch ein 1978 von AGF und BDI gemeinsam verabschiedetes Papier über eine zukünftige engere Kooperation zwischen Großforschungseinrichtungen und Unternehmen hatte in der Praxis nur wenige Auswirkungen[251].
Die klar formulierten Vorbehalte der Industrie gegenüber den Großforschungseinrichtungen führten dazu, dass das BMFT, welches seit Mitte der siebziger Jahre große Anstrengungen unternommen hatte, die Großforschung in Fortführung des ursprünglichen Konzeptes zu einer zentralen Instanz des Technologietransfers im Wirtschaftssystem zu machen, die Aufgaben der Großforschung in Anpassung an die Wirklichkeit neu definierte: Die neue Art der Großforschung sollte gekennzeichnet sein durch das Bearbeiten großer komplexer Systeme mit einem breiten Spektrum wissenschaftlicher Disziplinen beispielsweise in der Umwelt-, Klima- oder Gesundheitsforschung. Hierdurch versuchte das BMFT den Steuerungserwartungen zu entsprechen, mit denen es sich im Hinblick auf die Großforschungseinrichtungen durch das Parlament, die Parteien und die Wirtschaftsverbände konfrontiert sah.

---

249 Vgl. ausführlich Hohn / Schimank 1990: 278ff.

250 Vgl. ausführlich Hohn / Schimank 1990: 284 ff.

251 BDI (Hrsg.)(1984): Industrie und Großforschung. Vorschläge zur zukünftigen Entwicklung der Großforschungseinrichtungen und zur Verbesserung der Kooperationsmöglichkeiten mit der Industrie; Vgl. auch Kapitel B.2.2.

Die grundsätzliche Enttäuschung der staatlichen Akteure bestimmt dann aber auchdie weitere Entwicklung in den achtziger Jahren. Die anhaltende Wachstumsbegrenzung bei den Großforschungseinrichtungen wirkte sich insbesondere bei den personellen Ressourcen aus. 1981 verfügte das BMFT die so genannte „7,5Prozent-Aktion", wonach die Großforschungseinrichtungen in den kommenden fünf Jahren ihre Planstellen um diesen Anteil reduzieren mussten. Das Personalwachstum wurde entsprechend über außerplanmäßige Stellen vollzogen.[252]

Trotz dieser generellen Entwicklung wurde als letzte der Großforschungseinrichtungen auf dem Gebiet der alten Bundesländer 1980 das Alfred-Wegener-Institut für Polarforschung (AWI) in Bremerhaven in der Rechtsform einer Stiftung gegründet:

Den entscheidenden Anstoß für die Gründung, die der Wissenschaftsrat am 1. Juli 1979 empfohlen hatte, gab der im Februar 1979 erfolgte Beitritt der Bundesrepublik zum Antarktisvertrag von 1959. Das Institut wird in seiner Arbeit von Forschungsstationen und dem eisbrechenden Forschungs- und Versorgungsschiff "Polarstern" unterstützt. 1986 wurde dem AWI, das sich bis dahin auf die Untersuchung der Polarmeere konzentrierte, das Institut für Meeresforschung in Bremerhaven, mit welchem bereits enge Kooperationen bestanden, angeschlossen.

1.3. Der Beginn der neunziger Jahre: Neugründungen in den neuen Bundesländern

In der Folge der Vereinigung der beiden deutschen Staaten und des Neuaufbaus der Forschung in den neuen Bundesländern wurden drei neue Großforschungseinrichtungen aufgebaut und die in den alten Bundesländern bestehenden Großforschungseinrichtungen um acht, teilweise große Institutsteile ergänzt.

In Berlin-Buch wurde das Max-Delbrück-Centrum für Molekulare Medizin (MDC) in der Rechtsform einer Stiftung des öffentlichen Rechts gegründet, welches einen Teil der Forschungsaktivitäten der früheren Zentralinstitute der DDR für Krebsforschung, Herz-Kreislaufforschung und Molekularbiologie übernahm. Hierdurch sollte ein neuartiges biomedizinisches Forschungszentrum von internationalem Rang geschaffen werden, welches insbesondere Grundlagenforschung und klinische Forschung stärker miteinander verknüpfen sollte.

252 Hohn / Schimank 1990: 282 f.

In Potsdam wurde das GeoForschungszentrum (GFZ) gegründet,[253] welches auf dem personellen Potential der vom Wissenschaftsrat positiv bewerteten Arbeitsgruppen der geowissenschaftlichen Institute der ehemaligen Akademie der Wissenschaften der DDR aufbaute.[254] Ziel war der Aufbau einer leistungsfähigen nationalen Einrichtung für Geowissenschaften.

Die Gründung des Umweltforschungszentrums Leipzig /Halle (UFZ) ist in erster Linie im Kontext der extremen Umweltbelastungen im Raum Halle-Leipzig-Bitterfeld zu sehen.[255] Das Zentrum sollte als eine der tragenden Säulen eines Forschungsverbundes mit den Hochschulen und der Wirtschaft auf dem Gebiet der Umweltforschung zur Bewältigung von Umweltproblemen in hochbelasteten Ballungsräumen in der Weise beitragen, dass diese Forschungsergebnisse in Entscheidungsprozesse in Staat und Wirtschaft umgesetzt werden können.

Im Vereinigungsprozess verlor der Forschungshaushalt des Bundes den Anschluss, mit einschneidenden Folgen für die Forschungsförderung. Während der Bundeshaushalt von 1989 auf 1990 um 31,2 Prozent stieg, wuchs der Haushalt des BMFT nur um 4,7 Prozent, obwohl er, legt man den Bevölkerungsanteil zugrunde, eine um 20 Prozent größere Forschungslandschaft zu bedienen hatte.[256]

Zusammenfassend lässt sich sagen, dass die Geschichte der Großforschungseinrichtungen ein Spiegelbild der unterschiedlichen Steuerungstheorien und Steuerungsversuche durch den Staat ist. Während in der Aufbauphase in Anlehnung an das lineare Innovationsmodell von einem quasi-automatischen Transfer der Erkenntnisse der Grundlagenforschung in innovative Produkte ausgegangen wurde, forderte die öffentliche Hand diesen Technologietransfer in den siebziger Jahren verstärkt von den Zentren als Beitrag zum wirtschaftlichen Aufschwung ein. Hinzu kam in den achtziger Jahren die langsame Abkehr der Politik von der Förderung der Kernforschung. Die Zentren ihrerseits fühlten sich durch die administrativ-rechtlichen Rahmenbedingungen des öffentlichen Haushalts- und Dienstrechts nicht ausreichend in der Lage, den veränderten Anforderungen der Politik und Ministerien zu entsprechen. Insbesondere die ehemaligen Kernforschungszentren in Jülich und Karlsruhe sahen sich steigender Kritik gegenüber, die mit stagnierender Finanzierung und verfügtem Stellenabbau einherging.

---

253 Heute Helmholtz-Zentrum Potsdam – Deutsches GeoForschungszentrum-GFZ.

254 Wissenschaftsrat (1992): ‚Stellungnahme zu den außeruniversitären Forschungseinrichtungen in den neuen Ländern und in Berlin', Allgemeiner Teil, Köln.

255 Heute: Helmholtz-Zentrum für Umweltforschung.

256 Vgl. Syrbe, Max / Thomas, Uwe (1995): ‚Forschungsunternehmen statt Forschungsbehörden: Zur Reform der anwendungsorientierten Großforschungseinrichtungen. Gutachten für die Friedrich-Ebert-Stiftung', Bonn, S. 4.

2. Reformen und Reformdiskussionen in der deutschen Forschungspolitik[257]

2.1. Die Gründung der Helmholtz-Gemeinschaft

Seit Mitte der 90er Jahre gab es verstärkte Diskussionen und Ansätze, die Kapazitäten der GFE zu bündeln und Synergien freizusetzen. Insbesondere die stark in der Kritik stehenden ehemaligen Kernforschungszentren KF Karlsruhe (jetzt FZK) und KFA Jülich (jetzt FZJ) hatten sich für die Gründung der Helmholtz-Gemeinschaft (HGF) und eines Senats engagiert. Motivation war zum einen die flächendeckende Evaluierung der Forschungseinrichtungen in den neuen Bundesländern durch den Wissenschaftsrat nach der Vereinigung, die den HGF-Zentren signalisierte, dass auch die Helmholtz-Gemeinschaft in absehbarer Zeit evaluiert werden würde.

Zum anderen war es die anhaltende finanzielle Stagnation. Das BMFT hatte 1993 zwei Gutachten in Auftrag gegeben: Eine Bewertung der Industrierelevanz staatlich geförderter Forschungseinrichtungen im Bereich der Informationstechnik durch eine Expertengruppe des Zentralverbands Elektrotechnik- und Elektronikindustrie (ZVEI),[258] welche aus dem Bereich der Großforschung die GMD und Teile von KFA und KFK untersuchte und eine Bewertung der Zusammenarbeit zwischen KFA und KFK und der Industrie durch die sogenannte Weule-Kommission, mit hochrangigen Vertretern aus der industriellen Forschung.[259] Beide Gutachten enthielten eine Vielzahl von Kritikpunkten zur mangelnden Industrie- oder/und Anwendungsrelevanz, die im Weule-Gutachten verdeckt zur Empfehlung führte, KFA und KFK zu schließen. So starteten die Kaufmännischen Geschäftsführer im gleichen Jahr eine Initiative, indem sie auf einer Klausurtagung unter dem Motto „Probleme und Strategien“ zum ersten Mal versuchten, gemeinsame Strategien und Grundlagen für eine Strukturreform zu entwickeln. Diese Bestrebungen mündeten 1995 in eine Klausurtagung der AGF-Mitgliederversammlung mit den wissenschaftlichen Vorständen auf Schloß Ringberg.[260]

---

257 Die folgende Rekonstruktion des Reformprozesses, insbesondere in den Kapiteln D und E beruht zum einen auf ausführlichen Interviews mit den beteiligten Akteuren aus Forschungspolitik und den Forschungsorganisationen oder/und Helmholtz-Zentren. Zum anderen stützt sie sich auf die Inhaltsanalyse von Dokumenten wie Aktenunterlagen, Protokollen und Teile von Schriftwechseln, die insbesondere von der Helmholtz-Geschäftsstelle und dem Deutschen Krebsforschungszentrum zur Verfügung gestellt wurden.

258 Zentralverband Elektrotechnik- und Elektroindustrie (1994): ‚Bewertung der Industrierelevanz staatlich geförderter Forschungseinrichtungen im Bereich der Informationstechnik (Gutachten im Auftrag des BMFT)‘.

259 Weule et al. (1994): ‚Zusammenarbeit GFE / Industrie am Beispiel der Forschungszentren Jülich und Karlsruhe (Gutachten im Auftrag des BMFT)‘.

260 Vgl. hierzu Krech, Helmut (1995): ‚Von der AGF zur HGF - Die Großforschungseinrichtungen auf der Suche nach einer neuen Verbandsstruktur‘, in: Stationen im Dienste für Forschung, Recht und Technik. Beiträge anlässlich des Ausscheidens von Prof. Dr. Hellmut Wagner als Vorstandsmitglied des Forschungszentrums Karlsruhe, S. 3-9.

In der Folge wurde 1995 die Helmholtz-Gemeinschaft Deutscher Forschungszentren als Nachfolgerin der Arbeitsgemeinschaft der Großforschungseinrichtungen (AGF) gegründet, mit der entscheidenden Neuerung eines Senats, der sich am 20.11.1995 konstituierte. Zu den Hauptaufgaben des Senats gehörten

- die Beratung grundsätzlicher Fragen der Forschungsstrategie
- die Einrichtung von Forschungsverbünden sowie die Überwachung ihrer Arbeit
- die Begleitung und Förderung der Zusammenarbeit mit anderen Wissenschafts-einrichtungen und der Industrie
- die Überwachung von Qualitätssicherungsverfahren[261]

Trotz der autonomen Struktur der einzelnen Zentren wurde davon ausgegangen, dass die Ergebnisse dieses Senats in strukturellen wie auch inhaltlichen Fragen sowohl in den Aufsichtsräten der einzelnen Helmholtz-Zentren als auch im politischen Bereich Gewicht haben würden.
Mehrere Helmholtz-Zentren hatten sich bereits zu sogenannten HGF-Forschungsverbünden zusammengetan, um, teilweise unter Einbeziehung externer Institute, ein Forschungsthema mit Vorrang zu bearbeiten.[262]

In diesem Zusammenhang wurde auch diskutiert, wie die bislang auf Wirtschaftsplänen beruhende Finanzierung durch ein verstärkt an Inhalten und Ergebnissen orientiertes Verfahren abgelöst werden könnte. Der Vorschlag von *Syrbe / Thomas* in ihrem Gutachten für die Friedrich Ebert-Stiftung sah vor, die Grundfinanzierung einiger Helmholtz-Zentren auf ca. ein Drittel abzusenken,[263] und die verbleibenden Mittel im Sinne einer Projektförderung nach inhaltlichen Kriterien zu vergeben. Flankiert werden sollte dieses Verfahren von einer offensiven Patent- und Lizenzpolitik sowie einer weitgehenden Deregulierung der die Helmholtz-Zentren betreffenden haushaltsrechtlichen Regelungen (Wegfall des Stellenplans, Mitnahme von Versorgungsansprüchen beim Wechsel in die Industrie).[264] Diese Ideen stellten die Basis dar für die späteren Überlegungen zur programmorientierten Förderung, die Thomas, ab 1998 Staatssekretär im BMBF, maßgeblich betrieb.[265] Die Helmholtz-Zentren selbst, unterstützt durch den Senat, forderten ihrerseits, Instrumente für eine effektivere kurz- und mittel-

---

261 Protokoll der konstituierenden Sitzung des Helmholtz-Senats vom 13.11.1995.

262 Neben den Verbünden im engeren Sinne für Sonnenenergie, für Umweltvorsorge und für Klinisch-Biomedizinische Forschung (bereits 1987 gegründet), gab es noch zentrenübergreifende Initiativen für die Gebiete Kernfusion und Höchstleistungsrechenzentrum.

263 8 GFE mit diversifizierter und überwiegend anwendungsorientierter Zielsetzungen der Forschung: DLR, HZI, GKSS, GMD, HMGU, HHZB, FZJ, FZK.

264 Syrbe / Thomas 1995: 18 ff.

265 vgl. hierzu Kapitel D.

fristige Steuerung sowie für Erleichterungen der Zusammenarbeit mit der Wirtschaft einzuräumen, insbesondere in folgenden Bereichen:[266]

- Abschaffung von Stellenplänen und Steuerung über Geld bei Obergrenzen für Personalkosten
- Flexibilisierung des Vergütungssystems, insbesondere leistungsbezogene Vergütungsbestandteile
- HGF-eigenes Budget als strategischer Orientierungsfonds durch Schwerpunktsetzung über ein HGF-Nachwuchsprogramm
- Industriebeteiligungen und Ausgründungen
- Personalaustausch zwischen Industrie und Forschung
- Verzicht auf zuwendungsmindernde Verwendung von Mehrerträgen

2.2. Strategische Forschungsfelder für die Helmholtz-Gemeinschaft: Die Innovationsleitlinien

Am 11. Juli 1996 legte der damalige Bundesminister für Bildung, Wissenschaft, Forschung und Technologie, Jürgen Rüttgers, Leitlinien zur strategischen Orientierung der deutschen Forschungslandschaft vor und leitete damit einen forschungspolitischen Modernisierungsdiskurs ein.[267]
Er unterstrich in diesem Papier, dass Forschung als interaktiver Prozess verstanden werden müsse. Die Aufgabe der Politik sei es hierbei, in allen Entwicklungsphasen Schnittstellen zu organisieren, die die Interaktion und den kontinuierlichen Austausch fördern. Parallel hierzu seien die Ziele einer Steigerung von Flexibilität, Wettbewerb und Kooperation zu verwirklichen, aber auch verstärkte Selbstorganisation, Eigenverantwortung und verbesserte Kontrollmechanismen, was – ganz im Sinne des New Public Management – wieder den Grundsatz der Globalsteuerung aufgriff: Im Gegensatz zur Detailsteuerung wollte sich die Politik auch diesmal auf die Formulierung der großen Leitlinien in den Forschungsbereichen beschränken, die im Dialog mit den relevanten Akteuren in Wissenschaft und Wirtschaft entstehen sollten.[268]
Um sinnvoll Prioritäten zu entwickeln und langfristige Richtungsentscheidungen zu treffen, bedurfte es einer besseren Aufbereitung von Informationen. Die Schwierigkeit der Informationsgewinnung in einem Expertensystem wurde ein-

---

266 Protokoll der 2. Sitzung des Helmholtz-Senats vom 6.6.1996.

267 BMFT (1996): ‚Innovationen durch mehr Flexibilität: Leitlinien zur strategischen Orientierung der deutschen Forschungslandschaft‘.

268 Bereits die „Weule-Kommission hatte hierfür den Begriff des „konsensorientierten Planungsprozesses“ eingeführt. In: Weule et al. (1994) : ‚Zusammenarbeit GFE / Industrie am Beispiel der Forschungszentren Jülich und Karlsruhe (Gutachten im Auftrag des BMFT)‘, S. 245.

gangs bereits erläutert.[269] In diesem Sinne hat auch der Wissenschaftsrat strukturierte Prozesse der Prospektion empfohlen.[270]
Mit dieser Idee der Globalsteuerung wollte der Staat sein neues Selbstverständnis unterstreichen, nurmehr als Moderator, Initiator und Geldgeber aufzutreten. Die Steuerung sollte über die Leitlinien und die Beeinflussung der Rahmenbedingungen des Handelns der forschungspolitischen Akteure erfolgen. Die Anerkennung der Autonomie und Selbstorganisation, die zwar in der Tradition der deutschen Forschungspolitik nicht neu war,[271] erforderte jedoch in der Konsequenz wiederum den Abbau von administrativen Regulierungen, die bislang die Entscheidungsfreiheit der außeruniversitären Forschungseinrichtungen in der Personal-, Finanz- und Forschungspolitik beeinträchtigt hatten.

Konkret war für die Helmholtz-Zentren mit den Innovationsleitlinien angestrebt worden, dass sich die Helmholtz-Gemeinschaft als Trägerorganisation auf strategische Forschungsfelder konzentrieren sollte. Um das bislang in der Außenwahrnehmung zu diffuse Bild der verschiedenen Einrichtungen stärker zu profilieren, wurde angestrebt, die Aktivitäten der Helmholtz-Zentren stärker einrichtungsübergreifend nach Fachbereichen und Handlungsbedarf zusammenzufassen. Die Forderung nach verstärkter Vernetzung und Kooperation wurde deutlich formuliert.
Die Realisierung dieser Forderungen setzte jedoch eine geeignete Struktur zur Umsetzung voraus. Für diese Profilbildung und die entsprechenden zentrenübergreifenden Aktivitäten war eine handlungsfähige zentrale Institution notwendig. Diese zentrale Funktion sollte nach Vorstellung des Ministers durch den neugegründeten HGF-Senat wahrgenommen werden, der aus Vertretern der Wissenschaft, Wirtschaft sowie staatlicherseits aus Vertretern von Bund und Ländern bestand[272] und der hierfür die Gesamtverantwortung übernehmen sollte. Durch Einrichtung einer „Geschäftsfeldorganisation“ (später „Kompetenzfelder“) sollte eine einrichtungsübergreifende, aufgabenbezogene Managementüberlagerung der bisherigen standortgeprägten Organisation der HGF-Zentren erreicht werden. Diese Organisationsform sollte darüber hinaus die Grundlage für die Neustrukturierung der durch starke Altersabgänge disponiblen Potentiale der Großforschung ab dem Jahre 2001 bilden. Die bereits bestehenden Verbünde sollten dabei teilweise den Kern für die Geschäftsfelder bilden.

---

269 Vgl. Kapitel B 1.1.

270 Wissenschaftsrat (1994): ‚Empfehlungen zu einer Prospektion für die Forschung‘, Köln.

271 Vgl. Kapitel C 1.2.

272 Genauer: Der zuständige Bundesminister für Forschung, zwei von den Sitzländern benannte Forschungsminister, sechs Wissenschaftler, sechs Personen aus der Wirtschaft, je ein Vertreter des Finanzministeriums des Bundes, und eines Landes, zwei Vertreter der Wissenschaftsorganisationen, der Präsident der Helmholtz-Gemeinschaft, Vertreter der Betriebs- und Personalräte als Gast und die Vizepräsidenten.

Außerdem plädierte Rüttgers für die Einführung von Programmbudgets. Durch diese Programmbudgets sollte die Verteilung der Finanzmittel im Sinne einer strategischen Zielsetzung in Kompetenz- und Leistungsangeboten zum Ausdruck kommen. Als Strategiepläne sollten sie Grundlage der Haushaltsverhandlungen werden. Als dritte Forderung sollten sogenannte „Orientierungsfonds" eingeführt werden.[273] Mit ihnen sollte die zentrenübergreifende Schwerpunktbildung intensiviert und gleichzeitig der Wettbewerb untereinander gestärkt werden. Die Mittel hierfür sollten von der Grundfinanzierung abgezweigt werden und über den Senat nach Maßgabe der entwickelten Strategien und Prioritäten ausgeschrieben und im Wettbewerb vergeben werden.[274]

2.3. Programmbudget und Strategiefonds

In der Folge wurde beim BMBF für die Umsetzung der Innovationsleitlinien eine Task Force „Institutionelle Förderung" eingerichtet.[275]
Insbesondere die stärker grundlagenorientierten Zentren standen dem Vorschlag für einen Strategiefonds kritisch gegenüber, da sie wegen der Industrieorientierung des vom BMBF vorgelegten Konzepts keine angemessene Chance sahen, selber Mittel aus dem Fonds einwerben zu können. Nicht zuletzt vor dem Hintergrund der kurz zuvor erfolgten pauschalen Kürzung oder/und Umschichtung des Etats der Einrichtungen der Blauen Liste um 5 Prozent zur DFG, welche auch als Option für die HGF-Zentren in den Innovationsleitlinien formuliert gewesen war, sah man jedoch im Strategiefonds die Chance, künftig Mittel, die den Einrichtungen bisher auf bürokratischem Wege über Pauschalkürzungen entzogen worden waren, mit Hilfe des HGF-Senats nach strategischen Gesichtspunkten zu verteilen.[276] In den Sitzungen der Task Force und den entsprechenden Arbeitsgruppensitzungen machten die Vertreter der Helmholtz-Zentren immer wieder deutlich, dass für die Lösung der längerfristigen strategischen Aufgaben der Helmholtz-Zentren entsprechende Flexibilisierungsmaßnahmen der finanzrechtlichen und personalwirtschaftlichen Vorgaben erfolgen müssen.

Durch Beschluss des Senats der Helmholtz-Gemeinschaft wurden 1997 schließlich die Programmbudgets und der Strategiefonds eingerichtet. Als wesentliches Ziel des Fonds formulierte die HGF die strategische Entwicklung der Zentren und die Verstärkung der zentrenübergreifenden Zusammenarbeit ebenso wie die Nachwuchsförderung, die Stimulierung der internationalen Zusammenarbeit und die Zusammenarbeit mit Hochschulen und anderen Forschungseinrichtungen.
Die Position des HGF-Senats wurde entsprechend aufgewertet, so dass er nun die Gelder des Strategiefonds vergeben konnte. Im Jahr 2000 sollte der Strate-

273 später Strategiefonds genannt.
274 BMFT 1996: Ziff. 5.
275 mit Vertretern der Helmholtz-Zentren.
276 Wissenschaftsrat 2001: 71.

giefonds erstmals den geplanten Mittelumfang in Höhe von knapp 5 Prozent der Grundfinanzierung der HGF erreichen. Zusätzlich wurde noch ein Innovationsfonds aufgelegt, zur Stimulation der Kooperation mit der Wirtschaft, sowie ein vom BMBF finanzierter Vernetzungsfonds, der eine verstärkte Zusammenarbeit mit den Bund-Länder-Instituten und den Universitäten zum Ziel hatte.
Als nicht ausreichend hatten die HGF-Zentren indessen die Einräumung der von ihnen im Zusammenhang mit der Umsetzung der Innovationsleitlinien geforderten Flexibilisierungsinstrumente erachtet. Statt des geforderten Globalbudgets für Personal, Betrieb und Investitionen wurde lediglich eine verringerte Tiefengliederung des Wirtschaftsplans durch Reduzierung von Einzelposten und Titel erreicht. Die gegenseitige Deckungsfähigkeit der Mittel von 10 Prozent auf 20 Prozent inkl. Ausbauinvestitionen wurde nur eingeschränkt umgesetzt. Die überjährige Mittelbewirtschaftung, die bislang als Modellversuch an zwei Forschungszentren erprobt wurde, wurde nicht auf alle HGF-Einrichtungen ausgeweitet, obwohl gerade die Überjährigkeit für die Projekte des Strategiefonds als notwendig erachtet wurde. Schließlich wurde auch die Verbindlichkeit des Stellenplans nicht, wie gefordert, abgeschafft. Stattdessen wurde eine Vorgabe verfügt, zwischen 2001 und 2003 insgesamt 400 Stellen abzubauen.
Als positiv werteten die Einrichtungen dagegen den Wegfall der Zuwendungsminderung bei Erträgen aus Lizenz- und Know-how-Verträgen sowie aus der Überlassung von Anlagen und Geräten an Dritte, die Möglichkeit zur befristeten Minderheitsbeteiligung an forschungsintensiven Unternehmen sowie die zusätzlichen Anreizmechanismen durch Zulagengewährung.[277]

Der Strategiefonds war offenbar ein Schritt in die richtige Richtung. Zu den eindeutig positiven Effekten des Strategiefonds gehören aufgrund einer im Jahr 2000 vorgenommenen Evaluation durch den HGF-Senat die Schärfung der Strategie der Helmholtz-Gemeinschaft und ihre verstärkte Kommunikation nach außen, die Belebung der wissenschaftlichen Kooperation zwischen den Helmholtz-Zentren und die Sicherung der Qualität der Wissenschaft in den Zentren und ihre Kommunikation in die Wissenschaftsgemeinschaft.
In den Augen der Öffentlichkeit und Politik hat der Strategiefonds jedoch offensichtlich nicht die beabsichtigten Steuerwirkungen und Kooperationsaktivitäten entfaltet.[278] Auch wenn eine intensivere zentrenübergreifende Zusammenarbeit verzeichnet wurde, konnte eine bessere Vernetzung mit der Wirtschaft und den Hochschulen nicht erreicht werden. Kritisiert wurden die Vergabepraxis des Senats und die mangelnde Transparenz der Entscheidungen, wie auch die Vermeidungsstrategien der einzelnen Einrichtungen. Da die Mittel nicht in Konkurrenz vergeben wurden, waren die einzelnen Einrichtungen nicht darauf angewiesen, miteinander zu konkurrieren. Der Aufwand für Antragstellung und Begutach-

277 HGF (Hrsg.) (1997): ‚Stellungnahme der Mitgliederversammlung zu den vorgesehenen Flexibilisierungsmaßnahmen', Bonn, 28.05.1997.

278 Vgl. Wissenschaftsrat 2001: 72.

tung wurde durch eine freiwillige Selbstbeschränkung der Zentren begrenzt. All dies hatte zur Folge, dass die finanzielle Verschiebung zwischen den Zentren im Ergebnis relativ gering ausfiel, insgesamt meist unter einem Prozent des Gesamtetats.

2.4. Strukturdiskussion und kein Ende: Der Regierungswechsel

Die Helmholtz-Gemeinschaft nahm die anhaltende Diskussion in Öffentlichkeit und Politik auf und beauftragte schon im September 1998 in einer Task Force „Horizontalstruktur / Verbünde" die Sprecher der Arbeitsgruppen auf Vorstandsebene damit, einen Vorschlag zu erarbeiten, welche zentrenübergreifenden (horizontalen) Strukturen möglich und notwendig sind, um zukünftig den gesellschaftlichen Anforderungen und Erwartungen besser entsprechen zu können. Parallel richtete sie eine Senatsarbeitsgruppe zu Fragen der Deregulierung ein, aus der im November 1998 die Senatsarbeitsgruppe „Struktur der Helmholtz-Gemeinschaft" hervorging.

Mit dem Regierungswechsel im Herbst 1998 war ein neues Projekt in der Forschungssteuerung unter politischen Gesichtspunkten willkommen. Ministerin Edelgard Bulmahn und der neue Staatssekretär Dr. Uwe Thomas verfolgten auf der Grundlage der von Thomas bereits 1995 formulierten Vorschläge[279] die Idee einer programmorientierten Steuerung, bei der unter Beibehaltung der institutionellen Förderung die Zentren ihre Finanzmittel „output – orientiert" nach ihren Beiträgen zu großen Programmgebieten erhalten sollten. Zunächst übernahm das BMBF mit dieser Idee das Heft des Handelns, indem es den Reformprozess unter zeitlichen Druck setzte und die Tiefe der Reform weitgehend bestimmte. Bereits Anfang 1999 signalisierte das BMBF, dass eine finanzielle Erweiterung des Strategiefonds von der Erarbeitung eines Konzeptes für Budgetierung, Programmsteuerung und Controlling abhängen würde. Den Rahmen für eine „künftige" Struktur der Helmholtz-Gemeinschaft sollten folgende Punkte bilden:

- Keine Detailsteuerung, sondern globale Vorgaben durch das BMBF
- Output-orientierte Steuerung
- Einführung eines wissenschaftsadäquaten Controllings
- Erhaltung der Helmholtz-Gemeinschaft und Stärkung der zentrenübergreifenden Steuerung
- Erhaltung der Identität der Zentren
- Strukturierung längerfristiger, international bewerteter Programme im Rahmen der Helmholtz-Gemeinschaft

279 Syrbe / Thomas 1995; Vgl. Kapitel C 2.2.

Ein Ziel dieser Reform war es, bei Bund und Ländern keine Haushaltstitel für die einzelnen Zentren mehr zu haben, sondern nur einen oder mehrere für die Helmholtz-Gemeinschaft reservierte "Programmtitel". Solange es für jede Einrichtung einen oder zwei Titel im Haushalt gab, waren eine Differenzierung bei der Haushaltsplanung und eine entsprechende Steuerung nicht möglich.
Dazu hatten die Zentren ihre Arbeit in Programme zu strukturieren, wobei Freiräume für Grundlagenforschung und Vorlauf zu neuen Aktivitäten erhalten bleiben sollten.
Insbesondere die Forderung nach einer output-orientierten Steuerung, verbunden mit einem wissenschaftsadäquaten Controlling und die Abkehr von der Detailsteuerung stellten dabei Elemente des New Public Management dar.

2.5. Der Beginn des Reformprozesses aus Sicht der Akteure

2.5.1. Strategiefonds als Alternative?

Wäre die Weiterentwicklung des Strategiefonds eine Alternative zur geplanten Strukturreform gewesen? In den Interviews wurden die Akteure hierzu befragt. Nur ein Drittel war indes der Meinung, dass der Strategiefonds die bessere Alternative gewesen wäre. Diese Auffassung wurde damit begründet, dass durch dieses Instrument mit einem geringeren Aufwand mehr Geld umverteilt wurde als in der ersten Finanzierungsrunde der POF und es sich durch die Konkurrenz der Projekte um eine echte Auswahl gehandelt hatte. Diese Meinung wurde vor allem von den befragten Wissenschaftlern und den wissenschaftlichen Zentrenvorständen vertreten.[280]
Zwei Drittel der Befragten, hier vor allem aus der Gruppe der kaufmännischen Vorstände, der Geschäftsstelle und der Zuwendungsgeber meinten allerdings, der Strategiefonds wäre keine Alternative zur programmorientierten Förderung gewesen und begründeten dies vor allem damit, dass der Ansatz der POF mit der flächendeckenden Evaluation viel tief greifender war, als dies der Strategiefonds je hätte sein können.[281] Das Bewusstsein von Strategie und Relevanz der Forschung konnte nach Ansicht dieser Gruppe durch die POF viel besser in den Zentren etabliert werden. Politisch wurde es von den Befürwortern der POF als einzige Möglichkeit angesehen, der öffentlichen Kritik wirksam zu begegnen.
Allerdings gibt es auch in dieser Gruppe keinen Zweifel daran, dass der Strategiefonds grundsätzlich ein sinnvolles Instrument war oder/und ist, insbesondere für die Vernetzung der Zentren oder/und einzelner Forschergruppen.

---

280 Hierbei wurde auch vermutet, dass der Strategiefonds, obwohl systematisch die bessere Alternative, nicht weiter ausgebaut wurde, weil politisch die „falschen" Zentren, nämlich das FZJ und die GKSS hiervon überdurchschnittlich profitiert hätten. (Interview Nr. 16).

281 Bildhaft wurde der Strategiefonds mit einem „Topf Kleister" verglichen, „in welchem man einen Quirl gehalten hat". (Interview Nr. 17). Ein anderes Mal als „Tankstelle für gemeinsame Raubzüge der Zentren".(Interview Nr. 21).

Darüber hinaus wäre es zuwendungspolitisch wohl äußerst fraglich gewesen, ob man das Volumen des Strategiefonds ohne die POF weiterhin hätte stark vergrößern können. Hierzu wäre mehr Geld notwendig gewesen. Dieses wäre jedoch nicht zusätzlich zur Verfügung gestellt worden, sondern hätte aus den Budgets der Zentren herausgenommen werden müssen. Diese Mittelabschöpfung wäre vermutlich von den Ländern nicht akzeptiert worden, da dadurch die Gefahr bestand, dass Landesmittel als Ergebnis des Wettbewerbs für Projekte in Großforschungseinrichtungen anderer Länder umverteilt worden wären.[282]

2.5.2. Rolle der Helmholtz-Zentren bei der Initiierung des Projekts

Wie verhielt sich die Helmholtz-Gemeinschaft angesichts der neuerlichen Konzeptvorstöße aus dem Ministerium? Offenbar gingen die Zentren zunächst alle in Abwehrhaltung. Dies betraf Zentrenvorstände und Wissenschaftler zunächst gleichermaßen, wenn auch aus unterschiedlicher Motivation heraus. Während die Zentrenvorstände hauptsächlich um die rechtliche Selbständigkeit der Zentren und den Verlust der Zentrenidentität fürchteten, bestand die Hauptsorge der Wissenschaftler in der aus ihrer Sicht drohenden Einschränkung der Wissenschaftsfreiheit. Sie fürchteten außerdem den zeitlichen Aufwand, der in der Vorbereitung und Nachverfolgung der POF liegen würde.

Außer in ihrer Abwehrhaltung taten sich die Zentren allerdings schwer, eine einheitliche Linie gegenüber den Zuwendungsgebern zu vertreten. Grund dafür war zum einen die unterschiedliche Ausgangslage der Zentren. Die stärker anwendungsbezogenen Forschungszentren (insbesondere FZK und FZJ) standen dem Konzept grundsätzlich offener gegenüber als grundlagenorientierten Forschungszentren, wie z.B. DESY und DKFZ. Im DLR als stärker anwendungsbezogenes Forschungszentrum gab es sogar Bestrebungen, ganz aus der Helmholtz-Gemeinschaft auszuscheiden.[283] Erst als den Zentrenvorständen die Beibehaltung der rechtlichen Selbständigkeit der Zentren zugesagt wurde und sie erkannten, dass der Prozess keine Frage mehr des „Ob“ sondern nur noch des „Wie“ sein würde, brachten sie sich stärker ein, um auf die Ausgestaltung einen möglichst großen Einfluss nehmen zu können. Wissenschafter in den Zentren fühlten sich in der Folge von Vorständen „im Stich gelassen“ und unterstellten den Vorständen, sie seien „eingeknickt“, weil sie von der Politik mit Versprechen „geködert“ wurden.

2.5.3. Ziele des Reformprozesses

Zunächst wird dargestellt, welche Ziele oder/und Maßnahmen das BMBF aus Sicht der befragten Akteure durch die POF erreichen wollte. Am häufigsten

---

282 Interview Nr. 30.

283 Zu den Abspaltungstendenzen einzelner Zentren vgl. Kapitel D 1.6.

wurde aus der Grundgesamtheit als auch von den Vertretern der Zuwendungsgeber genannt,

- die Implementation einer politischen Steuerung, mit der erforderlichen Transparenz, um die bisherige Detailsteuerung durch eine strategische Steuerung zu ersetzen.

Als weitere Ziele, die das BMBF verfolgt habe, wurden genannt:

- „Mehr Legitimation für mehr Geld" oder/und eine Abnahme der öffentlichen Kritik an den Helmholtz-Zentren / Verbesserung der nationalen und internationalen Sichtbarkeit
- Leistungsbezogene Finanzierung / Umverteilung der Mittel
- Bündelung und Fokussierung von Forschungsaktivitäten zur Gewinnung von Synergieeffekten und besseren Profilierung
- Erhöhung der Leistungsfähigkeit
- Stärkung der Interdisziplinarität
- Stärkung der Systemkompetenz

Bis auf die Gruppe der Zuwendungsgeber haben alle Gruppen zwischen den Zielen des BMBF und denen der Helmholtz-Zentren unterschieden, wenngleich insgesamt für die Helmholtz-Zentren weniger Ziele formuliert wurden. Die Tatsache, dass die Zuwendungsgeber nur Ziele des BMBF formuliert haben, kann ein weiteres Indiz dafür sein, dass sie der Meinung sind, dass der Prozess weitgehend vom BMBF vorgegeben wurde, also auch nur von dort Ziele mit dieser Reform verfolgt werden konnten.

Als häufigste Ziele der Helmholtz-Zentren wurde von den befragten Akteuren genannt:

- Finanzieller Aufwuchs durch Reformbereitschaft oder/und Abnahme der öffentlichen Kritik
- Sichtbarmachung der Spitzenforschung
- Mehr Gestaltungsspielraum oder/und Flexibilisierung der administrativ-rechtlichen Rahmenbedingungen.

Insgesamt lässt sich sagen, dass die obersten Zielsetzungen der beteiligten Akteure relativ nahe beieinander lagen, nämlich die Sichtbarmachung der Spitzenforschung und Anerkennung der Leistungsfähigkeit der Forschungszentren in der Öffentlichkeit, und in der Folge ein Aufwuchs des Budgets. Der Weg dorthin, dass heißt die Ausgestaltung des Reformkonzepts, basierte jedoch nicht mehr auf einem gemeinsamen Grundverständnis aller Akteure. Während der Schwerpunkt der Zuwendungsgeber auf der Implementation einer politischen Steuerung lag und der Stärkung des Wettbewerbs, war Ziel der Helmholtz-

Zentren, möglichst großen Gestaltungsfreiraum und die Identität der Zentren zu bewahren oder/und zu erhalten.

2.6. Zielsetzung der programmorientierten Förderung

Die genannten Problemkreise und Zielsetzungen sind nachfolgend noch einmal unter den Kategorien Strategie, Wettbewerb und Kooperation dargestellt und ergänzt durch Ziele, welche die Akteure in der Diskussion vor und während des Reformprozesses formuliert haben. Das hier formulierte Zielraster ist Grundlage für den Versuch der Darstellung des Steuerungserfolgs am Ende der Arbeit.

Abbildung 10: Ziele der programmorientierten Förderung

Bisherige Kritik / Probleme	Ziele
Strategie	
▪ Exzellente Grundlagenforschung mit zu geringer gesellschaftlicher Relevanz ▪ Informationen über Forschungsaktivitäten reichten nicht aus für strategische Entscheidungen ▪ Strategie der Zentren war nicht immer erkennbar	Identifikation von strategisch / gesellschaftlich relevanter Forschung
Spitzenforschung auf einigen Gebieten war zu wenig sichtbar	Identifikation und Sichtbarmachung der Spitzenforschung
Input-orientierte Detailsteuerung der Zentren ohne sichtbare Orientierung an strategischen Zielen	Verknüpfung von Zielen auf der Metaebene mit der operativen Ebene unter Einsatz von Steuerungs- und Controlling-Instrumenten
Wettbewerb / Flexibilisierung	
Bisherige institutionelle Förderung erfolgte nicht im offenen Wettbewerb (quasi-automatische jährliche Fortschreibung der Budgets) → Input-orientierte Förderentscheidung	Leistungsbezogene Förderung von Spitzenforschung durch mehr Wettbewerb
Aufgrund von öffentlich-rechtlichen Vorschriften wenig Möglichkeiten des flexiblen Ressourceneinsatzes (Personal und Investitionen)	Schnelleres Aufgreifen innovativer Forschungsgebiete
Lange persönliche und wissenschaftliche Abhängigkeit junger Forscher	Stärkere Nachwuchsförderung
Kooperation	
Verschiedene Gruppen in unterschiedlichen Zentren / Universitäten arbeiteten (teilweise ohne Kenntnis voneinander) parallel an gleichen Fragen	Vermeidung von Doppelforschung / Gewinnung von Synergieeffekten
Technologietransfer wurde als unzureichend angesehen	Stärkung des Transfers von der Grundlagenforschung in die Anwendung
▪ Beschleunigung des Innovationszyklusses kann durch starre Strukturen und Organisationsformen nicht ausreichend Rechnung getragen werden. ▪ Schließung von Zentren aufgrund föderaler Struktur nicht möglich	Stärkere Flexibilisierung (Hybridisierung) der Zentrenstruktur / Stärkung von Verbundforschung

Zusammenfassend kann festgestellt werden, dass bereits Mitte der neunziger Jahre eine Reformdiskussion begann, die zum einen bei den Zentren zur Gründung der Helmholtz-Gemeinschaft führte. Zum anderen leitete die Politik mit den von Forschungsminister Rüttgers vorgelegten Innovationsleitlinien und der Einrichtung des Strategiefonds einen forschungspolitischen Modernisierungskurs ein. Mit dem Regierungswechsel 1998 wurde der Reformdruck durch die Politik noch einmal gesteigert und mündete in der Forderung nach einem Konzept für Budgetierung, Programmsteuerung und Controlling. Die zwischen Helmholtz-Gemeinschaft und Politik identifizierten Problemfelder sollten nun, ganz im Sinne des New Public Management, unter den Gesichtspunkten einer stärkeren strategischen Ausrichtung, verstärkter Kooperation und Wettbewerb sowie der Flexibilisierung bestehender Strukturen angegangen werden.

D. Die programmorientierte Förderung als neues Steuerungsmodell

1. Die Konzepterstellung

1.1. Die Neuordnung der Helmholtz-Gemeinschaft

Auf der Basis von Empfehlungen der Task Force Horizontalstruktur / Verbünde[284] beschloss die HGF-Mitgliederversammlung in zwei Klausuren im ersten Halbjahr 1999 eine Neuordnung der Helmholtz-Gemeinschaft in acht Forschungsbereiche: *Umweltforschung, Erdsystemforschung, Energieforschung, Gesundheitsforschung, Information und Kommunikation, Verkehrs- und Weltraumforschung, Struktur der Materie* sowie *Schlüsseltechnologien.* Diesen Forschungsbereichen zugeordnet sollten Verbünde eingerichtet werden, deren Aufgabe die Entwicklung zentrenübergreifender Programme und Strategien für den jeweiligen Forschungsbereich sein sollte.

Der Übergang zu einer Programmsteuerung erforderte eine Begleitung in Form eines wissenschaftsadäquaten Controllings. Voraussetzungen und mögliche Strukturen eines solchen Controllings wurden von der KPMG Unternehmensberatung in einem Gutachten formuliert.[285] Darin wurden insbesondere die von Helmholtz-Zentren und Senat schon mehrfach geforderten haushaltsrechtlichen Flexibilisierungsmaßnahmen als Voraussetzungen im Sinne eines Junktims genannt. Des Weiteren wurde die Klärung des Verhältnisses von Zuwendungsgebern, Helmholtz-Senat, Mitgliederversammlung, Verbünden und Zentren als zentrale Voraussetzung für die Entwicklung neuer Strukturen und Verfahren angesprochen.

Auf Vorschlag der HGF-Mitgliederversammlung wurde der Sprecher des Helmholtz-Direktoriums, Prof. Detlef Ganten, durch den Senat beauftragt, den Vorsitzenden der Bund-Länder-Kommission für Bildungsplanung und Forschungsförderung zu bitten, eine international besetzte Kommission zur Systemevaluation der Helmholtz-Gemeinschaft einzusetzen. Im Rahmen dieser Evaluation sollten auch die Eckpunkte der geplanten Strukturreform diskutiert werden.[286]

Am 11. Mai 1999 tagte zum ersten Mal die vom Senat eingesetzte Arbeitsgruppe „Struktur der Helmholtz-Gemeinschaft“. Die Senatsarbeitsgruppe befasste sich mit zwei Fragen: Der Vorbereitung einer Systemevaluation der Helmholtz-Gemeinschaft und der Diskussion geeigneter Strukturen zur Förderung von Budgetierung, zentrenübergreifender Strategiebildung und Controlling. Aus-

284 Vgl. Kapitel C 2.4.

285 KPMG Unternehmensberatung (1999): ‚Budgetierung / Controlling der Hermann von Helmholtz-Gemeinschaft Deutscher Forschungszentren‘.

286 Diese Systemevaluation wurde letztlich durch den Wissenschaftsrat durchgeführt. Vgl. Wissenschaftsrat 2001.

gangspunkt der Überlegungen hierzu war das von der Senatsarbeitsgruppe "Deregulierung" erarbeitete "Holding-Modell".
Ziel dieser HGF-Management-Holding, welche sich stark an industriellen Vorbildern orientierte, sollte sein, dass diese direkt für alle Zentren mit dem BMBF verhandelt und die HGF somit mehr Verhandlungsmacht gewinnen würde. Außerdem diskutiert wurden die im KPMG-Gutachten zum Controlling dargestellten Organisationsmodelle.[287] Insgesamt lag hier das Spektrum der diskutierten Modelle zwischen dem eines "Staatenbundes" und dem eines "Bundesstaates". Dabei war denkbar, dass die Zielvereinbarungen und Budgetierung entweder durch den Zuwendungsgeber, die Helmholtz-Gemeinschaft oder noch zu schaffende Forschungsverbünde (anhand der definierten Forschungsbereiche) erfolgen würden. Entsprechend verteilt wäre die Steuerungsbefugnis ausgefallen und hätte bei Schaffung einer Verbundstruktur eine Zentralisierung von Kompetenzen der Zentren und eine rechtliche Neuordnung zur Folge gehabt.
Die Task Force „Horizontalstruktur / Verbünde" hatte sich bereits gegen das von der Senatsarbeitsgruppe favorisierte Holdingmodell ausgesprochen, während sie die Möglichkeit eines oder mehrerer Globalhaushalte durchaus als Chance betrachtete. Schnell war man sich in der Mitgliederversammlung der Helmholtz-Gemeinschaft einig, dass die rechtliche Selbständigkeit der Zentren nicht zur Disposition gestellt werden sollte.

1.1. Die Eckpunkte der neuen Struktur aus Sicht der Helmholtz-Gemeinschaft

Im September 1999 verständigte sich die HGF im Rahmen einer Klausurtagung auf Schloss Hohenkammer auf die Eckpunkte einer neuen Struktur für die Helmholtz-Gemeinschaft. Diese Eckpunkte konzentrierten sich auf den Prozess der programmorientierten Förderung und die zukünftigen Organe und ihrer Aufgaben im Rahmen der POF:

1.2.1. Prozessbeschreibung

Danach sollte die strategische Weiterentwicklung der programmorientierten Forschung unter Maßgabe der Wahrung der rechtlichen und wissenschaftlichen Selbständigkeit und Identität der Zentren erfolgen. Ausgangspunkt hierfür würden die damals bestehenden acht Forschungsbereiche (Umweltforschung, Erdsystemforschung, Gesundheitsforschung, Energieforschung, Verkehr- und Weltraumforschung, Information und Kommunikation, Struktur der Materie, Schlüsseltechnologien) sein.
Die institutionelle Förderung hätte, wie vom BMBF vorgegeben, über die Finanzierung von Forschungsbereichen zu erfolgen, die Zentrenanteile würden im Haushaltsplan nur noch nachrichtlich ausgewiesen. Die Einführung von Global-

[287] KPMG 1999: 15 f.

budgets mit begrenzter Deckungsfähigkeit zwischen den Forschungsbereichen wie auch die Einführung der Überjährigkeit der Mittelbewirtschaftung wurden nach diesem Konzept von der HGF als unabdingbare Voraussetzung gesehen. Ebenfalls auf der Forderungsliste für Flexibilisierung stand noch immer der Wegfall der Verbindlichkeit von Stellenplänen.
Die Zahl, Bezeichnung und der Zuschnitt der Forschungsbereiche sollte nach einer Helmholtz-internen Entwicklung und Diskussion der Zuwendungsgeber mit Interessengruppen, Helmholtz-Senat und Zentren von den Zuwendungsgebern festgelegt werden. Die Zuwendungsgeber wollten außerdem, nach Diskussion mit Senat und Helmholtz-Zentren, über die inhaltlichen forschungspolitischen Vorgaben entscheiden. Auf der Basis dieser forschungspolitischen Vorgaben würden von den Zentren zentrenübergreifende mehrjährige strategische Forschungsprogramme zu entwickeln sein und dem Senat zur Bewertung vorgelegt werden. Nach einer externen Begutachtung sollte der Senat schließlich über den Fortbestand, Aufbau oder Abbau von Programmen, sowie über die Festlegung von wettbewerblich zu vergebenden Programmen oder Programmteilen und den Umfang entscheiden können. Dabei war vorgesehen, dass die Zuwendungsgeber dem Senatsbeschluss grundsätzlich folgen. Das jährliche Helmholtz-Programmbudget sollte die Grundlage für die Mittelzuweisung an die Zentren werden.

Der wissenschaftliche Wettbewerb würde im Rahmen eines Antrags- und Vergabeverfahrens mit externer Begutachtung durchgeführt werden. Dabei würde der Senat in Abstimmung mit den Zuwendungsgebern zusätzlich Themen oder/und Mittel innerhalb von Forschungsbereichen zum Wettbewerb zwischen den Zentren ausschreiben. Die Finanzierung war geplant durch Umlagen oder/und zusätzliche oder freiwerdende Mittel. Zur Erprobung neuer Forschungsansätze und –ideen sowie zur Vorbereitung und Entwicklung neuer Methoden und Instrumente sollte der Senat für jeden Forschungsbereich einen „Freiraum für Vorlaufforschung“ beschließen, der bei der Mittelzuwendung durch die Zuwendungsgeber zu berücksichtigen gewesen wäre.
Die Berichterstattung und Erfolgskontrolle sollte über ein noch zu erarbeitendes wissenschaftsadäquates Controlling erfolgen. In diesem Zusammenhang wurde die Boston Consulting Group mit einer Machbarkeitsstudie für ein wissenschaftsadäquates Controlling auf Grundlage der Balanced Scorecard-Methode beauftragt.[288]

1.2.2. Aufgabe der Organe im Rahmen der programmorientierten Förderung

Dem Senat sollte durch die Verabschiedung des Programmbudgets eine zentrale Funktion zukommen. Das Amt des Präsidenten sollte dann zentrenneutral und

288 Vgl. hierzu Kapitel B 3.4.4.

hauptamtlich wahrgenommen werden. Seine Aufgaben sollten vor allem in der Koordination der forschungsbereichsübergreifenden Programmentwicklung und der Entwicklung einer Gesamtstrategie für die Helmholtz-Gemeinschaft liegen. Als Aufgabe der Mitgliederversammlung im Rahmen der Programmorientierung war insbesondere vorgesehen die Erarbeitung von Entwürfen für Strategie und Programme der Forschungsbereiche sowie die Koordination und Abstimmung der Forschungsaktivitäten. Die Zuwendungsgeber sollten die forschungspolitischen Vorgaben formulieren. Hierfür sollten die Sitzländer ein Verfahren ihrer Beteiligung an der Formulierung der forschungspolitischen Vorgaben finden, wie auch für den Umgang mit variierenden Länderanteilen an der Finanzierung.

1.2. Überlegungen der Senatsarbeitsgruppe „Struktur der Helmholtz-Gemeinschaft“

Die Senatsarbeitsgruppe „Struktur der Helmholtz-Gemeinschaft“ bildete zur Entwicklung der wesentlichen Schritte des Prozesses sowie zur Definition der Aufgaben und der Zusammensetzung der entsprechenden Organe eine Unterarbeitsgruppe.[289] Die Helmholtz-Mitglieder dieser Unterarbeitsgruppe erhielten das Mandat, auf der Basis der Eckpunkte den Standpunkt der Helmholtz-Gemeinschaft in die Diskussion der Unterarbeitsgruppe einzubringen.

Am 7.10.1999 legte die Unterarbeitsgruppe die Ergebnisse ihrer bisherigen Arbeit vor.[290] Dabei wurden im Hinblick auf die Skizzierung des Prozesses nun folgende Eckpunkte festgehalten, die weitgehend Konsens in der Arbeitsgruppe gefunden hatten:

1.3.1. Prozessbeschreibung

1.3.1.1. Definition der Forschungsbereichstruktur und der forschungspolitischen Vorgaben

Im Bezug auf die von der Mitgliederversammlung verabschiedeten und vom BMBF akzeptierten acht Forschungsbereiche, die das Gesamtspektrum der Forschung innerhalb der Helmholtz-Gemeinschaft umfassen, bestand völlige Übereinstimmung mit dem HGF-internen Vorschlag im Eckpunktepapier. Hinsichtlich der Festlegung der Forschungsbereichstruktur hatte man sich jedoch noch nicht verständigen können, ob diese auf Vorschlag der Mitgliederversammlung und nach Diskussion auf breiterer Basis erfolgen sollte. Auch im Hinblick auf die Beteiligung von Wissenschaft, Wirtschaft und Gesellschaft bei der Formulie-

289 Bestehend aus Dr. Dudenhausen, Prof. Dr. Stock und Prof. Dr. Schmidt unter der Leitung von Herrn Prof. Dr. Großmann. Diese Unterarbeitsgruppe wurde durch die HGF von Prof. Dr. Ganten, Prof. Dr. Popp und Prof. Dr. Treusch ergänzt und durch die HGF-Geschäftsstelle und KPMG unterstützt.

290 Die folgenden Ausführungen basieren auf dem Dokument HGF (Hrsg.) (1999): ‚Prozesse und Organe für die programmorientierte Förderung der Hermann von Helmholtz-Gemeinschaft Deutscher Forschungszentren‘, 7.10.1999.

rung der forschungspolitischen Vorgaben durch die Zuwendungsgeber herrschten noch unterschiedliche Vorstellungen der beteiligten Akteure.

1.3.1.2. Programmentwicklung innerhalb des Forschungsbereichs

Allgemeinen Konsens fand der Ansatz, dass die Zentren, ausgehend von den forschungspolitischen Vorgaben auf Basis ihrer Strategie, ihre geplanten Forschungsaktivitäten formulieren. Kennzeichnend für die Programmentwicklung sollten sowohl die verstärkte Kooperation aber auch der Wettbewerb zwischen den Zentren sein. Konkreter wurde nun gefordert, dass die beteiligten Zentren den Entwurf für ein mehrjähriges Forschungsprogramm erstellen, welches Meilensteine vorsieht und ein entsprechendes Controlling ermöglicht. Die Planung musste auch die benötigte wissenschaftlich technische Infrastruktur enthalten, wie auch die administrative und allgemeine technische Infrastruktur. Letztere würde, da programmunabhängig, den Programmen über vergleichbare Schlüsselverfahren zugerechnet werden. Das Programmbudget des Forschungsbereiches würde anschließend dem Senat der Helmholtz-Gemeinschaft nach Beratung in der Mitgliederversammlung durch den Präsidenten in festgelegten Zeitabständen vorgelegt werden.

Wie auch im endgültigen Konzept war anschließend vorgesehen, dass der Senat den Entwurf des Forschungsprogramms berät. Grundlage für seine Beratungen sollten die Ergebnisse einer vorher von ihm veranlassten strategischen Programmbegutachtung sein. Es war vorgesehen, dass eine unabhängige, national und international anerkannte Kommission aus Wissenschaft und Wirtschaft die Forschungsaktivitäten innerhalb des Forschungsbereichs *ex ante* evaluiert. Dabei wurde schon hier festgelegt, dass keine Begutachtung auf Projektebene erfolgt, sondern nur auf der Ebene von Programmen und Schwerpunkten. Anders als in herkömmlichen Peer-Review-Verfahren waren als maßgebliche Kriterien für die Begutachtung neben der wissenschaftlichen Exzellenz vorgesehen die strategische Ausrichtung und Konformität mit den forschungspolitischen Zielen für den Forschungsbereich sowie die wissenschaftlich und gesellschaftlich-wirtschaftliche Relevanz.
Die Empfehlung der Gutachterkommission konnte eine Durchführung oder die Reduzierung eines Programms sein, eine Stärkung oder Schwächung von Programmteilen oder aber das Aufgreifen neuer, zunächst nicht eingeplanter Themen. Auf der Basis der Empfehlungen der Programmbegutachtung würde der Senat die Programme und deren Anteile am Forschungsbereichsbudget beschließen. Gegebenenfalls sollte der Senat für einzelne Programme ein Ausschreibungsverfahren durchführen, wie dies auch im Eckpunktepapier der HGF vorgesehen war. Mit diesen Überlegungen befand man sich ganz in Übereinstimmung mit den identifizierten Elementen von New Public Management, welche eine *Ex ante* - Bewertung postuliert, wie auch eine Verstärkung der strategi-

schen Aspekte der Steuerung.[291] Im Unterschied zum Eckpunktepapier war hier jedoch schon deutlich, dass die Entscheidungen des Helmholtz-Senats für die Zuwendungsgeber nur eine Empfehlung darstellen sollten, der die Zuwendungsgeber jedoch grundsätzlich folgen wollten.

Unstreitig war in diesem Konzept auch, dass zur Erprobung neuer Forschungsansätze und –ideen ein „Freiraum für Vorlaufforschung“ bestehen bleiben solle, der nicht im Rahmen einer Strategieplanung thematisch festzulegen war. Unklar blieb jedoch noch das Verfahren zur Festlegung dieses Freiraums. Sollte er grundsätzlich im gleichen Verfahren wie die forschungspolitischen Vorgaben festgelegt werden oder aber unter Beachtung der Besonderheiten der verschiedenen Gebiete auf Vorschlag der Mitgliederversammlung in Abstimmung mit den Zuwendungsgebern durch den Senat definiert werden? Noch nicht definiert war zu diesem Zeitpunkt ebenfalls noch der finanzielle Umfang für die sog. Vorlaufforschung.

1.3.1.3. Berichterstattung und Erfolgskontrolle

Ein weiterer zentraler Punkt war die Erarbeitung eines Verfahrens zur zentrenübergreifenden Planung, Steuerung und Erfolgskontrolle der Programmdurchführung. Wie bereits erwähnt, hatte hierfür die Unternehmensberatung Boston Consulting den Auftrag erhalten, eine Machbarkeitsstudie im Hinblick auf die Anwendung des Systems der Balanced Scorecard durchzuführen. Anforderung an das System war, dass es auf den verschiedenen Ebenen der Aggregation in analoger Weise angewandt werden konnte und insbesondere ein Frühwarnsystem zur Erkennung von (größeren) Abweichungen der vereinbarten Ziele einschloss. Die Erfolgsberichte über durchgeführte Arbeiten oder abgeschlossene Teilaufgaben sollten Bestandteil jeder Begutachtung von Programmplanungen und neuen Programmanträgen sein.

1.3.1.4. Finanzmittelfluss

Grundlage für die Mittelzuweisung der Zuwendungsgeber an die einzelnen Helmholtz-Zentren bildete nach den vorgenommenen Überlegungen das durch den Helmholtz-Senat verabschiedete Programmbudget, welches grundsätzlich den Finanzbedarf für mehrere Jahre festlegen sollte. Noch nicht ausdiskutiert war allerdings die Frage, wie verbindlich diese Festlegung für die Zuwendungsgeber sein würde. Das BMBF wollte sich eine Zusage grundsätzlich unter Hinweis auf die parlamentarische Verantwortlichkeit und kurzfristige sich verändernde administrative Notwendigkeiten für die Folgejahre vorbehalten, während die Vertreter der HGF auf einer Planungssicherheit über den evaluierten Zeitraum bestanden.

291 Vgl. hierzu Kapitel B 3.1.

Vorgesehen war, dass die Mittel für die Forschungsbereiche im Haushalt des BMBF in zwei Haushaltstitel (Betriebsausgaben und Investitionsausgaben) zusammengefasst würden. Die Diskussion über den nachrichtlichen Ausweis der einzelnen Zentren im Bundeshaushaltplan war noch offen. Fest stand jedoch, dass die Sitzländer weiterhin 10 Prozent der Gesamtzuwendungen an den von ihnen jeweils mitfinanzierten Helmholtz-Zentren tragen würden.
Unstreitig war außerdem, dass die Helmholtz-Zentren jeweils einen Zuwendungsbescheid über die jährliche Gesamtsumme unter Ausweisung der für die einzelnen Forschungsprogramme vorgesehenen Mittel erhalten sollten.
Als unerlässliche Voraussetzungen für die POF wurde auch in diesem Konzept eine größere haushalts- und personalwirtschaftliche Flexibilität angesehen: Globalbudget mit noch festzulegender Deckungsfähigkeit zwischen den Forschungsbereichen, Wegfall der Verbindlichkeit von Stellenplänen und Überjährigkeit bei der Mittelbewirtschaftung.

1.3.2. Aufgaben und Zusammensetzung der Organe der Helmholtz-Gemeinschaft

1.3.2.1. Vorstände / Geschäftsführungen der Zentren

Fest stand nun, dass die einzelnen Helmholtz-Zentren rechtlich selbständig bleiben sollten, mit eigenen Vorständen oder/und Geschäftsführungen und Aufsichtsgremien. Dabei würden die Vorstände / Geschäftsführer die Diskussion zentrenübergreifender Themen als stimmberechtigte Teilnehmer der Mitgliederversammlung führen. Ihre Verantwortung umfasst dabei die Forschungsaktivitäten und die Entscheidung über die Verwendung der Mittel für die Vorlaufforschung.
Nach Aussagen der befragten Akteure hatte die rechtliche Selbständigkeit der Helmholtz-Zentren zumindest theoretisch zur Disposition gestanden, da ihre Aufhebung grundsätzlich systemkonformer zur angedachten programmorientierten Förderung gewesen wäre. Diese Ansicht findet Bestätigung in dem Konzeptentwurf der Senatsarbeitsgruppe "Deregulierung", die von einer Holding-Struktur ausging. Vertreter der Zuwendungsgeber gaben an, dass grundsätzlich alle denkbaren Rechtskonstruktionen in Erwägungen gezogen wurden. Allerdings hätten die Zuwendungsgeber nicht nur mit starkem Widerstand der Vorstände rechnen müssen, sondern auch mit den Arbeitnehmervertretungen und einem Großteil der Mitarbeiter, so dass man sehr schnell dazu übergegangen sei, die rechtliche Selbständigkeit der Zentren im Konzeptentwurf nicht mehr in Frage zu stellen, um das Reformprojekt als Ganzes nicht zu gefährden.[292]

---

[292] Interview Nr. 21 und 30.

1.3.2.2. Mitgliederversammlung

Die Mitgliederversammlung war weiterhin als Basisorgan der Helmholtz-Gemeinschaft vorgesehen, um als zentrale Plattform für die gegenseitige Information und Abstimmung der Zentren im Rahmen der Erarbeitung von Strategie und Programmatik zu dienen.

1.3.2.3. Helmholtz-Verbünde

Angedacht waren außerdem Verbünde, die von der Mitgliederversammlung je nach Bedarf gebildet werden würden und innerhalb derer sich die Zentren, orientiert an den Forschungsbereichen, organisieren könnten. In diesem Fall sollten die Verbünde die zentrenübergreifende Programmentwicklung koordinieren und die Ergebnisberichterstattungen der im Forschungsbereich aktiven Zentren zusammenfassen.

1.3.2.4. Präsident der Helmholtz-Gemeinschaft

Man war sich einig, dass der Präsident seine Aufgaben zukünftig hauptamtlich wahrnehmen und daher auch „zentrenneutral" sein sollte. Zentrale Aufgabe würde die Koordination der forschungsbereichsübergreifenden Programmentwicklung und die Entwicklung der Gesamtstrategie sein, wie auch die Vertretung der Helmholtz-Gemeinschaft nach außen. Er würde außerdem die Verhandlungsführung zum Gesamtbudget mit den Zuwendungsgebern führen sowie in Absprache mit den Zentren und Zuwendungsgebern die Aufteilung auf die Forschungsbereiche vornehmen.

In der Frage der Berufung des Präsidenten konnte in der Unterarbeitsgruppe noch kein abschließender Konsens erzielt werden. Zur Diskussion standen die Berufung durch den Senat oder durch das BMBF im Einvernehmen mit den übrigen Zuwendungsgebern, evtl. auf Vorschlag der Mitgliederversammlung.

1.3.2.5. Helmholtz-Senat

Die Aufgaben des Senats waren bereits skizziert worden (Beschluss der mehrjährigen Programmbudgets auf der Basis einer strategischen Begutachtung). Die Frage der Zusammensetzung des Senats war weitgehend geklärt: Vertreter aus Wissenschaft und Wirtschaft, Vertreter der Zuwendungsgeber und Wissenschaftsorganisationen (ex officio), Vertreter der Betriebsräte als Gast. Offen war noch die Frage der Anzahl der Mitglieder,[293] die Frage der Mitgliedschaft von Vertretern der Zentren, gegebenenfalls als Gäste, sowie die Berufung der Senatsmitglieder. Fest stand bereits, dass die Senatsmitglieder durch das BMBF

---

293 So beanspruchten beispielsweise alle beteiligten Bundesländer einen Sitz im Senat (Interview Nr. 37).

berufen werden sollten. Noch nicht abschließend geklärt war das Ausmaß der Beteiligung der Mitgliederversammlung in diesem Prozess.

1.4. Welche Vorbilder gab es für das Konzept?

Ein konzeptionelles Vorbild für das Konzept der POF gab es offensichtlich nicht. Modelle im Ausland haben auch nach Aussage der befragten Akteure für die Überlegungen praktisch keine Rolle gespielt, obwohl auch in anderen Ländern Reformen der Forschungsstrukturen im Geiste des New Public Management vorgenommen worden waren.[294] Allerdings wurden Elemente aus anderen Systemen übernommen und neu zusammengefügt. So hatte nach Aussage der befragten Personen das DLR bereits ein System der Programmsteuerung entwickelt. Anleihe wurde auch genommen bei den Sonderforschungsbereichen der DFG. Schließlich sollte dem in der Wissenschaft etablierten System des Peer Review eine zentrale Rolle zukommen. Steuerungsmechanismen aus der Wirtschaft wurden übertragen unter dem Schlagwort des New Public Management. Immerhin ein Drittel der Befragten aus den Reihen der Zentrenvorstände und der Wissenschaftler sehen in dem Konzept allerdings auch ein „Echo der Planungseuphorie aus den 70er Jahren“ oder/und vermuten sogar, dass Anleihen in der Wissenschaftsförderung der DDR genommen wurden.[295] Dem Vorwurf der Planwirtschaft wurde jedoch aus der Gruppe der Geschäftsstelle entgegengehalten, dass er den Vorteil der Planungssicherheit für fünf Jahre verkennen würde.[296]

Die Vielschichtigkeit der Elemente, die Eingang in dieses Konzept gefunden haben, ist vermutlich nicht zuletzt der großen Zahl der Akteure zu schulden, die an der Konzeptentwicklung mitgewirkt haben.

Eine parteipolitische Färbung des Konzeptes ist jedenfalls nach Aussage der befragten Akteure nicht zu erkennen. Es orientiere sich vielmehr nach überwiegender Meinung an rein wissenschaftspolitischen und auch pragmatischen Punkten. Die Elemente „Wettbewerb und Flexibilität“ hatten ja bereits in der Reform-Diskussion unter Forschungsminister Rüttgers eine Rolle gespielt.[297]

Die Auswirkungen auf das übrige Wissenschaftssystem in Deutschland war bei der Konzeptentwicklung offenbar nicht ausreichend berücksichtigt worden. Die befragten Akteure waren der Meinung, dass dies viel stärker hätte geschehen sollen. Allenfalls in der Abgrenzung gegenüber der Max-Planck-Gesellschaft und in der Frage der stärkeren Vernetzung habe man sich mit dem übrigen Wissenschaftssystem auseinandergesetzt. Zur Begründung wurde unter anderem genannt, dass man sich in erster Linie der Lösung eines konkreten Problems, nämlich der Legitimation der Helmholtz-Gemeinschaft widmen wollte und sich

---

294 Vgl. Kapitel A 5. 3.

295 Interview Nr. 1 und Nr. 20.

296 Interview Nr. 19.

297 Vgl. Kapitel C 2.2.

hierbei auf das während einer Legislaturperiode Machbare beschränkte. Eine weitergehende Reform des Wissenschaftssystems von Beginn an wäre unter Umständen aufgrund der zu erwartenden massiven Widerstände gescheitert.[298] Diejenigen, die der Auffassung waren, dass sehr wohl die Auswirkungen auf das übrige Forschungssystem diskutiert wurden, verwiesen zur Begründung für ihre Einschätzung auf die Intensität, in welcher diese Reform in den übrigen Wissenschaftseinrichtungen diskutiert wurde, vor allem bei der DFG und MPG.

1.5. Forderungen der Kaufmännischen Geschäftsführer (AG Programmorientierte Steuerung)

1.5.1. Leitgedanken für die Weiterentwicklung

Wenngleich die Frage der Neustrukturierung der Helmholtz-Gemeinschaft und der in ihr zusammengefassten Zentren unter dem Vorzeichen der programmorientierten Förderung eine Vielzahl von Treffen und Grundsatzdiskussionen ausgelöste hatte, reichten die Ergebnisse bislang kaum auf die Ebene praktischer Umsetzungserfordernisse und Realisierungskonsequenzen. In Ergänzung zur bisherigen Diskussion wurde auf der Ebene der kaufmännischen Geschäftsführer daher eine Arbeitsgruppe „Programmorientierte Steuerung“ eingesetzt,[299] die als ersten Schritt einen Katalog zu klärender Realisierungsvoraussetzungen erstellte. Danach sollte die programmorientierte Förderung unter fünf grundlegenden Gesichtspunkten eingeführt und weiterentwickelt werden:

- Deregulierung und Transparenz (schlanke Prozesse, kurze Entscheidungswege)
- Klare Zuständigkeiten (eindeutige Entscheidungs- und Verantwortungsstrukturen)
- Stärkung der Verantwortungs- und Risikobereitschaft (Verbindung von Zuständigkeit und Kompetenz)
- Eindeutigkeit von Kontrollfunktion / Wirksamkeit der Konfliktlösungsmechanismen
- Einbeziehung der Ergebnisse der Systemevaluation der HGF durch den Wissenschaftsrat

Im Einzelnen wurde zu folgenden Aspekten Stellung genommen:

1.5.2. System und Struktur

Durch die Einführung weiterer Steuerungsebenen (Forschungsbereich / Verbünde, Senat / Präsident) bestand aus Sicht der kaufmännischen Geschäftsführer die

---

298 Interview Nr. 21.

299 Bestehend aus Hr. Grübel (FZJ), Dr. Hansen (FZK), Dr. Jost (MDC), Dr. Krech (DESY), Dr. Puchta (DKFZ), Dr. Zeitträger (GSI).

Gefahr einer „Übersteuerung“, obwohl die Deregulierung ein erklärtes Ziel der Reform war.
Bislang sei zudem der Widerspruch zwischen Beibehaltung der grundsätzlichen Verantwortlichkeiten auf Zentrenebene und Steuerung und Kontrolle auf Ebene des Senats nicht aufgelöst worden. Ein weiterer Widerspruch bestehe im Konsensprinzip bei der Erstellung der Budgets der Zentren / Forschungsbereiche und des Gesamtbudgets unter der Maßgabe des Wettbewerbs der Zentren untereinander. Für den Fall, dass keine Einigung herbeizuführen ist, waren noch Konfliktmechanismen zu entwickeln.

1.5.3. Programmverantwortung / Organe

Gemeinsam war allen bisherigen Konzeptvorschlägen in der Konsequenz ein Auseinanderfallen von Verantwortung und Entscheidung, da in den neuen Organen Entscheidungen von Gremien / Personen getroffen werden, die im Gegensatz zu den Zentrenvorständen weder persönlich noch institutionell haftbar sein würden. In diesem Zusammenhang wurde auch die Notwendigkeit gesehen, über die Rechtsform der Helmholtz-Gemeinschaft zu diskutieren, die Stellung der Mitgliederversammlung sowie die Konsequenzen für die Mitbestimmungsrechte auf der Ebene der Zentren bei Verlagerung der Kompetenzen auf die Mitgliederversammlung oder/und den Senat.

1.5.4. Budgetierung / Finanzverantwortung

Es wurde angemahnt, dass der bürokratische Aufwand für den „bottom up“-Budgeterstellungsprozess (Forschungsbereichsanteile der Zentren, Zusammenführung je Forschungsbereich in Verbünden, Budgetzusammenführung auf Senatsebene, Begutachtungen und Organisation der Programme, Diskussion des Gesamtbudgets mit den Zuwendungsgebern /Parlamentarisches Verfahren) auf seine Realisierbarkeit im Bezug auf die Haushaltsaufstellungs- und Entscheidungsverfahren der Zuwendungsgeber abgeschätzt werden sollte, um dem Postulat kurzer Entscheidungsprozesse zu entsprechen.
Sollte den Zentren künftig nicht mehr die Entscheidung über den Einsatz ihres Budgets zufallen, so wäre dies auch mit einer gravierenden Änderung der Kompetenzen der Geschäftsführer / Vorstände sowie der Aufsichtsräte / Kuratorien verbunden. Die kaufmännischen Geschäftsführer befürchteten in der Konsequenz eine tiefgreifende Änderung der Aufgaben und Strukturen der Zentren, die auf den Kernbestand der Selbständigkeit abzielten.

1.5.5. Personalverantwortung

Im Hinblick auf den veränderten Personaleinsatz, der sich künftig an der Finanzierung der Programme auszurichten hätte, wurde in der Konsequenz eine weitgehende Flexibilisierung des Dienstrechts gefordert: Wegfall des BAT und der Kündigungsbeschränkungen sowie Wegfall des Besserstellungsverbotes, da ansonsten kein adäquates Personal für kurzfristige Programme gewonnen werden könnte.

1.5.6. Realisierungsaufwand

Schließlich mahnten die kaufmännischen Geschäftsführer an, dass es bislang keine hinreichende Vorstellung über den Umsetzungszeitraum und Umsetzungsaufwand gebe, insbesondere die Umstellung aller Geschäftsabläufe des Finanzwesens, des Abrechungswesens und des Controllings sei noch gar nicht abschätzbar.
Diese teilweise sehr grundsätzlichen Aspekte, die die kaufmännischen Geschäftsführer formuliert hatten, wurden leider aus ihrer Sicht auch nicht durch das Ergebnispapier der Senatsarbeitsgruppe „Grundsätze der Neuordnung der HGF“ vom 2.11.1999 zufriedenstellend gelöst, welches im Ergebnis das Papier vom 7.10.99 zusammengefasst hatte. Insbesondere zur Bedeutung der Mitgliederversammlung, des Senats, des Präsidenten und der Frage der Verantwortlichkeiten gab es weiterhin einen klaren Dissens zwischen den Akteuren.
In der Folge wurde das Konzept in den verschiedenen Arbeitsgruppen auf HGF- und Zentrenebene fortentwickelt. Die Liste der noch zu erarbeitenden Verfahren für die Umsetzung der programmorientierten Förderung war lang. Sie beinhaltete

1. Die Ausarbeitung des Prozesses der Programmentwicklung
2. Ein praktikables Verfahren zur strategischen Begutachtung
3. Die Definition eines Verfahrens der zentrenübergreifenden Erfolgskontrolle und des wissenschaftsadäquaten Controllings
4. Die Festlegung der Zuwendungsverfahren zwischen Zuwendungsgeber und Zentren sowie ein Verfahren zur Ermittlung der Zuweisung von Mitteln der Sitzländer
5. Die Umsetzung der notwendigen haushaltsrechtlichen Flexibilisierungsinstrumente
6. Die Festlegung der Rechtsform der Helmholtz-Gemeinschaft
7. Eine klare Abgrenzung der Zuständigkeiten und entsprechende Konfliktlösungsmechanismen
8. Die Festlegung des Verfahrens zur Berufung und Bestellung der Senatsmitglieder und des Präsidenten
9. Eine Anpassung der Organisation der Zuwendungsgeber (Zusammenführung von fachlicher und finanzieller Verantwortung)
10. Die Anpassung der Satzungen der Helmholtz-Zentren

Auf Initiative der Helmholtz-Zentren wurden zu diesem Zeitpunkt wieder Beratungsfirmen hinzugezogen, um Argumentationshilfen und die grundsätzlichen Verfahrensregeln zu erarbeiten.[300]

Wie kann die Rolle der Beratungsfirmen in diesem Prozess beurteilt werden? Ihre Rolle war nach Ansicht der meisten befragten Akteure zweigeteilt: Zum einen lieferten sie die betriebswirtschaftlichen Instrumente, die über die kameralistische Sichtweise der Zuwendungsgeber hinausgingen. Aus Sicht der Zentrenvorstände war es für die allgemeine Akzeptanz offensichtlich günstig, wenn die neuen Verfahren von externer, „quasi-neutraler" Seite eingebracht wurden. Zum anderen haben die Beratungsfirmen den Prozess der programmorientierten Förderung strukturiert und moderiert. Diese Rolle wurde von der Mehrheit der Befragten positiv und hilfreich bewertet. Außerdem haben sie den internen Restrukturierungsprozess (z.B. Berichtswesen, Einführung einer Kosten-Leistungsrechnung) im kaufmännisch-administrativen Bereich der Zentren unterstützt.
Kritisiert wurde jedoch teilweise auch, dass das Manko der Beratungsfirmen gewesen sei, dass sie erst im Prozess lernen mussten, wie das Wissenschaftssystem insgesamt funktioniere. Entsprechend hoch sei auch der Input gewesen, der von den Zentren selber geleistet werden musste. Ihre Rolle ließe sich eher als intellektueller „punching ball" in der Diskussion um die Konzeptentwicklung beschreiben, wie sich ein Zentrumsvorstand ausdrückte.[301] Zu den wissenschaftlichen Steuerungsfragen haben sie entsprechend wenig beitragen können. In den Worten eines Vertreters der Zentrenvorstände: „Sie haben die richtigen Fragen gestellt, aber sie sind die Antwort schuldig geblieben".[302]

1.6. Abspaltungstendenzen in der HGF

Die Helmholtz-Gemeinschaft bestand zu diesem Zeitpunkt aus 16 Forschungszentren. Während nun in vielen Arbeitsgruppen das Konzept und seine Umsetzung erarbeitet und verhandelt wurde, versuchten einige Zentren den Umbruch zu nutzen, um ganz aus dem Verbund der HGF auszutreten. Mit Schreiben vom 29.9.1999 war der Senat durch das BMBF darüber informiert worden, dass geplant sei, die Gesellschaft für Mathematik und Datenverarbeitung (GMD) aus der HGF herauszulösen und mit der Fraunhofer-Gesellschaft (FhG) zu fusionieren. Hintergrund für diese Pläne waren offenbar Überlegungen, dass die GMD in einem System der programmorientierten Förderung, das keinen eigenen For-

---

300 Nach Aussage eines Zentrenvorstands vertrat KPMG zumindest anfangs die Interessen der Zentren, ‚nur wurden durch das BMBF so viele Änderungen eingebracht, dass KPMG sein ursprüngliches Konzept fast nicht mehr wieder erkannte'. (Interview Nr. 16).

301 Interview Nr. 28. In der Tat ließe sich hier jedoch diskutieren, ob dies nicht gerade auch dem Aufgabenprofil einer Beratungsfirma entspricht.

302 Interview Nr. 16.

schungsbereich Informationstechnologie besitzen sollte, nicht angemessen am Wettbewerb im Rahmen der POF teilnehmen könne.
Bei diesem Vorgang umging das BMBF die sonst üblichen Informations- und Verhandlungswege und beschränkte sich auf wenige informelle Verhandlungsgespräche mit den Vorstandsvorsitzenden beider Einrichtungen. Die Tatsache, dass dieser Vorgang ohne Absprache mit den beteiligten Vertretern der Helmholtz-Gemeinschaft erfolgte, führte zu großen Irritationen bei der HGF und ihren Mitgliedern. Auch die Belegschaft der GMD wandte sich gegen eine Fusion mit der FhG, da sie befürchteten, dass die eher grundlagenbezogene Forschung in der anwendungsorientierten FhG nicht adäquat bewertet würde. Der Fusionsprozess wurde in der Folge von teilweise massiven Konflikten begleitet, endete jedoch im November 2000 mit der Eingliederung der GMD in die FhG. [303]

In der Zwischenzeit gab es im Bereich Gesundheitsforschung erste Überlegungen für eine programmatisch engere Verzahnung der überwiegend mit Gesundheitsforschung befassten Zentren DKFZ, GBF, GSF und MDC. Als Ziele der insbesondere vom damaligen wissenschaftlichen Vorstand des DKFZ, Prof. zur Hausen, mit Unterstützung durch das MDC betriebenen Initiative wurden formuliert eine verbesserte Koordination der Forschung, eine verstärkte Fokussierung auf Kernaufgaben, eine Steigerung der wissenschaftlichen Effizienz und eine Stärkung der klinischen Forschung. Dies sollte durch eine übergeordnete Organisationsform und eine Koordination in Ausrichtungs- und Berufungsfragen verwirklicht werden. Vorbild war das amerikanische National Institutes of Health (NIH). Wenngleich die damit verfolgten Ziele in die gleiche Richtung gingen wie die programmorientierte Förderung, so bestand doch die Gefahr, dass sich diese Zentren aus der HGF herauslösen, um in der stark an den Universitäten und Klinika betriebenen Gesundheitsforschung einen Nukleus zu bilden.
Das DLR versuchte seinerseits seit Beginn der Diskussionen um eine programmorientierte Förderung die HGF zu verlassen, um sich stärker auf europäischer Ebene zu integrieren.

Während die Ausgliederung der GMD noch auf Betreiben des BMBF durchgeführt wurde, musste es das Interesse des BMBF sein, die Helmholtz-Gemeinschaft ohne weitere Zentrenverluste in die neue Struktur zu überführen und damit möglichen Bestrebungen einzelner Bereiche, sich einzeln stärker programmorientiert zu organisieren, entgegenzuwirken.

303 Ausführlich zu diesem Vorgang vgl. Hohn 2005: 33 ff.

1.7. Wechselvoller Dialog: Das Positionspapier und Grundsätze der programmorientierten Förderung

Aus den bereits skizzierten Eckpunkten der programmorientierten Förderung erarbeitete das Helmholtz- Direktorium[304] einen Vorschlag, der, ergänzt durch Modifikationen auf Initiative des DLR, auf der Mitgliederversammlung im Februar 2000 als *„Positionspapier der Mitgliederversammlung zur künftigen Entwicklung der Helmholtz-Gemeinschaft"* verabschiedet wurde. Dieses Papier wurde sodann an den Staatssekretär des BMBF übermittelt. Der Dialog mit dem BMBF verlief indes wechselvoll. Während zunächst in Gesprächen auf höchster Ebene weitgehend Einigkeit über das vorgelegte Positionspapier erzielt worden war, wurde der HGF anschließend im April 2000 ein Papier des BMBF – „Grundsätze der programmorientierten Förderung" – übermittelt, welches in wesentlichen Punkten sowohl vom Positionspapier als auch vom in den Gesprächen bereits erzielten Konsens abwich. Der Grund für die widersprüchlichen Aussagen lag offensichtlich in der Tatsache begründet, dass im BMBF selber nur die politische Spitze für die programmorientierte Förderung eintrat, während die Betreuungsreferate im BMBF wie auch die Aufsichtratsvorsitzenden der Zentren im BMBF von einem Konzept der Globalsteuerung erst überzeugt werden mussten.[305]

Denn die Einführung einer Globalsteuerung hat nicht nur weitreichende Konsequenzen im Verhältnis von Forschungseinrichtungen und Zuwendungsgebern, sondern auch innerhalb der Bundes- und Landesministerien. Zieht man sich aus der Detailsteuerung zurück, indem man sie an die Forschungseinrichtungen delegiert, so wächst zwangsläufig die Bedeutung der Grundsatzabteilungen in den Ministerien gegenüber den Programmreferaten. Auch die Abstimmung mit den entsprechenden Länderministerien war notwendig und in ihrer Bedeutung nicht zu unterschätzen.[306]

Nachdem in erneuten Gesprächen durch die HGF deutlich gemacht wurde, dass dieses Papier keine Basis für weitere Verhandlungen sein könne, wurde ein Teil der für die HGF unverzichtbaren Positionen wieder zugestanden.

---

304 Das Helmholtz-Direktorium bestand seit 1991 aus jeweils drei wissenschaftlichen und zwei kaufmännischen Vorständen aus den Helmholtz-Zentren, die nach Möglichkeit thematisch das gesamte Helmholtz-Spektrum abdecken sollten. Den Vorsitz des Direktoriums hatte von 1991-1997 Prof. Dr. Treusch (FZJ) und von 1997-2001 Prof. Dr. Ganten (MDC).

305 Interview Nr. 24.

306 Hierauf hat auch der Wissenschaftsrat in seiner Systemevaluation der HGF hingewiesen. Wissenschaftsrat (2001): ‚Systemevaluation der HGF – Stellungsnahme des Wissenschaftsrates zur Hermann von Helmholtz-Gemeinschaft Deutscher Forschungszentren', Köln, S. 77.

1.8. Die Balanced Scorecard als Basis für ein Steuerungsmodell

Im März 2000 war der Mitgliederversammlung von zwei Beratungsfirmen die programmorientierte Steuerungskonzeption auf der Grundlage des Konzepts der Balanced Scorecard präsentiert worden.[307]

Die Boston Consulting Group (BCG) erläuterte ihr Konzept am Beispiel des Umweltverbundes in der HGF (dem heutigen Forschungsbereich Erde und Umwelt), an welchem die Forschungszentren GBF, GKSS und UFZ beteiligt waren. [308] Im Gegensatz zur ursprünglichen Idee des Balanced Scorcard von *Kaplan/Norton*[309] wurde die Kundenperspektive durch die wissenschaftliche Leistungsperspektive ersetzt.

KPMG präsentierte ihr Modell am Beispiel des FZJ, welches KPMG Anfang 2000 beauftragt hatte, die organisatorischen Rahmenbedingungen des FZJ zu analysieren und ein ergebnisorientiertes Managementkonzept zu konzipieren.[310] Hierfür wurde ebenfalls auf der Basis der Balanced Scorecard ein wissenschaftsadäquates System entwickelt. Als zentrales Merkmal wurde von KPMG die Einbeziehung der Ergebnisse der wissenschaftlichen Evaluationen bezeichnet, mit den Kriterien Relevanz, Interdisziplinarität, FuE-Leistung und Zielerreichung.[311] Zunächst liefen diese Beratungsprozesse parallel.[312] Als den Akteuren bewusst wurde, dass der Prozess insgesamt nur mit starker Consulting-Unterstützung erfolgreich gestaltet werden konnte (sowohl konzeptionell wie prozessual), einigten sich alle Beteiligten in einem Konzeptvergleich der beiden vorliegenden Entwürfe auf die Herangehensweise, wie sie von KPMG im Erstauftrag durch das FZJ entwickelt wurde.[313]

Einerseits gab es unter den Zentrenvorständen die Einsicht, dass eine zentrenübergreifende Steuerungskonzeption notwendig war. Doch andererseits gab es auch Bestrebungen, die Konzeption zunächst zentrenintern umzusetzen, gegebenenfalls im Alleingang. In der Folge wurde daher ein zentrenübergreifendes Kernteam gebildet, das aus sechs Mitarbeitern der Helmholtz-Gemeinschaft und Beratern bestand, sowie zentreninterne Umsetzungsteams für die teilnehmenden Zentren. Über einen Lenkungsausschuss, der aus Vertretern der Mitgliederversammlung mit wissenschaftlicher, kaufmännischer und juristischer Expertise

307 Vgl. zur Idee der Balanced Scorecard und den Vorschlägen von Boston Consulting und KPMG ausführlich Kapitel B 3.4.

308 The Boston Consulting Group (2000): ‚Wissenschaftsadäquate Programmorientierte Steuerung. Konzeption und Machbarkeitsprüfung für den Umweltverbund'.

309 Vgl. Kapitel B 3.4.

310 KPMG Unternehmensberatung (2000): ‚Analyse der Voraussetzungen sowie Entwicklung der Umsetzungsinstrumente für eine programmorientierte Steuerung des FZJ'.

311 Vgl. hierzu ausführlich Brade 2004: 310 f.

312 und manchmal hatte man den Eindruck: auch etwas ‚gegeneinander' Interview Nr.16.

313 Interview Nr.16.

bestand, sollten die Ergebnisse an die Mitgliederversammlung und das Direktorium berichtet werden.
Gleichzeitig wurde im März ein erster Satzungsentwurf präsentiert, welcher von einer Arbeitsgruppe der Kaufmännischen Geschäftsführer erstellt worden war.[314] Ziel war es, das Positionspapier der Mitgliederversammlung vom Februar 2000 mit einigen Modifikationen in einen formalen Rahmen zu gießen, um hiermit die Diskussion mit den Zuwendungsgebern zu eröffnen.
Ebenfalls getagt hatte eine Arbeitsgruppe „Programmportfolio und Finanzfluss“,[315] welche die Rahmenbedingungen für die Erstellung des Programmportfolios diskutierte und sich dafür aussprach, die Ex-ante - Begutachtung / Evaluierung der Forschungsbereiche im zeitlich versetzten Turnus erfolgen zu lassen, um den Arbeitsaufwand der Einrichtungen, der Gutachter und der Geschäftsstelle in vertretbaren Grenzen zu halten.

1.9. Grundzüge der künftigen Entwicklung

Ende September 2000 wurden von der HGF-Mitgliederversammlung die „Grundzüge zur künftigen Entwicklung als Basis für das weitere Vorgehen verabschiedet.[316] Vorausgegangen waren weitere, teilweise von heftigen Diskussionen begleitete Abstimmungsprozesse zwischen dem Direktorium der HGF, den Zentren und den Zuwendungsebern, so dass die Mitgliederversammlung ihre Zustimmung von mehreren Geltungsvoraussetzungen abhängig gemacht hatte: So sollten beispielsweise die noch ausstehenden Ergebnisse der Systemevaluation durch den Wissenschaftsrat Berücksichtigung finden, aber auch die notwendigen neuen personal-, haushalts- und finanzrechtlichen Flexibilitätsinstrumente (vor allem Budgetierung, Überjährigkeit der Mittel, Wegfall der Verbindlichkeit der Stellenpläne) zugesichert werden, ohne die eine programmorientierte Förderung nicht umsetzbar schien.

In dem gesamten Diskussionsprozess kam dem damaligen Sprecher der Helmholtz-Gemeinschaft, Prof. Ganten, eine wichtige Rolle und schwierige Aufgabe als Moderator zu. Der Balance-Akt bestand darin, die unterschiedlichen Meinungen in der Helmholtz-Gemeinschaft so zusammenzufassen, dass man sie gegenüber dem BMBF formulieren konnte, um den Prozess damit insgesamt vo-

---

314 Dr. Krech (DESY), Dr. Blum (UFZ), Hr. Grübel (FZJ).

315 Unter Leitung von Dr. Hansen (FZK).

316 HGF (2000): Grundzüge der künftigen Entwicklung der Herman von Helmholtz-Gemeinschaft Deutscher Forschungszentren im Rahmen einer Programmorientierten Förderung, 28.06.2000. Mit Ausnahme von DLR und GMD hatten alle Mitglieder zugestimmt. Das DLR vertrat die Auffassung, dass für die Fortentwicklung der HGF von dem Grundsatz auszugehen sei, „organisatorisch zusammenzuführen, was thematisch zusammengehört“ und nicht auf HGF-Ebene zu zentralisieren, was besser dezentral durchgeführt werden könne. Diesem Gedanken trage das Grundzügepapier nicht ausreichend Rechnung.

ranzubringen und die Akzeptanz auf beiden Seiten zu erhöhen, ohne gleichzeitig die bestehenden unterschiedlichen Auffassungen in den Zentren zu nivellieren.

Im Grundzüge-Papier hatte man sich bezüglich der HGF auf die Rechtsform des eingetragenen Vereins festgelegt. Vereinszweck sollte die zentrenübergreifende Koordinierung und Abstimmung der Forschungs- und Entwicklungsarbeiten seiner Mitglieder mit dem Ziel einer programmorientierten Förderung sein. In diesem Sinne sollte der Verein eine „Programmholding" werden.
Als weiteres Organ neben Senat, Präsident und Mitgliederversammlung wurde durch das BMBF ein sogenannter „Ausschuss der Zuwendungsgeber" konzipiert, und zwar unter Vorsitz des zuständigen Bundesministers. Neben der Festlegung der forschungspolitischen Vorgaben sollte er die Mitglieder des Senats und den Präsidenten ernennen, um sich hierdurch genügend Steuerungseinfluss der Zuwendungsgeber in der Vereinsstruktur zu sichern. Für den Verein der Helmholtz-Gemeinschaft sollte außerdem eine Geschäftsstelle mit einem Geschäftsführer eingerichtet werden, die dem Präsidenten unterstellt sein würde.
Die weitere Flexibilisierung des öffentlichen Dienst- und Haushaltsrechts war ebenfalls vorgesehen, wenngleich für die HGF noch nicht zufriedenstellend formuliert.[317]
Man hatte sich auf einen hauptamtlichen Präsidenten verständigt, dessen Stellung im System jedoch noch nicht ausdiskutiert war.
Das Verfahren der Programmentwicklung und -bewertung innerhalb der Forschungsbereiche sowie der Stellenwert des Wettbewerbs innerhalb dieses Verfahrens bildeten weitere offene Punkte und bedurften vor allem der Ausformulierung der einzelnen Schritte, ebenso das wissenschaftsadäquate Controlling.
Auf der Grundlage dieses einvernehmlich zwischen HGF und Zuwendungsgebern festgelegten Grundzüge-Papiers vom 28.06.2000 hat das BMBF seine Vorstellungen von den Verfahrensabläufen weiter konkretisiert.[318]
Zusammenfassend kann festgestellt werden, dass der Prozess der Konzeptionierung auf eine breite und sehr vernetzte Basis gestellt wurde, indem die einzelnen Aspekte dieses Konzepts in einer Vielzahl von Arbeitsgruppen unter Beteiligung von Ministerien (vornehmlich BMBF) und Zentrenvertretern erarbeitet und diskutiert wurden. Dies führte einerseits zu einem nicht unbeträchtlichen Aufwand, mit zahlreichen Kompromissen aufgrund widerstreitender Interessen der beteiligten Akteure. Anderseits konnte durch diese Vorgehenswiese sichergestellt werden, dass in dem stark von Autonomie geprägten Wissenschaftssystem und der föderalen Struktur der Forschungsförderung überhaupt erfolgreich Neuerun-

317 Nach Aussage eines Zentrenvorstandes war das Verhalten des BMBF in Sachen Controlling und Flexibilisierung gegenüber den Zentren jedoch so, „als wenn man einem Tennisspieler sagte, dass er den ersten Satz gewinnen solle, bevor er den Schläger bekommt" (Interview Nr. 16).

318 BMBF (2000): Verfahrensabläufe mit Bezug auf Abschnitt 2 „Grundlagen und Prozesse der programmorientierten Förderung" des Positionspapiers: „Grundzüge zur künftigen Entwicklung der Hermann von Helmholtz-Gemeinschaft Deutscher Forschungszentren im Rahmen einer programmorientierten Förderung, Stand 07.08.2000.

gen in der Förderstruktur in Gang gesetzt wurden. Dies ist, wie die Ausführungen zum korporativen Föderalismus gezeigt haben, keine Selbstverständlichkeit.[319]
Wie und unter welchen Umständen dieses Konzept nun operationalisiert wurde, soll im folgenden Kapitel beschrieben werden.

2. Die Operationalisierung der programmorientierten Förderung

Mit der Umsetzung des im Grundzügepapier vom 28. Juni 2000 dargelegten Konzepts befassten sich in der Folge gemeinsame Arbeitsgruppen aus Zuwendungsgebern und Helmholtz-Gemeinschaft sowie die Senatsarbeitsgruppe „Programmbewertung und Wettbewerbsverfahren".

2.1. Die Arbeitsgruppe „Controlling und Flexibilisierung"

2.1.1. Ausgangssituation

Im Rahmen des Controllings mussten nun die beiden Dimensionen Kosten und Leistungen zusammengeführt werden. Unter dem Vorsitz eines Vertreters des BMBF sollte nun von Vertretern des BMBF und BMF mit Mitgliedern des Helmholtz- Direktoriums ein gemeinsamer Rahmen für eine Kosten-Leistungsrechnung erarbeitet werden, wie auch die Definition der Kriterien und Mindeststandards für ein Controlling der FuE-Aktivitäten. Als Grundlage dieses Controllingmodells sollte wiederum die Balanced Scorecard (BSC) dienen, in der Erweiterten Variante von KPMG.[320]

Zunächst beauftragte die HGF KPMG damit, als Diskussionsbasis die schon erarbeiteten Grundzüge des Modells für ein wissenschaftsadäquates Controlling weiter zu entwickeln, welches dann in mehreren Diskussionsschritten durch BMBF / BMF und HGF modifiziert werden sollte.

Um das Controlling wissenschaftsadäquat zu gestalten, wurden drei Säulen definiert:

- die wissenschaftliche Evaluation
- das Projektcontrolling und
- das betriebswirtschaftliche Controlling

Für das Projektcontrolling und das betriebswirtschaftliche Controlling mussten nach betriebswirtschaftlichen Vorgaben Standards für ein internes Controlling auf Zentrenebene entwickelt werden (insbesondere eine Kosten-Leistungsrechnung), welche das Zentren-Management in die Lage versetzen

---

319 Vgl. Kapitel B 4.3.2.

320 Vgl. Kapitel B 3.4.5.

würde, den programmbezogenen Forschungsprozess zu steuern, die Aufsichtsgremien zu informieren und die relevanten Daten für eine zentrenübergreifende Planung und Disposition bereitzustellen. Die Ergebnisse des Controllings sollten in die turnusmäßige strategische Begutachtung von Forschungsbereichen durch den Senat einfließen.

Als Arbeitsbasis dienten hierfür die Ergebnisse der Arbeitsgruppe „4 x 3“, welche aufgrund eines Beschlusses der Mitgliederversammlung bereits mit der Vereinheitlichung der Definitionen von Basisdaten und Erhebungsstrukturen beauftragt worden war und somit die Grundlagen für eine Planung, Steuerung und Erfolgskontrolle mehrjähriger, zentrenübergreifender Forschungsbereiche und Programme zu erarbeitet hatte.[321] Die vereinheitlichten Basisdaten sollten sowohl der Berechnung von Maßgrößen für ein wissenschaftsadäquates Controlling als auch der Erstellung des HGF-Programmbudgets dienen.
Für das betriebswirtschaftliche Controlling begleitete diesen Prozess eine Arbeitsgruppe aus vier kaufmännischen (DKFZ, DLR, FZJ, MDC) und einem wissenschaftlichen Vorstand (FZK), die wissenschaftlichen Standards erarbeitete eine Gruppe von fünf wissenschaftlichen Vorständen (DKFZ, FZJ, GSI, HMI, UFZ).

2.1.2. Anforderungen

Im Einzelnen sollte das Modell folgende Zielsetzungen verwirklichen:

- Steuerung der Programme auf der Basis definierter haushalts-, personal- und finanzrechtlicher Rahmenbedingungen
- Ableitung der Instrumente und Verfahren, die als Voraussetzung für die Einführung des Modells erforderlich sind
- Definition der Rollen der einzelnen an den Prozessen beteiligten Organe
- Erarbeitung von Vorschlägen für die Gestaltung des Berichtswesens im Rahmen des Controlling
- Identifikation notwendiger zentreninterner Verfahren und Instrumente

Im Hinblick auf die Finanzierung mussten die Prozesse der Finanzierungsplanung und der Mittelzuweisung in Abstimmung mit den bereits erarbeiteten Vorschlägen zur Entwicklung der Programmstruktur konzipiert werden und die Rollen der an diesen Prozessen beteiligten Organe benannt werden.
Ergebnis des Controllings sollte ein Standardberichtswesen sein, in welches die Informationen aus den zentreninternen Verfahren des betriebswirtschaftlichen

321 Die Arbeitsgruppe „4 x 3“ war mit den Programmplanern sowie den Leitern der Personal- und Finanzabteilungen von vier Zentren besetzt, wobei jedes vertretene Zentrum Stellvertreterfunktion für jeweils drei weitere, ähnlich ausgerichtete Zentren übernahm.

Controlling, des Vorhaben-/ Projektcontrolling und der wissenschaftlichen Evaluation einfließen. Dabei war zu beachten, dass dieses Berichtswesen eine ausgewogene Darstellung von zentren- und programmbezogenen Informationen gewährleistet, eine Darstellung des Ressourceneinsatzes in Programmen in Form absoluter Werte ermöglicht, wie auch weiterer steuerungsrelevanter Informationen in Form von aus den Zielen abgeleiteten Maßgrößen.

2.1.3. Finanzierung

Unter den gegebenen organisatorischen Rahmenbedingungen (insbes. der rechtlichen Selbständigkeit der Zentren) konnte aus betriebswirtschaftlicher Sicht eine programmorientierte Förderung der HGF nur in Form einer (programmorientierten) Finanzierung der einzelnen Zentren und einer Steuerung der Programme erfolgen.
Da die Steuerung des Ressourceneinsatzes in den Programmen betriebswirtschaftlich nur in Form von Kosten erfolgen kann, mussten diese die Grundlage für die Ableitung des Finanzierungsbedarfs der Zentren bilden. Der Finanzierungsbedarf musste wiederum in der Systematik des öffentlichen Haushalts (d. h. nach dem kameralistischen Rechnungswesen) dargestellt werden.

Zur Ermittlung des Finanzierungsbedarfs eines Zentrums wurden die folgenden vier Leistungskategorien definiert:

I. FuE-Kernleistungen

Diese enthalten die Forschungs- und Entwicklungsaktivitäten der Zentren untergliedert nach Forschungsbereichen und Programmen, inklusive der sogenannten freien Vorlaufforschung.

II. Nationale und internationale Wissenschaftsinfrastrukturleistungen

Diese Leistungskategorie enthält als weitere Kernleistung die Bereithaltung von internationaler und nationaler Wissenschaftsinfrastruktur, die über die eigenen Forschungsaktivitäten des Zentrums hinausgeht. Hierunter versteht man insbesondere die Bereithaltung von Großgeräten, Anlagen und Forschungsinfrastruktur für Hochschulen, Industrie und andere öffentliche Forschungseinrichtungen und damit verbundene Dienstleistungen.
Dabei werden die Wissenschaftsinfrastrukturleistungen den Forschungsbereichen zugeordnet, während die einzelnen Großgeräte den Charakter von Programmen haben.

III. Transfer, Innovationsunterstützung und Gründerförderung

Diese Leistungskategorie bildet vor- oder/und nachgelagerte Kernleistungen der Zentren ab. Sie dienen der Verwertung von wissenschaftlich-technischen

Ergebnissen, wie z.B. Technologietransfer und Gründerunterstützung. Der Ressourceneinsatz wird neben einer aggregierten Darstellung anteilig für die Programme ausgewiesen.

IV. Sonderaufgaben
In dieser Kategorie werden weitere finanzierungsbedürftige Leistungen zusammengefasst, die von den Zentren erbracht werden, jedoch keinen direkten Bezug zu Forschung und Entwicklung besitzen (z.B. Abbau von Altlasten)

Danach werden zunächst die Vollkosten dieser Kategorien errechnet. Hierzu werden die direkten Kosten der Leistungskategorien (LK) I bis IV ermittelt und die indirekten Kosten der Zentreninfrastruktur des jeweiligen Zentrums auf diese verrechnet. Als indirekte zu verrechnende Kosten wurden definiert: Zentrenleistung und Management-Unterstützung, interne wissenschaftlich-technische Unterstützungsleistungen sowie interne betriebliche Basisleistungen. Die Summe der Vollkosten der LK I bis IV entspricht den Gesamtkosten eines Zentrums.

Anschließend muss eine Überleitungsrechnung erfolgen, um aus den Gesamtkosten eines Zentrums den Finanzierungsbedarf zu ermitteln. Dies konnte jedoch wiederum nur auf der Ebene eines Forschungszentrums, nicht auf der Ebene einzelner Programme geschehen.[322]

2.1.4. Das wissenschaftsadäquate Controlling

Ein Wechsel von der Bestandssicherung (Input) zur Ergebnisorientierung (Output), mit Markt und Wettbewerb als den entscheidenden Steuerungsmechanismen, wie es die Idee von New Public Management ist, verlangt eine Abkehr von detaillierten rechtlichen Regelungen und Steuerungseingriffen des politisch-administrativen Systems zugunsten einer strategischen Steuerung.
Daher ist das wissenschaftsadäquate Controlling im Zusammenhang mit der Finanzierung zu betrachten, denn nur so können finanzierungsrelevante Auswirkungen von wissenschaftlichen Entscheidungen und Entwicklungen Berücksichtigung finden.

Im Rahmen der Planung sollten für einen zu definierenden mehrjährigen Zeitraum Ziele, die Vorgehensweise zur Erreichung der Ziele und die daraus abgeleiteten Meilensteine festgelegt werden. Dabei sollte die zu erstellende Forschungs- und Entwicklungsleistung inhaltlich beschrieben und mit einem Zeitbezug versehen werden. Diese „Leistungsplanung" ist gekoppelt an eine entsprechende Ressourcenplanung. Die Art der Darstellung von Ressourcen in

322 Die Überleitungsrechnung ist haushaltsrechtlich erforderlich, um den Finanzmittelbedarf abzuleiten und diesen getrennt nach Ausgaben für Betrieb und Investitionen auszuweisen. Vgl. Kapitel B 5.2.1.4.

Form finanzieller Größen ist Gegenstand des betriebswirtschaftlichen Controllings.[323]

Insbesondere für die stark grundlagenorientierte Forschung wurde dieser Ansatz als problematisch angesehen, da eine durchgängige Planung anhand von Meilensteinen mit zeitlichem Bezug nicht der Forschungsrealität in der Grundlagenforschung entspricht.[324] Gerade bahnbrechende neue Erkenntnisse lassen sich in der Regel im Vorhinein nicht definieren und sind oftmals auch einfach Zufallsbefunde.[325] Zwingt man in diesem Bereich die Wissenschaftler zur Definition von konkreten Zielen und Meilensteinen, so besteht die Gefahr, dass auf dem Papier Ziele formuliert und mit Meilensteinen versehen werden, die bereits erforscht, aber noch nicht publiziert sind. Grundlegende neue Erkenntnisse können bei dieser Vorgehenswiese zwar weiterhin entstehen. Es ist jedoch wahrscheinlich, dass sich die Forschungstätigkeit in der Grundlagenforschung einem Steuerungssystem damit weitgehend entzieht.

Spätestens mit der detaillierten Ausarbeitung des Konzepts war somit deutlich geworden, dass die Änderung des Verfahrens der Förderung grundlegenden Charakter hatte, indem die Programmorientierung in der Finanzierung und Steuerung verankert werden sollte. Aufgrund der Rahmenbedingungen, vor allem im Spannungsfeld zwischen einer zentrenübergreifenden Programmsteuerung mit einer entsprechenden Organverantwortung und einer Beibehaltung der Struktur der Helmholtz-Gemeinschaft, der rechtlichen Selbständigkeit und rechtlicher Verantwortung der Zentren, war ein in sich schlüssiges Modell kaum oder/und nur mit erheblichem Mehraufwand zu verwirklichen. Zudem hatten die Zuwendungsgeber im Gegenzug für die sich abzeichnende Globalsteuerung ein starkes Informationsbedürfnis, welchem durch das umfangreiche Berichtswesen Rechnung getragen werden musste.
Vor diesem Hintergrund beinhalten die Ergebnisse der Arbeitsgruppe, die sich an den Rahmenbedingungen orientieren mussten, zwangsläufig eine Reihe von systematischen Kompromissen. Die Zentrenvorstände befürchteten außerdem ein Auseinanderfallen von Handlung und Verantwortung zu ihren Lasten. Sie sahen aber auch die Gefahr einer Überbürokratisierung, denn durch die Einfüh-

---

323 Für eine ausführliche Darstellung des wissenschaftsadäquaten Controllings der POF vgl. Kapitel D 5.2.7.

324 So auch Puchta, Josef / Moegen, Sabine (2005): ‚Kreativität und Steuerung: das Management biomedizinischer Forschung‘, in: Fisch, Rudolf / Koch, Stefan (Hrsg.): Neue Steuerung von Bildung und Wissenschaft, Bonn, S. 190, die darauf hinweisen, dass sich die Zielbeschreibung „Strömungstechnische Optimierung einer Flugzeugtragefläche“ vermutlich genauer fokussieren lässt, als die Aufklärung unbekannter biochemischer Signalwege.

325 Als prominente Beispiele der Zufallsentdeckungen sei hier verwiesen auf die Entdeckung des Hartporzellans durch Johann Friedrich Böttger oder die Entdeckung des Penicillins durch Alexander Fleming.

rung einer Steuerung auf Senatsebene wurde eine zusätzliche Ebene geschaffen, ohne dass gleichzeitig eine andere Ebene weggefallen wäre.

2.1.5. Forderungen nach Flexibilisierung

Die von den Zentren im Zusammenhang mit dem Zuwendungsverfahren geforderte Flexibilisierung des Finanz- und Dienstrechts als eines notwendigen Bestandteils des Systems der programmorientierten Förderung war Gegenstand intensiver Diskussionen und Verhandlungen mit den Zuwendungsgebern. Doch sollte die durch die programmorientierte Förderung erreichte einheitliche Transparenz in Form von qualitativen und quantitativen Planungen und Bewertungen der Forschungs- und Entwicklungsleistung nicht einseitig zur Einführung einer zusätzlichen Steuerungsebene führen, so mussten die Zuwendungsgeber ihrerseits ihre neue Verantwortung erkennen und sich im Sinne einer Globalsteuerung auf den forschungspolitischen Rahmen konzentrieren. Denn neben der fachlich-inhaltlichen Verantwortung sollte auch die Management- und Ressourcenverantwortung weitestgehend auf der operativen Ebene angesiedelt sein. Die Flexibilisierung der Rahmenbedingungen war somit notwendige Voraussetzung für die Einführung des Finanzierungs- und Steuerungsmodells.

Innerhalb der Arbeitsgruppe konnte man sich schließlich auf folgende Flexibilisierungsforderungen einigen:

2.1.5.1. Personalwirtschaft

Die Forderungen nach einer flexibleren Personalbewirtschaftung erstreckten sich zum einen auf den Wegfall der Stellenpläne und zum anderen auf Verhandlungen mit den Gewerkschaften zum Abschluss eines Wissenschaftstarifvertrages.[326] Personalflexibilität wurde als notwendig erachtet, um auf Steuerausschläge in der Finanzierung mit Reduktion oder Erweiterung adäquat reagieren zu können.

326 Mit einem Wissenschaftstarifvertrag sollte die Modernisierung und Vereinfachung des Vergütungssystems erreicht werden. Dies sollte durch eine stärkere Leistungsorientierung, die Reduzierung auf drei Lebensaltersstufen wie auch durch eine Kombination von Grundvergütung und variablen Vergütungsanteilen verwirklicht werden. Im Hinblick auf die zukünftig zeitlich stärker befristete Programmforschung sollte die tarifliche Unkündbarkeit wegfallen. Gleichzeitig sahen die HGF-Zentren die erweiterte Möglichkeit zur Vergabe von Zulagen (Gewinnungszulagen, Leistungszulagen bis zu 15 Prozent und andere wissenschaftsspezifische Zulagen) als notwendige Voraussetzung an, um künftig qualifiziertes Personal zu gewinnen. Die aufgenommenen Tarifverhandlungen führten jedoch nicht zum Erfolg.

2.1.5.2. Finanzwirtschaft

Voraussetzung für die geforderte Fähigkeit zur Anpassung an Veränderungen innerhalb einer Programmförderperiode war außerdem ein ausreichender finanzieller Spielraum für die Zentren. Im Hinblick auf die Deckungsfähigkeit[327] beim Haushaltsvollzug wurden folgende Punkte als notwendige Voraussetzungen angesehen:

- Deckungsfähigkeit von bis zu 20 Prozent der jährlichen Kosten-Budgets der Programme und Programmanteile eines Zentrums
- Beibehaltung der gegenseitigen Deckungsfähigkeit zwischen unterschiedlichen Ausgabenarten
- Deckungsfähigkeit der laufenden Investitionen von bis zu 30 Prozent zugunsten des Betriebshaushaltes
- Verschiebung von Finanzmitteln mittels bilateraler Vereinbarung zwischen HGF-Zentren

- Die Übertragbarkeit von bis zu 20 Prozent des Einnahme-/Ausgabenbudgets über die Jahresgrenze (unabhängig von der freien Vorlaufforschung)

Die Steuerung der Investitionen unterhalb der Wertgrenze von 2,5 Mio. € sollte in den Zentren erfolgen. Oberhalb dieser Wertgrenze sollten diese als Teilaspekte der Programme dargestellt und auf zentrenübergreifender Ebene behandelt werden.

Da die herkömmlichen Verfahren der Haushaltsverhandlungen, insbesondere die Wirtschaftsplanverhandlungen durch den neuen Finanzierungsprozess ersetzt werden sollten, hat man sich außerdem darauf verständigt, dass der Zuwendungsbescheid lediglich die Zielvereinbarungsgrößen enthält, die im HGF- Gesamtprogramm zusammengefasst sind, und darüber hinaus nur wenige Nebenbestimmungen, damit der outputorientierte Steuerungsprozess nicht wieder durch eine zu große Regelungsdichte überfrachtet wird.

2.1.6. „Zähes Ringen“ zwischen den Akteuren

Insgesamt wurden die Verhandlungen in der Arbeitsgruppe „Controlling und Flexibilisierung“, insbesondere zu den Flexibilisierungsinstrumenten von den Beteiligten als „zähes Ringen“ bewertet. [328] Die HGF sah sich dabei nicht allein dem BMBF als Verhandlungspartner gegenüber, denn letztlich mussten auch das BMF und der BRH den geforderten Freiräumen zustimmen.
Auf die Frage an die beteiligten Akteure, wie die Interaktion zwischen BMBF / BMF / BRH gewesen war, kann als Ergebnis festgehalten werden, dass das

---

327 Vgl. zur Definition von „Deckungsfähigkeit“ Kapitel B 5.2.1.3.

328 Interview Nr. 35.

BMBF, genauer gesagt die obere Leitungsebene des BMBF, als Impulsgeber des Prozesses gesehen wurde. Innerhalb des BMBF wurde dieser Prozess von der großen Mehrheit der Betreuungsreferate eher mit Skepsis betrachtet, möglicherweise, weil man den Steuerungsverlust auf die Zentren befürchtete.
Die Interaktion mit dem BMF wurde von den beteiligten Personen als schwierig dargestellt. („*Mindestens so schwierig wie mit den Helmholtz-Zentren*").[329] Grund hierfür war nach Einschätzung aller Beteiligten, dass das Bundesfinanzministerium und auch der Bundesrechnungshof den neuen Flexibilisierungsinstrumenten grundsätzlich mißtrauisch gegenüber standen.[330]

2.2. Senatsarbeitsgruppe „Programmbewertung und Wettbewerbsverfahren"

Am 26.5.2000 hatte der Helmholtz-Senat eine Arbeitsgruppe unter Leitung von Prof. Dr. Siegfried Großmann eingesetzt, die eine mögliche Modifikation des Verfahrens für den Strategiefonds im Hinblick auf eine programmorientierte Förderung erarbeiten sollte, unter Berücksichtigung der bisherigen Erfahrungen aus dem Strategiefondsverfahren und den zentrenübergreifenden Begutachtungen. Der Auftrag der Arbeitsgruppe wurde dahingehend erweitert und präzisiert, dass als Ergebnis ein Verfahren und Kriterien für die strategische Programmbewertung einschließlich des Wettbewerbs an der Schnittstelle von Forschungsbereichen stehen sollten.[331]

2.2.1. Erstellung eines Leitfadens

Diese Ergebnisse sollten in Form eines „Leitfadens" dargestellt und vom Senat verabschiedet werden.
Folgende Prinzipien bildeten dabei die Richtschnur für die Diskussionen innerhalb der Arbeitsgruppe: Aufbauend auf den Erfahrungen aus dem Strategiefonds sollten das Verfahren und hierbei insbesondere die Kriterien und Entscheidungen möglichst transparent sein. Alle Programme eines Forschungsbereichs sollten parallel begutachtet werden, sodann sollte das Zusammenspiel der Programme wie auch die Gesamtstrategie des Forschungsbereichs begutachtet wer-

329 Interview Nr. 24.

330 Als Erklärung wurde von den befragten Personen zum einen die grundsätzlich wenig ausgeprägte Bereitschaft von Ministerien gegeben, von etablierten Verfahren abzuweichen. Zum anderen bestand vermutlich auch das Interesse, auf Basis der haushaltsrechtlichen Vorgaben den Steuerungseinfluss auf die Forschungszentren zu behalten (insbesondere Interviews Nr. 2,7 und 23).

331 Die Arbeitsgruppe bestand aus folgenden Personen: Prof. Großmann, Universität Marburg (Vorsitz); Prof. Burger, Novartis AG, Basel; Hr. Raffler, Siemens AG, München; Prof. Zehnder, ETH- Zürich, je einem Vertreter des Bundes und der Länder und der Helmholtz-Gemeinschaft.

den.[332] Aufgrund der Größe des zu begutachtenden Bereiches war es wichtig festzuhalten, dass keine Begutachtung der einzelnen Projekte erfolgt, sondern tatsächlich eine Programmbegutachtung. Als Wettbewerbselement sollte eine sog. „Überzeichnung der Programme" möglich sein.
Leitkriterien für die Programmevaluation waren dabei die wissenschaftliche Exzellenz, die strategische Bedeutung des Programms, die Helmholtz-Adäquanz sowie der Personal- und Mitteleinsatz in programmadäquater Auflösung.
Der Leitfaden wurde in vier entsprechende Abschnitte untergliedert:

I. Rahmenbedingungen der programmorientierten Förderung
II. Programmerarbeitung, -bewertung und –durchführung
III. Kriterien zur Bewertung von Programmentwürfen
IV. Hinweise zur Erstellung von Programmentwürfen

2.2.2. Hauptdiskussionspunkte des Leitfadens

Die größte Herausforderung bei der Erstellung des Leitfadens bestand nach Aussage eines Mitglieds der Arbeitsgruppe in der Frage, wie sich ein System mit vertretbarem Aufwand gestalten ließe mit Mehrwert, welches dem Grundgedanken der strategischen Fragestellung Rechnung trägt. Dabei mussten die Vorstellungen der Politik, die Forderungen der Zentren und die Anforderungen der Wissenschaft miteinander verbunden werden.[333]
Die Hauptdiskussionspunkte waren zum einen die Höhe der frei verfügbaren Mittel von 20 Prozent für neue wissenschaftliche Ideen. Insbesondere die Länder, aber auch das BMBF waren hier zunächst gegen die Höhe von 20 Prozent, da befürchtet wurde, dass dieser Anteil ausreichen könnte, um die Vorgaben der Gutachterempfehlungen zu unterlaufen.[334]
Die Finanzierung von Infrastruktur, wie beispielsweise eine Betriebsfeuerwehr, die nicht in den Programmen abgebildet werden konnte, war ein weiterer wichtiger Diskussionspunkt. Schließlich stellte sich die Frage der Gestaltung des Wettbewerbs. Für einen echten Wettbewerb müssen in der Regel deutlich mehr Projekte vorgelegt werden, als positiv begutachtet werden können. Bei einem Begutachtungsverfahren, das letztlich über die gesamte institutionelle Förderung entscheidet, ist es vom Aufwand her jedoch kaum vertretbar, ein Vielfaches der Menge an Programmanträgen zu fordern, die letztlich gefördert werden können. Auch bei der Definition und Auswahl der Bewertungskriterien wurde Neuland betreten. Da es für die Evaluation der Planungen eines gesamten Forschungsbe-

332 Um den Vorbereitungsaufwand zu reduzieren, hat man sich später darauf verständigt, die Forschungsbereiche zunächst in einem Rotationsverfahren zu begutachten.
333 Interview Nr. 33.
334 Interview Nr. 33.

reichs auf der Ebene von Programmen bisher keine Vorbilder gab, mussten neue Vorgaben und Kriterien konzipiert werden.[335]
Ein Entwurf des Leitfadens als Richtschnur für die Erstellung und Begutachtung von Programmen im Rahmen der programmorientierten Förderung wurde schließlich am 25.07.2001 vom Helmholtz-Senat verabschiedet.[336]

2.3. Arbeitsgruppe „Vereinssatzung“

Die Vereinssatzung wurde ebenfalls in einer gemeinsamen Arbeitsgruppe aus Vertretern des BMBF und einem Vertreter der HGF konzipiert. Sie sollte dem Konzept der programmorientierten Förderung einen formalen Rahmen geben. Als formale Besonderheit erwies sich die Konstruktion des Ausschusses der Zuwendungsgeber, der als zusätzliches Organ sowohl von seinen Aufgaben als auch von seiner Zusammensetzung her für einen Verein untypisch ist.

2.4. Zwischenergebnis

Als Zwischenergebnis kann festgehalten werden, dass die Elemente des New Public Management, vor allem der Wechsel von der Bestandsorientierung zur Ergebnisorientierung in der Steuerung, die Reduzierung von Detailvorgaben zugunsten einer strategischen Steuerung und eine entsprechend an betriebswirtschaftlichen Grundsätzen ausgerichtetes Berichtswesen, maßgeblichen Einfluss auf die Konzeptionierung und Operationalisierung der programmorientierten Förderung hatten. Demgegenüber mussten aber die bestehenden Rahmenbedingungen von weiterhin rechtlich selbständigen Zentren wie auch von öffentlich-rechtlichen Haushaltsvorschriften berücksichtigt werden, die teilweise den systemkonformen Erfordernissen des Konzepts von NPM entgegenstanden.

3. Auf dem Weg zur Gründung des Helmholtz-Gemeinschaft e.V.

Am 23.11.2000 empfahl der Helmholtz-Senat der Helmholtz-Gemeinschaft auf der Jahrestagung den Übergang zur programmorientierten Förderung.

3.1. Die Stellungnahme des Wissenschaftsrats

Am 19.01.2001 verabschiedete der Wissenschaftsrat seine Stellungnahme zur Systemevaluation der Helmholtz-Gemeinschaft, welche auch die bisherigen Überlegungen zur programmorientierten Förderung, wie sie im Positionspapier

---

335 Als Grundlage hierfür dienten die akzeptierten Kriterien für die Begutachtung von Strategiefonds-Projekten sowie die Kriterien für die zentrenübergreifenden Begutachtungen, bei denen es nur um die programmatische Ausrichtung, nicht jedoch um die finanzielle Förderung ging. Des weiteren hatte das BMBF in den „Überlegungen zum Verfahren“ der programmorientierten Förderung der HGF eine Liste erstellt, in der die Anforderungen an die Programmvorschläge formuliert sind.

336 Das gesamte Konzept ist unter Kapitel D 5.2 dargestellt.

der Mitgliederversammlung vom 01.02.2000 formuliert waren, zum Gegenstand hatten. Der Wissenschaftsrat unterstützte in seiner Analyse das ihm vorgelegte Konzept zur programmorientierten Förderung in den wesentlichen Punkten.
Er wies gleichzeitig jedoch darauf hin, dass die komplexe und schwierige Balance von Kooperation und Wettbewerb einer der kritischen Erfolgsfaktoren für die Ausgestaltung der programmorientierten Förderung darstellen werde. Er mahnte außerdem an, dass Aufwand und Nutzen des Begutachtungsverfahrens in einem angemessenen Verhältnis stehen müssten, um die Wissenschaftler nicht unnötig zusätzlich zu belasten.
Die vom Wissenschaftsrat formulierte Forderung nach Flexibilität im Haushalts- und Personalrecht ging den Zentren indes nicht weit genug.[337] Von der Helmholtz-Gemeinschaft nicht weiter verfolgt wurde die Empfehlung des Wissenschaftsrates für ein Konzept der Programmkoordinatoren, die dem Präsidenten unmittelbar verantwortlich sein sollten und die gesamte inhaltliche Gestaltung ihres Forschungsbereichs von der Programmerstellung bis zur Durchführung und Controlling zu leisten hätten.[338] Auch wenn dies letztlich eine systemkonforme Forderung war, befürchtete man eine zu starke Überlagerung der bisherigen Struktur mit rechtlich selbständigen Zentren und entsprechend verantwortlichen Vorständen.[339]

3.2. Zu viele ungelöste Probleme: Die Stimmung fällt

Im Frühjahr 2001 zeichnete sich allerdings ab, dass der bis dahin vorgesehene Zeitplan für die Vereinsgründung am 18.06.2001 nicht mehr eingehalten werden konnte. Zu viele wichtige Punkte und Problemkomplexe waren immer noch ungelöst: [340]

- **Satzung**

Die Mitgliederversammlung hatte am 8. März 2001 dem Entwurf einer Satzung für den geplanten Helmholtz-Gemeinschaft e.V. zugestimmt. Die Unterzeichnung der Satzung sollte mit gleichzeitiger Unterzeichnung der Urkunde für die Vereinsgründung sowie mit der Wahl des Alleinvorstandes am 18. Juni 2001 erfolgen. Unterschiedliche Vorstellungen zwischen HGF und Zuwendungsgebern gab es jedoch nach wie vor zu den Befugnissen des Ausschusses der Zuwendungsgeber (AZG), der Mitgliederversammlung und des Senats. Die Zent-

337 Dieser hatte lediglich eine „wachsende Flexibilität bei der Mittelbewirtschaftung" gefordert, Überjährigkeit der Finanzansätze und Beschränkung der Verbindlichkeit der Stellenpläne. Wissenschaftsrat 2001: 13 u. 80.

338 Wissenschaftsrat 2001: 83 f.

339 Interview Nr. 17.

340 Die nachfolgenden Punkte wurden von der Helmholtz-Geschäftsstelle im sog. „Statusbericht" zusammengefasst, welcher ursprünglich nur für die Helmholtz-interne Diskussion vorgesehen war und die noch ungelösten Punkte auflistete.

ren befürchteten, dass der AZG de facto zum Zentralorgan des Vereins würde, da er sowohl über die Satzung wie auch über die forschungspolitischen Vorgaben allein entscheiden sollte, innerhalb derer der Senat seine Finanzierungsempfehlungen abgeben würde. Entgegen früheren Äußerungen hätte dies keine Stärkung des Senats bedeutet. Es wurde befürchtet, dass sich dies auch auf die Attraktivität einer Mitgliedschaft im Senat auswirken könnte. Zudem sollte ein Votum des AZG zur Besetzung der Senatskommission erforderlich sein. Als Senatsmitglieder waren außerdem zwei Mitglieder des Bundestages vorgesehen, was von der Mitgliederversammlung als Vermischung von Exekutive und Legislative abgelehnt wurde. Die Zentren befürchteten, dass die Mitgliederversammlung de facto weisungsgebunden werden würde.

- **Forschungspolitische Vorgaben**

Die bislang von den Zuwendungsgebern vorgelegten Entwürfe für die forschungspolitischen Vorgaben waren offensichtlich nicht im Dialog entstanden. Im Gegensatz zu der ursprünglich propagierten Globalsteuerung, wonach sich die forschungspolitischen Vorgaben auf den Budgetansatz, Programmthemen und programmübergreifende Hinweise beschränken sollten, enthielten die aktuellen Vorgaben insbesondere im Forschungsbereich „Verkehr und Weltraum“ programmatische und wissenschaftliche Detailvorgaben, die eine entsprechende Detailsteuerung befürchten ließen. Darüber hinaus gab es verschiedene Einzelaussagen, etwa zur Behandlung von Drittmitteln oder zur Verbindlichkeit der Budgetansätze, die die Helmholtz-Zentren für inakzeptabel erachteten.

- **Wettbewerb, Programmbewertung, Mittelzuweisung**

Da unter den sich hierdurch abzeichnenden Voraussetzungen die Einführung der programmorientierten Förderung nicht mehr die propagierte „neue Form der Selbstverwaltung der Wissenschaft“ darstellen würde, wurden negative Konsequenzen für das Ansehen der Helmholtz-Zentren in der Öffentlichkeit befürchtet. Die Balance zwischen Wettbewerb und Kooperation hatte sich zugunsten des Wettbewerbs verschoben. Die einseitigen Vorgaben der Zuwendungsgeber erstreckten sich auch auf die programmungebundenen Mittel, mit denen nicht nur, wie ursprünglich gedacht, freie Vorlaufforschung finanziert werden sollte, sondern zudem all jenes, was nicht in die Programme hineinpasste, wie z.B. die Finanzierung von Umstrukturierungen und Umschulungen nach Auslaufen eines Programms, Koordinationskosten bei Federführung in internationalen Projekten und Gegenfinanzierung von Drittmittelprojekten.

Im Sommer 2000 war von Ministerin Bulmahn die Idee von „Leitplanken“ in die Diskussion eingebracht worden. Durch sie sollten die Auswirkungen von Kürzungen bei Programmen oder Programmanteilen für die Zentren auf ein beherrschbares Maß begrenzt werden.[341] Bislang war es aber nicht gelungen, diese Idee verbindlich in das Konzept einzubauen.

Vergeblich war bislang ebenfalls eine Selbstbindung der Zuwendungsgeber an die Empfehlungen des Helmholtz-Senats gefordert worden.

- **Zeitplan**

Ursprünglich sollte der von der Senatsarbeitsgruppe „Programmbewertung und Wettbewerbsverfahren" erstellte Leitfaden noch vor der Vereinsgründung abschließend beraten werden, um für alle Beteiligten frühzeitig Klarheit über die Rahmenbedingungen für die Formulierung der Programmentwürfe und den Ablauf der Begutachtungen zu schaffen. Nach den Vorstellungen der Zuwendungsgeber sollte die Verantwortung für das Bewertungsverfahren jedoch noch neu zu wählenden Senat und Präsidenten liegen, wofür der aktuelle Entwurf demnach nur als Grundlage dienen könne.

Angesichts dieser teilweise sehr grundlegend divergierenden Vorstellungen wurde die Einhaltung des ursprünglichen Zeitplans immer unwahrscheinlicher. Es war zu beobachten, dass die Zuwendungsgeber bereits vereinbarte Punkte immer wieder in Frage stellten, wodurch das Vertrauen darin, dass Zuwendungsgeber und Zentren dieselben Ziele verfolgten, nachhaltig erschüttert wurde. Die Stimmung in den Zentren wandte sich größtenteils gegen die programmorientierte Förderung und die geplante Vereinsgründung. Die Beschäftigten der Zentren unterstützten im Rahmen einer Unterschriftensammlung, bei der 4310 Unterschriften zusammen kamen, die Forderung der Arbeitsgemeinschaft der Betriebsräte (AGBR) vom 7. Februar 2001, dem Helmholtz-Gemeinschaft e.V. auf der Basis der bisherigen Konzepte für die programmorientierte Förderung nicht beizutreten. Hauptkritikpunkte waren die fehlende Einheit von Entscheidungsbefugnis, welche beim Ausschuss der Zuwendungsgeber lag und Verantwortung, die bei den Vorständen der Zentren liegen sollte, ferner die Unklarheit der Auswirkungen auf die Satzungen der weiterhin rechtlich selbstständigen Zentren mit den darin enthaltenen Mitbestimmungsregelungen sowie die noch bestehenden Fragen im Zusammenhang mit der Rolle der Koordinatoren.

Ziel der Mitgliederversammlung musste es nun sein, die für sie zentralen Punkte in der von ihr zu verabschiedenden Satzung festzuschreiben. Hierzu gehörten insbesondere die formale Selbstbeschränkung und Bindung der Zuwendungsgeber hinsichtlich ihrer Rolle im Verfahren. Insoweit sollte auch der Ausschuss der Zuwendungsgeber noch modifiziert werden.
Nicht verbindlich waren bislang auch die Flexibilisierungsinstrumente und die Höhe der programmungebundenen Mittel. Die Mitgliederversammlung formu-

[341] In der Diskussion waren 3-5 Prozent Kürzung pro Jahr pro Zentrum.

lierte diese Punkte als Voraussetzungen für die Vereinsgründung und die Nominierung des Präsidenten.[342]

3.3. Die Erklärung der Zuwendungsgeber

Am 23.05.2001 übermittelte das BMBF der HGF eine „Erklärung der Zuwendungsgeber zur Flexibilisierung im Rahmen der Einführung der programmorientierten Förderung“. Hierin wurde Bezug genommen auf die vereinbarten Ergebnisse im Abschlussbericht der Arbeitsgruppe Controlling und Flexibilisierung. Die übrigen in diesem Papier gemachten Zusagen mussten noch weitgehend unverbindlich gehalten werden, da sie unter den Vorbehalt erfolgreicher Verhandlungen mit dem Bundesrechnungshof gestellt waren. Außerdem sollte die Einführung der Flexibilisierungsmaßnahmen erst in Kraft treten, „sobald bei den einzelnen Zentren die für die Planung und Steuerung im HGF-Rahmen notwendigen Verfahren eingerichtet und in ihrer Funktionsfähigkeit von externen Sachverständigen bestätigt sind“. Diese Zertifizierung entsprach einer Forderung des Haushaltsausschusses des Deutschen Bundestags.

3.4. Das Spitzengespräch

Am 9. Juli 2001 fand ein Spitzengespräch zwischen den Zuwendungsgebern und der Helmholtz-Gemeinschaft statt, um Einigung über die noch offenen Punkte zu erzielen und dadurch den Weg frei zu machen für die Einführung der programmorientierten Förderung. Zentraler Punkt war die Erklärung der Zuwendungsgeber. Man einigte sich, diese Erklärung so verbindlich wie möglich zu gestalten, um dadurch auf ein Förderstatut verzichten zu können. Die Federführung für diese Formulierung sollte nun bei der HGF liegen. Der HGF wurde außerdem zugesichert, dass die Flexibilisierungsinstrumente, wie sie im Bericht der Arbeitsgruppe Controlling und Flexibilisierung vereinbart worden waren, in das Finanzstatut aufgenommen würden. Im Hinblick auf den zugesagten Wegfall der Stellenpläne wurde, analog der Regelung für die Max Planck-Gesellschaft, eine zentrenspezifische Quote für unbefristete Verträge im Verhältnis zu den Gesamtausgaben in Aussicht gestellt. Die HGF ihrerseits betonte das Ziel der Zentren, die notwendigen Controlling-Verfahren bis Ende 2002 zur Verfügung zu stellen und von den Wirtschaftsprüfern der Zentren zertifizieren zu lassen. Unter dieser Voraussetzung sagten die Zuwendungsgeber die gleichzeitige Einführung der Flexibilisierungsinstrumente für Anfang 2003 zu. Für das Anliegen der Helmholtz-Gemeinschaft, dass die Forschungsprogramme langfristig, über den Evaluationszeitraum von 5 Jahren hinaus angelegt sein müssten, wurde die Kompromissformel gefunden „langfristig, aber nicht auf Dauer“. Schließlich konnte Einigkeit auch über den Satzungsentwurf erlangt werden.

---

342 HGF (2001a):Position der Mitgliederversammlung der Helmholtz-Gemeinschaft zu den Voraussetzungen einer programmungebundenen Förderung, Bonn, 16.05.2001.

3.5. Gründung des Helmholtz-Gemeinschaft e.V.

Nach weiteren abschließenden Verhandlungen des designierten Präsidenten der Helmholtz-Gemeinschaft Prof. Walter Kröll mit den Zuwendungsgebern konnte Anfang September schließlich in allen Bereichen Einigkeit über die Erklärung der Zuwendungsgeber erzielt werden, so dass aus Sicht der Helmholtz-Gemeinschaft die Voraussetzungen für die Vereinsgründung gegeben waren. In einigen wichtigen Punkten hatte die HGF ihre Vorstellungen verwirklichen können: Neben der Beschränkung der forschungspolitischen Vorgaben auf vier Punkte[343] wurde auch die Verbindlichkeit der Empfehlung des Senats als Basis für die Ressourcenzuweisung an die Zentren erhöht. Außerdem wurden nun sogenannte „Leitplanken" festgeschrieben für diejenigen Zentren, die durch negativ bewertete Programme oder aufgrund veränderter forschungspolitischer Vorgaben Personal abzubauen hätten. Danach müssen Zentren ihr Personal innerhalb eines Jahres um nicht mehr als 5 Prozent abbauen und erhalten zusätzliche Möglichkeiten zur Weiterbildung ihrer Mitarbeiter. Letztlich war die Erklärung, mit der die Zuwendungsgeber ihre Rolle im Forschungsförderprozess fixierten, ein Novum in der deutschen Forschungslandschaft. Andererseits mussten die Helmholtz-Zentren für die verbindliche Einführung der meisten Flexibilisierungsinstrumente noch weitere 1 ½ Jahre bis zur Verabschiedung des Finanzstatuts im April 2003 warten.
Am 12. September 2001 konnte damit die Mitgliederversammlung über die neue Satzung und Gründung des Helmholtz-Gemeinschaft e.V. beschließen. Der bisherige Senat beendete seine Arbeit und wurde verabschiedet.
Mit der formalen Eintragung des Helmholtz-Gemeinschaft e.V. in das Vereinsregister Bonn, der konstituierenden Sitzung des Senats und der Wahl des Präsidenten im Dezember 2001 konnte die Gründungsphase des Vereins als abgeschlossen betrachtet werden.
Bis Ende 2002 wurden die internen Controlling-Systeme aller Zentren durch Wirtschaftsprüfer anhand eines vorher mit den Zuwendungsgebern abgestimmten Fragenkatalogs zertifiziert.[344]

Mit den Zuwendungsgebern (BMBF und BMF) liefen weiterhin intensive Verhandlungen zur Erarbeitung eines Finanzstatuts, in dessen Rahmen alle Flexibilisierungsinstrumente verbindlich festgelegt wurden. Nachdem auch der Bundesrechnungshof seine Zustimmung erteilt hatte[345] und der Haushaltsausschuss des Bundestages Anfang April 2003 den Wegfall der Stellenpläne für die Helm-

343 Dies sind die Struktur der Forschungsbereiche, mehrjährige Budgetrahmen und Evaluationszeiträume und globale Zielsetzungen und Bewertungskriterien für die Programme.

344 In Ergänzung zur Prüfung der Ordnungsmäßigkeit der Geschäftsführung und der wirtschaftlichen Verhältnisse nach § 53 HGrG erfolgt eine jährliche Verifizierung durch die Wirtschaftsprüfer des jeweiligen Zentrums.

345 Finanzstatut für Forschungseinrichtungen des Hermann von Helmholtz-Gemeinschaft Deutscher Forschungszentren e.V. vom 12.02.2003.

holtz-Zentren beschlossen hatte, waren schließlich alle wesentlichen Flexibilisierungsforderungen der Helmholtz-Gemeinschaft erfüllt.

4. Bewertung des Prozesses der Konzepterstellung durch die Akteure

4.1. Schwieriger Dialog

Zu der Frage, ob das Konzept das Ergebnis eines Dialogs zwischen BMBF und den Helmholtz-Zentren war und ob dieser gegebenenfalls ausreichend war, wurden von den Vertretern der einzelnen Gruppen sehr differenzierte Aussagen gemacht:

Die *Vertreter der Zuwendungsgeber* vertraten hierbei keine einheitliche Auffassung: Während einmal von einem „ausreichend vernetzten Arbeitsprozess" die Rede war,[346] stellte ein anderer Akteur fest, dass das Konzept zwar am Ende das Ergebnis eines Dialogs gewesen sei, es streckenweise aber eines „enormen Durchsetzungswillen des BMBF bedurft habe".[347] Ein weiterer Vertreter der Zuwendungsgeber war der Ansicht, dass das Konzept durch das BMBF überwiegend vorgegeben wurde.[348]

Interessant ist die Bandbreite der Einschätzung des Dialogs mit den Zuwendungsgebern durch die Zentrenvorstände: Ein Zentrenvorstand empfand den Prozess als weitgehend vorgegeben,[349] die große Mehrheit sah darin einen pragmatischen Ansatz mit Kompromissen auf beiden Seiten und ein Zentrenvorstand empfand die Konzeptentwicklung als „Dialog auf Augenhöhe",[350] ein weiterer betonte die „hohe Autonomie der Helmholtz-Gemeinschaft" in diesem Prozess.[351]

Eine mögliche Erklärung sind die unterschiedlichen Arbeitsgruppen, in welchen die einzelnen Personen zusammengearbeitet haben. Entsprechend unterschiedlich war der Grad des Konsenses oder/und der Auseinandersetzungen. Ein wichtiger Schauplatz der Diskussionen und Auseinandersetzungen war offensichtlich die Arbeitsgruppe „Flexibilisierung und Controlling", die aus Sicht der HGF ihren Auftrag als „Befreiung von der Detailsteuerung" verstand.[352] Hier waren nicht nur Helmholtz-Gemeinschaft und BMBF in Verhandlungen, sondern auch der BMBF mit dem BMF und dem Bundesrechnungshof, der nur sehr zögernd bereit war, Flexibilisierungen im Haushaltsrecht zu gewähren.

346 Interview Nr. 37.
347 Interview Nr. 24.
348 Interview Nr. 21.
349 Interview Nr. 16.
350 Interview Nr. 14.
351 Interview Nr. 6.
352 Interview Nr. 23.

Die Ausarbeitung der Satzung für die Helmholtz-Gemeinschaft verlief demgegenüber weitgehend im Konsens.[353] Anders als zu vermuten gewesen wäre, wurde die Satzung von den beteiligten Personen offenbar nicht als entscheidend für den Freiheitsgrad der Helmholtz-Zentren oder/und den Steuerungsanspruch der Ministerien angesehen.

Entsprechend differenziert ist auch die Einschätzung der *Vertreter der Helmholtz-Geschäftsstelle.* Während die eine Hälfte den Dialog als ausreichend empfand, empfand die andere Hälfte den Dialog eher als „zähes Ringen" zwischen Helmholtz-Gemeinschaft und BMBF. Ein Vertreter war gar der Ansicht, dass der Dialog mit dem BMBF „erzwungen" werden musste.[354]

Die *Vertreter der Wissenschaft*, die an diesem Prozess beteiligt waren, empfanden den Dialog als „heftig".[355]

Insgesamt wird daraus deutlich, dass die Konzeptentwicklung in einem sehr aufwendigen und zeitintensiven Arbeitsprozess unter Einbeziehung der verschiedenen Gruppen erarbeitet wurde. Die Tatsache, dass dieser Prozess teilweise sehr unterschiedlich wahrgenommen wurde, ist zu einem durch die verschiedenen Arbeitspakete in diesem Prozess zu erklären, vermutlich aber auch auf die unterschiedlichen Persönlichkeiten zurückzuführen, die diesen Prozess geprägt haben. Letztendlich stellt sich hier die Frage, ob das Konzept, welches größtenteils auf dem kleinsten gemeinsamen Nenner aufgebaut ist, noch den Ansprüchen an Effektivität und Effizienz genügt, sowohl was den Aufwand der Konzeptionalisierung wie auch der Operationalisierung betrifft. Vermutlich ist dieser Aufwand jedoch der Preis für einen Veränderungsprozess im Rahmen des korporativen Föderalismus, wie er für das deutsche Wissenschaftssystem kennzeichnend ist.[356]

4.2. Rolle des Parlaments

In der Wahrnehmung von über einem Drittel der Grundgesamtheit hat das Parlament überhaupt keine Rolle im Prozess gespielt; knapp zwei Drittel gaben an, dass das Parlament nur eine geringe Rolle gespielt habe, aber keine inhaltliche Auseinandersetzung mit dem Konzept stattgefunden hat. Als Ergebnis ist festzuhalten, dass das Parlament in Form des Ausschusses für Forschung und Technologie diesen Prozess zur Kenntnis genommen und gebilligt hat. Da die Haushaltstitel der Forschungszentren durch die POF alle in einem Titel zusammengeführt wurden, hat sich neben dem Ausschuss für Forschung und Technologie

353 Interview Nr. 14.
354 Interview Nr. 35.
355 Vgl. insbesondere Interview Nr. 33.
356 Vgl. Kapitel B 4.3.2.

auch der Haushaltsausschuss mit der Reform befasst und die Forderung formuliert, dass sichergestellt wird, dass das wissenschaftsadäquate Controlling auch funktioniert.[357]

Obige Feststellung kann als ein Indiz dafür gesehen werden, dass das Wissenschaftssystem in Deutschland relativ autonom und unbeeinflusst vom politischen Tagesgeschäft abläuft, selbst wenn es sich um die Strukturreform der größten deutschen Wissenschaftsorganisation wie der Helmholtz-Gemeinschaft handelt. Dies hat den Vorteil, dass tagespolitische Interessen nur bedingt Berücksichtigung finden müssen, andererseits ist es kennzeichnend dafür, dass Wissenschaft und Forschung im breiten Bewusstsein der Politik und der Öffentlichkeit nur bedingt Aufmerksamkeit erfahren.

4.3. Rolle der Helmholtz-Zentren

Auf die Frage, welche Rolle die Helmholtz-Zentren in diesem Prozess gespielt haben, betonten die Vertreter der Zuwendungsgeber die starke Abwehrhaltung einzelner Zentren gegenüber der POF.

Die Personen aus den Gruppen *Helmholtz-Zentrenvorstände, Helmholtz-Geschäftsstelle* und *Fachöffentlichkeit* gaben übereinstimmend an, dass die Rolle und Ansichten der Helmholtz-Zentren sehr unterschiedlich waren, je nach Rahmenbedingungen und Interessenlage der Zentren. Entsprechend unterschiedlich stark haben sich die Zentren in den Prozess eingebracht. Die meisten Befragten erkannten Interessenskonflikte zwischen großen und kleinen Zentren, multithematischen und monothematischen Zentren, grundlagenwissenschaftlich und stärker anwendungsorientierten Zentren, sowie alten Zentren und erst in jüngerer Zeit gegründeten Zentren. Darüber hinaus waren offensichtlich in einigen Zentren auch die Vorstände unterschiedlicher Auffassung über ihr Verhalten gegenüber der programmorientierten Förderung.

Von mehreren Befragten aus der Gruppe der Zentrenvorstände wurde angegeben, dass die meisten Zentrenvorstände ihre „Zentren-Partikularinteressen“ verfolgten auf Kosten einer gemeinsamen Linie gegenüber dem BMBF, durch die man insgesamt mehr für die Zentren hätte erreichen können. Damit wird aber auch ein weiteres Dilemma deutlich: Die gleiche Lösung wie sie mit der POF für alle Helmholtz-Zentren erreicht werden sollte, ist nicht für jedes Zentrum gleichermaßen geeignet und mündet notwendigerweise in eine Reihe von Kompromisslösungen, um unterschiedliche Situationen und Gegebenheiten in den Zentren „aufzufangen“.

357 Vgl. Kapitel D 3.5

4.4. Rolle der Systemevaluation durch den Wissenschaftsrat

Auf die Frage, welche Rolle die Systemevaluation durch den Wissenschaftsrat für die Einführung der POF spielte, gestand die überwiegende Mehrheit der Systemevaluation eine den Prozess befördernde Rolle zu, die Hälfte der gegebenen Antworten allerdings keine entscheidende oder inhaltlich gestaltende. Nach diesen Aussagen war es eher die politische Absicherung und die Einbindung einer breiteren Wissenschaftsöffentlichkeit, die insgesamt für den Prozess förderlich war. Immerhin ein Drittel war der Ansicht, dass die Systemevaluation eine sehr wichtige Rolle gespielt hat. Diese Auffassung wurde insbesondere von der Mehrheit der Zuwendungsgeber vertreten, die teilweise auch angaben, dass die intensiven Diskussionen im Wissenschaftsrat eine wichtige Unterstützung und Hilfe darstellten.

4.5. Strukturelle Auswirkungen auf das gesamte Forschungssystem

Auf die Frage, ob die strukturellen Auswirkungen auf das gesamte Forschungssystem in Deutschland ausreichend mitberücksichtigt wurden, vertrat die ganz überwiegende Mehrheit die Einschätzung, dass die Auswirkungen nicht ausreichend berücksichtigt worden waren und war überwiegend gleichzeitig der Meinung, dass dies viel stärker hätte geschehen sollen. Allenfalls in der Abgrenzung gegenüber der Max-Planck-Gesellschaft und in der Frage der stärkeren Vernetzung habe man sich mit dem übrigen Wissenschaftssystem auseinandergesetzt. Zur Begründung wurde unter anderem genannt, dass man sich in erster Linie der Lösung eines konkreten Problems, nämlich der Legitimation der Helmholtz-Gemeinschaft widmen wollte und sich hierbei auf das während einer Legislaturperiode Machbare beschränkte. Eine weitergehende Reform des Wissenschaftssystems von Beginn an wäre unter Umständen aufgrund der zu erwartenden massiven Widerstände der Betriebs- und Personalräte gescheitert.[358]

4.6. Interaktion zwischen Bund und Ländern

Auf die Frage, wie die Interaktion zwischen Bund und Ländern oder/und zwischen BMBF/BMF/BRH gewesen war, kann als Ergebnis festgehalten werden, dass das BMBF, genauer gesagt, die obere Leitungsebene des BMBF als Impulsgeber des Prozesses gesehen wurde. Die Länder wurden vom BMBF über die Bund-Länder-Konferenz aber auch direkt in den Prozess eingebunden, allerdings entsprechend ihrem zehnprozentigen Finanzierungsanteil eher marginal. Ihre Reaktion kann nach Aussage der Befragten größtenteils als Reflexion auf ihre Betroffenheit gesehen werden. Das heißt, die Länder derjenigen Zentren, die sich für den Reform- oder/und Begutachtungsprozess gut aufgestellt sahen, waren eher aufgeschlossen und konstruktiv als die Länder, die in der Beurteilung und im zukünftigen Wettbewerb um ihre Zentren fürchten mussten. Allge-

358 Interview Nr. 21.

mein fürchteten die Länder ebenfalls einen Verlust von Macht und Kontrolle, da sie insbesondere auf die Finanzierungsentscheidung für ihre Zentren in Abhängigkeit von der Empfehlung des Helmholtz-Senats noch weniger Einfluss zu haben glaubten. Positiv wurde jedoch auch von den Ländern eingeschätzt, dass man über die POF ein erhöhtes Maß an Transparenz über die Forschungsaktivitäten und die Qualität bekommen würde. Am aktivsten haben sich nach einheitlicher Aussage die Länder Baden-Württemberg und Nordrhein-Westfalen eingebracht.

4.7. Gefahr des Scheiterns der Reform

Nach Einschätzung aller befragten Personen bestand in mehreren Phasen die reale Gefahr des Scheiterns des Gesamtprojekts, denn für alle Akteure bestand eine unterschiedlich ausgeprägte Zieldivergenz. Dies führte in der wechselseitigen Interaktion der handelnden Personen zu einem vorsichtigen Agieren.

Das BMBF musste skeptische Kräfte im eigenen Haus überzeugen und musste in intensive Diskussionen mit dem BMF und dem Bundesrechnungshof treten wegen der geforderten Flexibilisierungen im Haushaltsrecht.

Die Zentrenvorstände mussten die POF gegenüber skeptischen Wissenschaftlern und Betriebsräten im eigenen Zentrum vertreten, verstanden ihre Vorstandskollegen in der Helmholtz-Gemeinschaft nicht nur als Streiter für die gemeinsame Sache, sondern immer auch als Wettbewerber mit Partikularinteressen. Schließlich waren alle Helmholtz-Zentren sehr skeptisch gegenüber einer zu stark werdenden „Zentralmacht“ in der Helmholtz-Gemeinschaft in Form der Helmholtz-Geschäftsstelle und des Präsidenten.

Andererseits war offensichtlich den beteiligten Akteuren die Konsequenz eines Scheiterns der programmorientierten Förderung ebenfalls bewusst. Diese wäre nach übereinstimmender Ansicht gewesen, dass die Zentren weiter an Ansehen in der Öffentlichkeit verloren hätten und mit entsprechend stagnierender Finanzierung oder/und Kürzungen hätten weiter auskommen müssen. Durch die Bestrebungen des DLR und auch die Überlegungen des DKFZ, die Helmholtz-Gemeinschaft zu verlassen, war außerdem befürchtet worden, dass die Helmholtz-Gemeinschaft auseinanderbrechen könnte. Letztlich war dies bei allen Differenzen zwischen den Akteuren, die teilweise in intensiven und emotional geführten Diskussionen ausgetragen wurden, für alle genug Motivation, um diesen Prozess zu einem positiven Ende zu bringen.

Abbildung 11: Darstellung der Kommunikations- und Interessensbeziehungen zwischen den unterschiedlichen Akteuren bei Konzeption der POF.

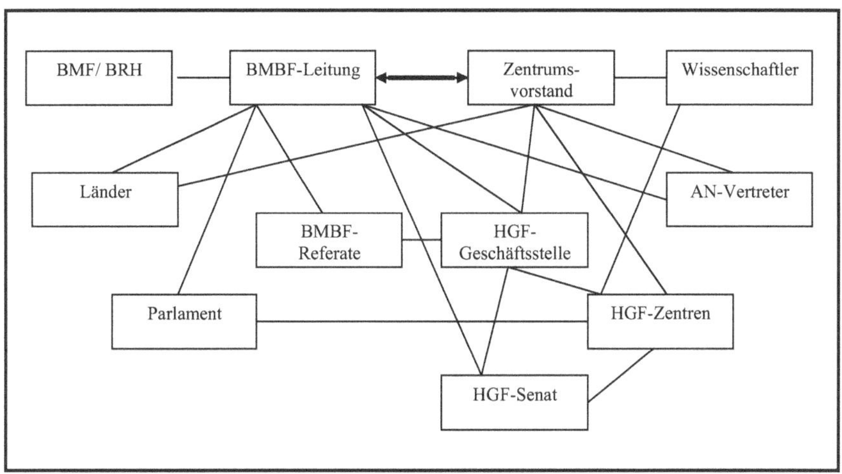

5. Das Konzept der programmorientierten Förderung

5.1. Grundlegende Dokumente

Folge des vielschichtigen und intensiven Verhandlungsprozesses war eine große Anzahl von Papieren und Dokumenten, in welchen jeweils Teile des Gesamtkonzeptes schriftlich fixiert waren und in ihrer Gesamtheit die rechtliche Basis bildeten. Die Hierarchie der bestehenden Dokumente ist in der folgenden Abbildung dargestellt.

Abbildung 12: Hierarchie der bestehenden Dokumente zur POF

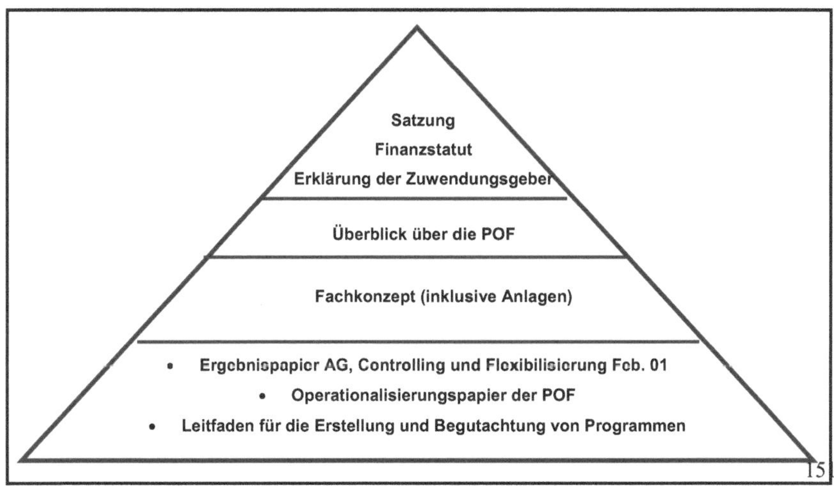

Die konstituierenden Dokumente bilden *Satzung*[359] und *Finanzstatut*[360], neben dem politischen Rahmendokument *Erklärung der Zuwendungsgeber.*[361]
Das Papier *Überblick über die programmorientierte Förderung der Helmholtz-Gemein-schaft*[362] bietet einen allgemeinen Abriss der Mission und des Aufbaus der HGF, der Grundsätze der POF und der Programmerarbeitung,-bewertung und –durchführung.
Im sogenannten *Fachkonzept* wurden der Gesamtprozess und die wesentlichen konzeptionellen Eckpunkte der programmorientierten Förderung summarisch dargestellt.
Die detaillierten Inhalte der Umsetzungspapiere (*Ergebnispapier AG „Controlling und Flexibilisierung"*[363], *Operationalisierungspapier*[364] und *Leitfaden für die Erstellung und Begutachtung von Programmen*[365]) bilden Anlagen zum *Fachkonzept*.[366] Im *Operationalisierungspapier* waren zuletzt die zentrenübergreifenden Standards für die Programmerstellung, das Finanz- und Rechnungswesen und die Personalwirtschaft festgelegt worden.[367] Diese bilden die operationalen Mindeststandards der Planungs- und Steuerungsmethodik, welche Voraussetzung für die Umsetzung der programmorientierten Förderung ist.

Nachfolgend sollen die Kernpunkte der programmorientierten Förderung dargestellt werden, wie sie zu Beginn der ersten Begutachtungs- und Finanzierungsrunde bestanden. Dieses Kerngerüst stellte die Basis dar für die durchgeführten Befragungen zu einer ersten Zwischeneinschätzung der Akteure, wie sie im Anschluss dargestellt wird. Auf maßgebliche Änderungen im Vorfeld der zweiten Begutachtungs- und Finanzierungsrunde wird im Text jeweils hingewiesen.

---

359 HGF (2001c): Satzung des Vereins „Hermann von Helmholtz-Gemeinschaft Deutscher Forschungszentren e.V.", Bonn vom 12.09.2001 (zuletzt geändert am 19.12.2006).

360 Finanzstatut für Forschungseinrichtungen des Hermann von Helmholtz-Gemeinschaft Deutscher Forschungszentren e.V. vom 12.02.2003.

361 BMBF (2001): Forschungspolitische Rahmenbedingungen für die programmorientierte Förderung der Hermann von Helmholtz-Gemeinschaft Deutscher Forschungszentren: Erklärung der Zuwendungsgeber, Bonn vom 07.09.2001.

362 HGF (2002b): Überblick über die programmorientierte Förderung der Helmholtz-Gemeinschaft, Bonn

363 HGF (2001d): Ergebnisse der AG „Controlling und Flexibilisierung" (BMBF ,BMF, HGF), Bonn.

364 HGF (2002c): Operationalisierung der programmorientierten Förderung, 8. Entwurf, Bonn, Januar 2002.

365 HGF (2001b).

366 HGF (2002a): Fachkonzept zur Programmorientierten Förderung, 2. Entwurf. Juli 2002, S.1.

367 HGF 2002c.

5.2. Grundsätze der programmorientierten Förderung

Im Leitfaden,[368] der die Ergebnisse der Senatsarbeitsgruppe „Programmbewertung und Wettbewerbsverfahren“ zusammenfasst, wird das Verfahren zur Erstellung und Begutachtung der Programme im Rahmen der programmorientierten Förderung dargestellt.[369]

5.2.1. Thematische Gliederung

Die Forschungs- und Entwicklungsarbeiten der Helmholtz-Gemeinschaft sind in die sechs Forschungsbereiche *Energie, Erde und Umwelt, Gesundheit, Schlüsseltechnologien, Struktur der Materie* und *Verkehr und Weltraum* gegliedert. Die Forschungsbereiche sind in der Regel in fünf Programme vergleichbarer Bedeutung und finanzieller Größenordnung unterteilt.[370] Dabei wird nochmals unterschieden zwischen" *Fachprogrammen*" und" *Programmen der nationalen und internationalen Wissenschaftsinfrastruktur*":

Fachprogramme bilden den Rahmen für langfristige Forschungsaktivitäten, die für fünfjährige Programmperioden strategisch geplant und wissenschaftlich konkretisiert werden. Programme der nationalen und internationalen Wissenschaftsinfrastruktur, insbesondere Großgeräte, basieren auf meist langfristigen, mehrere Programmperioden umfassenden Grundsatzentscheidungen.

1.2.1. Finanzierung von Programmen und Programmanteilen

Die Helmholtz-Zentren werden vom Bund und den Sitzländern als Zuwendungsgeber im Verhältnis 90:10 finanziert. Den rechtlich selbständigen Zentren werden jährlich Zuwendungsbescheide auf Ausgaben- und Einnahmenbasis erteilt. Höhe und zeitliche Entwicklung der Zuwendungsbescheide erfolgen auf der Basis des Verfahrens der programmorientierten Förderung.

Die Finanzierung erfolgt durch die Bereitstellung der Ressourcen für Programme zu den langfristigen Forschungszielen, die auf der Basis von Kooperation und Wettbewerb nach externer Evaluation durchgeführt werden. Hierdurch sollen die Helmholtz-Zentren ihre Kräfte in gemeinsamen Programmen bündeln, die sich durch Qualität im nationalen und internationalen Vergleich sowie durch strategische Bedeutung für Wissenschaft, Wirtschaft und Gesellschaft auszeichnen.

Die Programme und die Beiträge der einzelnen Zentren dazu, ihre *Programmanteile,* werden im Rahmen international besetzter Gutachtergremien begutachtet.

---

368 HGF (2001b): Leitfaden für die Erstellung und Begutachtung von Programmen im Rahmen einer programmorientierten Förderung, Bonn vom 25.07.2001.

369 Vgl. auch die Darstellung der POF bei Hamacher / Borrmann 2003.

370 Für die zweite Begutachtungsrunde wurde der Grundsatz aufgegeben, dass alle Programme etwa gleich groß sein müssen. Vgl. Kapitel E 2.2.

Die auf dieser Basis beschlossene Förderempfehlung des Senats ist Grundlage für die Finanzierung der Zentren durch die Zuwendungsgeber. Die Mittel für die Nutzung der Wissenschaftsinfrastruktur durch das betreibende Zentrum, einschließlich deren Weiterentwicklung, werden in den Fachprogrammen beantragt und unterliegen damit grundsätzlich ebenfalls einer fünfjährigen Finanzierungsperiode. Aus der Summe ihrer Programmanteile ergibt sich der Gesamthaushalt der einzelnen Zentren.

Die Programme der nationalen und internationalen Wissenschaftsinfrastruktur müssen den Mittelbedarf für den Betrieb der jeweiligen Wissenschaftsinfrastruktur belegen.

Die Finanzierung der Zentren erfolgt auf der Grundlage der Empfehlung des Senats für in der Regel fünfjährige Programmperioden. Die Vorbereitung der Senatsentscheidungen hinsichtlich der Förderung der Forschungsbereiche und der in ihnen vorgeschlagenen Programme erfolgt durch die *Senatskommission.* Sie ist verantwortlich für die Durchführung der Begutachtungen und bereitet die Senatsberatung durch eine vergleichende Bewertung der vorgeschlagenen Programme vor.[371]

5.2.3. Programmungebundene Mittel

Um innerhalb des Fünf-Jahreszeitraums flexibel zu agieren, kann ein Teil der eingeworbenen Mittel durch die Zentren ohne inhaltliche Bindung eingesetzt werden. Hiermit können viel versprechende Einzelansätze innerhalb und außerhalb der Programme verfolgt werden, die zum Zeitpunkt der Planung noch nicht bestimmt werden konnten. Die Höhe dieser programmungebundenen Finanzmittel beträgt 20Prozent der für die Forschungsbereiche zur Verfügung stehenden Finanzmittel.

5.2.4. Wettbewerbselemente

Kennzeichnend für die programmorientierte Förderung ist neben der Kooperation und Vernetzung das Element des Wettbewerbs. Dabei gibt es Wettbewerb vor allem innerhalb eines Forschungsbereichs zwischen Programmen und Programmanteilen. Zwischen den sechs Forschungsbereichen findet der Wettbewerb innerhalb der Ausschreibungen durch den Impuls- und Vernetzungsfonds statt.

Der Wettbewerb für die Begutachtungen besteht aus den beiden Elementen „Überzeichnung“ und „konkurrierende Beantragung“.

---

371 Vgl. ausführlich Kapitel D 5.2.5.3.

5.2.4.1. Überzeichnung

Um dem Wettbewerbsgedanken der programmorientierten Förderung ausreichend Rechnung zu tragen, war die Möglichkeit der Überzeichnung des gesamten für den Forschungsbereich bei den Startvorgaben bezifferten Volumens vorgesehen. Die Überzeichnung in einem Programm führte dabei konsequenterweise zum Abzug von Finanzmitteln in anderen Programmen. Dadurch sollte es den Gutachtern möglich sein, Prioritäten und Posterioritäten zu benennen. Um die Höhe der Überzeichnung zu definieren, legte der Senat zusammen mit Orientierungswerten für die Finanzrahmen der einzelnen Programme auch entsprechende Schwankungsbreiten fest. Überzeichnet wurden bis zu 10 Prozent des Budgets für die Gesamtlaufzeit der Programme eines Forschungsbereichs. Basis waren die zur Begutachtung vorgelegten direkten Kosten und Investitionen.
Die Zentren hatten das Volumen ihrer Überzeichnungen innerhalb eines Forschungsbereichs so abzustimmen, dass die Überzeichnung pro Zentrum bei 10 Prozent lag.[372]

5.2.4.2. Konkurrierende Beantragung

Mit der konkurrierenden Beantragung von Programmanteilen, die jeweils alternativ durchgeführt werden konnten, wurde ein weiteres Wettbewerbselement eingeführt. Konkurrierende Programmanteile sollten besonders ausgewiesen werden, wobei für jede Alternative der jeweils notwendig erscheinende Personal- und Mitteleinsatz darzustellen war.

5.2.4.3. Ausschreibungen über den Impuls- und Vernetzungsfonds

Ein weiteres wichtiges Wettbewerbsinstrument, welches allerdings nicht im Rahmen der Begutachtung der Forschungsbereiche angesiedelt ist, ist der Impuls- und Vernetzungsfonds des Präsidenten, in welchem die Idee des ursprünglichen Strategiefonds[373] weiterlebt. Mit diesem Fonds kann der Präsident der Helmholtz-Gemeinschaft besonders geeignete Ansätze zur Integration der Zentren durch gemeinsame Aktivitäten und zur Vernetzung leistungsfähiger Arbeitsgruppen über die Grenzen von Instituten, Forschungsorganisationen und Staaten hinweg befördern. Dabei soll der Fonds auch einen Wettbewerb um die frühzeitige gebündelte Bearbeitung neuer Forschungsfelder anregen. Im Jahr 2002 betrug die Ausstattung des Fonds 13 Mio. € und wurde seitdem beträcht-

---

372 Um das strategische Element stärker zu betonen und um die „Stärkung der Stärken“ zu erleichtern, hat man für die zweite Finanzierungsrunde zur Übersetzung der vergleichenden Bewertung in eine differenzierte Finanzierung der Programme sog. „Prämienbudgets“ entwickelt. Vgl. Kapitel E 2.4.

373 Vgl. Kapitel C.2.3.

lich gesteigert (57 Mio. € im Jahr 2008).[374] Die Impulse in der ersten Runde der programmorientierten Förderung dienten vor allem der Vernetzung mit exzellenten Arbeitsgruppen, insbesondere aus den Hochschulen, der Übernahme von Koordinations- und Führungsaufgaben bei der Schaffung europäischer Verbünde und Netzwerke, der Einbindung osteuropäischer Arbeitsgruppen, der Nachwuchsförderung und der Chancengleichheit.[375]

5.2.5. Programmplanung, -bewertung und -durchführung
5.2.5.1. Programmplanung

Abbildung 13: Mehrjähriger Zyklus der programmorientierten Förderung

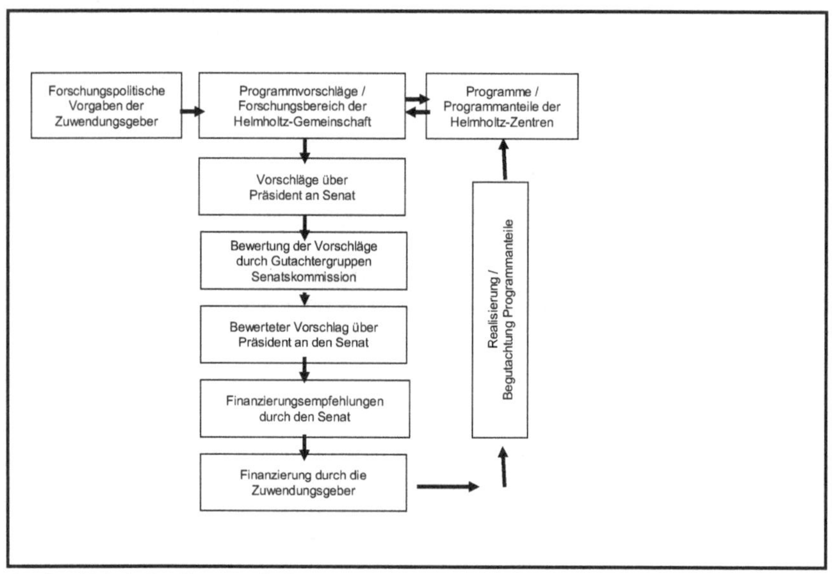

Quelle: Helmholtz-Gemeinschaft.

Im Rahmen eines fortlaufenden Dialogs mit Wissenschaft und Wirtschaft sowie mit Senat und Helmholtz-Zentren legt der Ausschuss der Zuwendungsgeber (AZG)[376] die forschungspolitischen Vorgaben für eine mehrjährige Laufzeit für jeden Forschungsbereich fest. Die Vorgaben beziehen sich auf die Struktur der Forschungsbereiche, mehrjährige Budgetrahmen und Evaluationszeiträume sowie globale Zielsetzungen für die Programme. Nach Beratung im Senat be-

374 Der Ausschuss der Zuwendungsgeber hatte 2005 beschlossen, das Budget für den Impuls- und Vernetzungsfonds bis 2008 jährlich um einen Prozentpunkt aus dem 3Prozentigen Gesamtaufwuchs der Helmholtz-Gemeinschaft zu erhöhen.

375 Das Konzept des Impuls- und Vernetzungsfonds wurde 2006 durch neue Förderinstrumente weiterentwickelt. Vgl. Kapitel E 2.7.

376 Vgl. Kapitel D 5.3.3.

schließt der AZG auf dieser Basis die Startvorgaben für die Erarbeitung der Programme des Forschungsbereichs. Dabei gibt der Senat die Programmthemen sowie Orientierungswerte für den Finanzrahmen vor.
Die Helmholtz-Zentren erarbeiten auf der Basis der Startvorgaben die Entwürfe der Programme des jeweiligen Forschungsbereichs. Dies geschieht in zentrenübergreifenden Strategietreffen in den jeweiligen Lenkungsausschüssen der Forschungsbereiche. Die Koordination dieses Prozesses erfolgt durch den Präsidenten über die Forschungsbereichskoordinatoren und Sprecher der Programme. Das Ergebnis dieses Prozesses sind begutachtungsfähige wissenschaftliche Programmentwürfe. Die Programmentwürfe selber gliedern sich in eine kurze Darstellung der Forschungsbereichsstrategie, unter Bezugnahme auf die forschungspolitischen Vorgaben und die Startvorgaben des Senats, eine Darstellung der langfristigen Ziele und den dafür benötigten Gesamtzeitraum sowie die für die anstehende Programmperiode angestrebten Ziele und Zwischenziele (Meilensteine).
Die Ressourcenplanung besteht aus der Planung der Personalkapazitäten und der Kostenplanung. Die Personalkapazitätsplanung erfolgt differenziert nach Wissenschaftlern, Doktoranden und Technikern.
Für einen zentrenübergreifenden und einheitlichen Ausweis der Kosten und Leistungen in den Programmen werden die internen und externen Leistungen der Helmholtz-Zentren in eine einheitliche und verbindliche Struktur unterteilt. Die Kernleistungen der Zentren gliedern sich in vier Leistungskategorien. Drei Infrastrukturkategorien bilden die administrativen und programmübergreifenden Leistungen der Zentren ab.[377]

Abbildung 14: Leistungs- und Infrastrukturkategorien

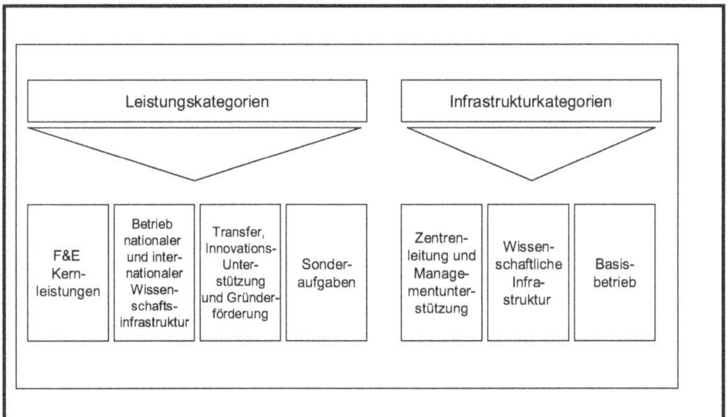

Quelle: Hamacher /Borrmann 2003: 496.

[377] Vgl. zur Definition der Leistungs- und Infrastrukturkategorien Kapitel D 2.1.3.

Diese Programmdarstellung, die in der ersten Begutachtungsrunde maximal 30 Seiten umfasste, ist die zentrale Grundlage für die Bewertung des Programms durch die Gutachtergruppe. Weitere Informationen zu Detailfragen können in einem Anhang (max. 50 Seiten) dargestellt werden.

5.2.5.2. Kriterien zur Bewertung der Programmentwürfe

Ziel der Begutachtung ist eine Bewertung der Programmentwürfe nicht nur hinsichtlich ihrer wissenschaftlichen Qualität, sondern zusätzlich hinsichtlich ihrer strategischen Bedeutung und Relevanz der angestrebten Ziele. Im Leitfaden wurden folgende Kriterienkomplexe entwickelt:[378]

A. Wissenschaftliche Qualität im nationalen und internationalen Vergleich

- Originalität des Programms
- Wissenschaftliche Kompetenz für die Programmdurchführung
- einschlägige wissenschaftliche Veröffentlichungen, eingeworbene Drittmittel aus der Wirtschaft, der EU, des Bundes und der Länder sowie anderer Drittmittelgeber wie DFG, Stiftungen etc.

B. Strategische Bedeutung des Programms; wissenschaftliche, gesellschaftliche und wirtschaftliche Relevanz

- Bezug zu den spezifischen Aufgaben der Helmholtz-Gemeinschaft; HGF-interne Bündelung der Kräfte
- Beteiligung an nationalen, europäischen und internationalen Programmen (European Center of Excellence, Koordinatorfunktionen, Ergänzungsprogramm u.ä.)
- Kooperation und Vernetzung mit in- und ausländischen Partnern in der Wissenschaft, insbesondere den Hochschulen
- Innovationspotenzial; Kooperation mit der Wirtschaft, auch im regionalen Umfeld; erzielte Transferleistungen in die Anwendung; Ausgründungen von Unternehmen; Patente, Lizenzen
- Förderung des wissenschaftlichen Nachwuchses und der Chancengleichheit für Frauen

C. Personal und Mitteleinsatz

- Angemessenheit des Aufwandes in Bezug auf die anvisierten Ziele
- Notwendigkeit von programmspezifischer Infrastruktur und von größeren Investitionen

378 HGF 2001b: 7 f.

Die Kriterien für die Begutachtung von Programmen der nationalen und internationalen Wissenschaftsinfrastruktur entsprechen grundsätzlich den oben genannten Kriterien. Zusätzlich sollen hierbei Kriterien berücksichtigt werden, die dem besonderen Charakter von Infrastruktureinrichtungen Rechnung tragen, wie zum Beispiel die Abgrenzung gegenüber vergleichbaren nationalen, europäischen oder internationalen Wissenschaftsinfrastruktureinrichtungen, Verfügbarkeit, Auslastung, Vergabemechanismen und Restlebensdauer.

Im Gegensatz zu den herkömmlichen wissenschaftlichen Begutachtungen erfolgt diese Begutachtung auf dem vergleichsweise hohen Aggregationsniveau der Programmentwürfe. Denn Gegenstand der Begutachtung sind jeweils der Programmentwurf einschließlich der Entwürfe für die darunter liegenden Programmanteile und deren Vernetzung und keine wissenschaftlichen Einzelprojekte.

5.2.5.3. Begutachtungsverfahren

Die Senatskommission ist verantwortlich für die Durchführung der Begutachtungen und die vergleichende Bewertung der vorgeschlagenen Programme.[379] Sie bestimmt jeweils acht bis zehn Fachgutachter (*Gutachtergruppe*) mit starker internationaler Beteiligung und einer breiten Fachübersicht für die Begutachtung eines Programms.[380] Die Vorsitzenden der Gutachtergruppen für die Programme sind Mitglieder der Senatskommission. Neben dem Vorsitzenden der Gutachtergruppe und den Fachgutachtern nehmen mindestens ein fachnahes sowie ein fachfernes Mitglied der Senatskommission an der gesamten Begutachtung eines Programms teil.
Für die Begutachtung sind zwei volle Tage vorgesehen, in welchen neben der Gutachterklausur die Präsentation des Programms sowie die Diskussion zwischen Gutachtergruppe und den Programmbeteiligten einen wichtigen Stellenwert hat.[381] Der Vorsitzende der jeweiligen Gutachtergruppe leitet die Begutachtung und bündelt die Diskussionsergebnisse der Klausursitzung der Gutachter in einem ausführlichen, schriftlichen Votum. Hierbei sollen Aussagen zur Qualität, zur strategischen Bedeutung, zur inhaltlichen Ausgestaltung sowie zum Ressourceneinsatz des Programms erfolgen. Das Gutachten wird der Senatskommission sowie dem Präsidenten der Helmholtz-Gemeinschaft übermittelt.

---

379 Vgl. Kapitel D 5.3.2.2.

380 - unter Berücksichtigung von Vorschlägen der Helmholtz-Gemeinschaft, der Deutschen Forschungsgemeinschaft sowie der Zuwendungsgeber -

381 Ab der zweiten Begutachtungsrunde richtet sich die Länge der Begutachtung nach der Größe des Programms. Vgl. Kapitel D 2.2.

5.2.6. Entscheidungsverfahren

Auf der Grundlage der Gutachten für die einzelnen Programme bereitet die Senatskommission die Senatsberatung über den Forschungsbereich vor. Die Empfehlungen zu den einzelnen Programmen werden dabei in einer Gesamtempfehlung zur Förderung des betreffenden Forschungsbereichs zusammengefasst. Auf dieser Grundlage berät der Senat.

Der Präsident erarbeitet unter Einbeziehung des jeweiligen Forschungsbereichskoordinators in Abstimmung mit den Vorständen der Helmholtz-Zentren einen Vorschlag zur Umsetzung der Empfehlung der Senatskommission.

Auf der Basis des Vorschlags des Präsidenten und in Kenntnis der Stellungnahmen der Gutachtergruppen sowie der Empfehlung der Senatskommission beschließt der Senat seine Empfehlungen zur Finanzierung des Forschungsbereichs – einschließlich des Zuschlags für programmungebundene Mittel -, seiner Programme sowie zu deren inhaltlicher Ausgestaltung.

Unter Berücksichtigung des von den Parlamenten verabschiedeten Gesamtbudgets und des vom Senat verabschiedeten Gesamtprogramms der Helmholtz-Gemeinschaft erstellen die Zuwendungsgeber die Zuwendungsbescheide für die Zentren.

5.2.7. Programmdurchführung und Controlling

Die Programmdurchführung erfolgt durch die Vorstände der an den Programmen beteiligten Zentren. Sie wird begleitet durch ein auf einheitlichen Standards basierendes Controllingsystem für die Programmanteile in den Zentren. Die zentrenübergreifende Koordinierung der Programme erfolgt durch die Koordinatoren der Forschungsbereiche und die Sprecher der Programme.

Dieses wissenschaftsadäquate Controlling soll einerseits die weitere Programmplanung und andererseits die Fortschrittsverfolgung und –analyse unterstützen.

Es besteht aus den durch die Arbeitsgruppe Controlling und Fexibilisierung definierten drei Elementen *Wissenschaftliche Evaluation, Programmcontrolling* und *Betriebswirtschaftliches Controlling*. Der Zusammenhang zwischen Finanzierung und diesen drei Elementen ist in der folgenden Darstellung abgebildet:

Abbildung 15: Modell des wissenschaftsadäquaten Controllings der POF

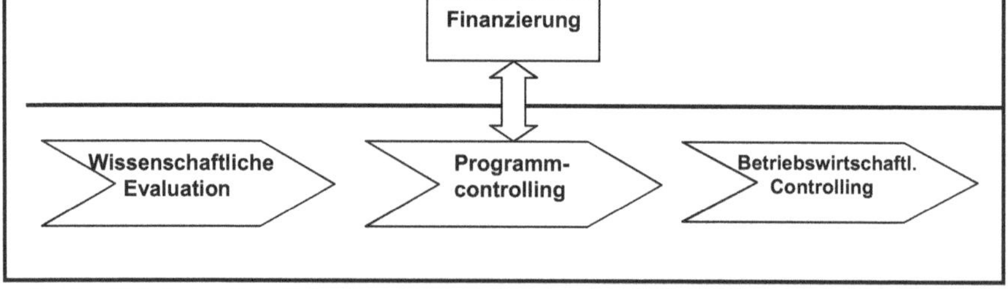

Quelle: Helmholtz-Gemeinschaft

5.2.7.1. Wissenschaftliche Evaluation

Die Wissenschaftliche Evaluation besteht, wie schon ausgeführt, aus der in der Regel zentrenübergreifenden qualitativen und strategischen Bewertung von Forschungsleistungen durch externe Gutachter (peer review), in welcher die Forschungsbereiche oder/und Programme der Helmholtz-Gemeinschaft evaluiert werden.
Die zentrenübergreifenden Begutachtungen erfolgen dabei in einem Rotationsverfahren.

5.2.7.2. Programmcontrolling

Das Programmcontrolling besteht aus der Planung und Fortschrittsverfolgung von Forschungsbereichen, Programmen und den Programmanteilen der Zentren.[382]
Im Rahmen der Planung in den Programmentwürfen sind für einen zu definierenden mehrjährigen Zeitraum Ziele, die Vorgehensweise zur Erreichung der Ziele und die daraus abgeleiteten Meilensteine festzulegen. Hierbei wird die zu erstellende Forschungs- und Entwicklungsleistung inhaltlich beschrieben und mit einem Zeitbezug versehen. Diese „Leistungsplanung" hat mit einer entsprechenden Ressourcenplanung zu erfolgen. Die Art der Darstellung von Ressourcen in Form finanzieller Größen ist Gegenstand des betriebswirtschaftlichen Controllings.

Die Planung erfolgt abgestimmt für Programmanteile der Zentren, Programme und Forschungsbereiche, um einen Abgleich mit den forschungspolitischen Rahmen und der Strategie der Helmholtz-Gemeinschaft oder/und der Forschungsbereiche zu ermöglichen und wird durch die HGF-Geschäftsstelle koordiniert.[383]

Unter Fortschrittsverfolgung versteht man zum einen die zeitnahe Steuerung der Forschungs- und Entwicklungsaktivitäten durch die Zentren und zum anderen die Durchführung von Abweichungs- und Ursachenanalysen auf Basis von Fortschrittsberichten durch den Senat. Mit der Steuerung der Forschungs- und Entwicklungsaktivitäten will man die zeitnahe Feststellung von positiven Entwicklungen oder Fehlentwicklungen erreichen und gegebenenfalls entsprechende Maßnahmen einleiten.
Für den Fall, dass Ziele und Planungen entweder vorzeitig erreicht oder aber nicht erreicht werden, sollen somit zeitnah die Ursachen für die Abweichungen gewonnen werden und Anpassungen der Planung erfolgen.

---

382 Vgl. zur Definition von Programmen und Programmanteilen Kapitel D 5.2.2.

383 Vgl. Kapitel D 2.1.5.

Die sogenannten Fortschrittsberichte umfassen die Gegenüberstellung von Planung einerseits und qualitativem und zeitlichem Fortschritt sowie Ressourceneinsatz andererseits. Maßgebliche Abweichungen sollen auf der Durchführungsebene (innerhalb der Zentren) kommentiert werden. Diese Kommentare werden bei der nächsten zentrenübergreifenden Begutachtung zu Grunde gelegt. Da Forschungs- und Entwicklungsleistungen, insbesondere im Bereich der Grundlagenforschung, nur bedingt planbar sind, soll dies bei der Interpretation von „Zielabweichungen" grundsätzlich berücksichtigt werden.

5.2.7.3. Betriebswirtschaftliches Controlling

Das betriebswirtschaftliche Controlling befasst sich mit der Darstellung und Analyse der Ressourcen in Form finanzieller Daten. Auch das betriebswirtschaftliche Controlling erfolgt auf Zentrenebene. Die zentreninterne Fortschrittsverfolgung mündet jedoch in die Erstellung von zentrenübergreifenden jährlichen Fortschrittsberichten an die Zuwendungsgeber und den Senat.
Ausgangspunkt für das betriebswirtschaftliche Controlling sind die Daten für die Programmanteile in den Zentren, die der Kosten- und Leistungsrechnung der Zentren entnommen werden. Diese werden wiederum zentrenübergreifend im Fortschrittsbericht durch die HGF-Geschäftsstelle zu den Daten für Programme und Forschungsbereiche zusammengefasst. Hierfür sind Angaben zu Vollkosten, Drittmitteleinnahmen und Erweiterungsinvestitionen erforderlich. Da die Finanzierung weiterhin zentrenbezogen erfolgt, werden neben den programmbezogenen Informationen auch zentrenbezogene Informationen benötigt.

Die zentreninterne Steuerung über Programme und Projekte erfordert eine entsprechende Personalkapazitätsplanung, die sich nur bedingt in institutsorientierten Stellenplänen abbilden lässt. Mit dieser Argumentation wurden die bis dahin gültigen Stellenpläne durch eine zentrenbezogene Personalausgabenquote ersetzt. Die Mehrjährigkeit der Programme erfordert außerdem einen flexiblen, bedarfsorientiert zeitlichen Finanzmitteleinsatz, der eine Übertragbarkeit der Mittel über Jahresgrenzen hinweg voraussetzt. Aus diesem Grund konnte in der Diskussion um die Flexibilisierungsinstrumente auch die Überjährigkeit der Finanzmittel realisiert werden.[384]

5.2.7.4. Verbindung zur Finanzierung

Durch die Evaluation werden entlang der Programmstruktur wissenschaftliche Leistungen mit den dazu notwendigen Ressourcen in Beziehung gesetzt. Die Ergebnisse der wissenschaftlichen Evaluation bilden die Grundlage für eine sachgerechte Entscheidung zur Mittelzuweisung an die Zentren durch die Emp-

[384] Vgl. Zur Diskussion der AG ‚Controlling und Flexibilisierung', Kapitel D 2.1.

fehlung des Helmholtz-Senats und die darauf basierende Entscheidung der Zuwendungsgeber.

5.2.7.5. Berichtswesen

Die Grundlage des Steuerungsprozesses bildet ein Standardberichtswesen, welches aufgrund der rechtlichen Selbständigkeit der Zentren im Schwerpunkt in den Zentren verortet ist. Der zentrenübergreifende Charakter wie auch der Informationsanspruch der Zuwendungsgeber wird durch den externen Teil des Berichtswesens abgebildet. Dieser wird im jährlichen Zyklus erstellt. Hier werden, wie bereits dargestellt, die einzelnen Berichte auf Programm- und Forschungsbereichsebene zusammengeführt und parallel Zentrenberichte für die jeweiligen Aufsichtsräte erstellt. Für den Finanzierungs- und Steuerungsprozess wurden acht Dokumente entwickelt, welche die maßgeblichen Informationen für die Planung, Steuerung und Finanzierung enthalten und den drei Aufgabenschwerpunkten (Planung & Begutachtung, Planung & Finanzierung, Fortschrittsverfolgung) zugeordnet sind:

Der Planung und Begutachtung dienen der *Programmanteilsplan*, der *Plan für nationale und internationale Wissenschaftsinfrastruktur* und der *Programmplan*. Die zentrenbezogene Planung und Finanzierung wird im *Zentrums-Gesamtprogramm* und im *Helmholtz-Gesamtprogramm* abgebildet. Für die Fortschrittverfolgung wurden die Dokumente *Fortschrittsbericht (Zentrum)* und *Fortschrittsbericht (HGF*) konzipiert. Der *Zuwendungsbescheid* schließlich stellt die formale Zuweisung der finanziellen Mittel an die Zentren dar.

5.3. Organisation der Helmholtz-Gemeinschaft

Die Rollen und Verantwortungsbereiche der beteiligten Organe werden maßgeblich durch den Ablauf des Finanzierungs- und Steuerungsprozesses und die definierten Rahmenbedingungen bestimmt. Aus der Satzung des Vereins ergeben sich die Organe und Gremien und ihre wesentlichen Aufgaben.[385] Das folgende Schaubild gibt einen Überblick über die Struktur des Vereins 2001.

---

[385] HGF (Hrsg.) (2001c): Satzung des Vereins „Hermann von Helmholtz-Gemeinschaft Deutscher Forschungszentren e.V.“, Bonn vom 12.09.2001 (zuletzt geändert am 19.12.2006).

Abbildung 16: Übersicht über die Organe und Gremien des Helmholtz-Gemeinschaft e. V. 2001

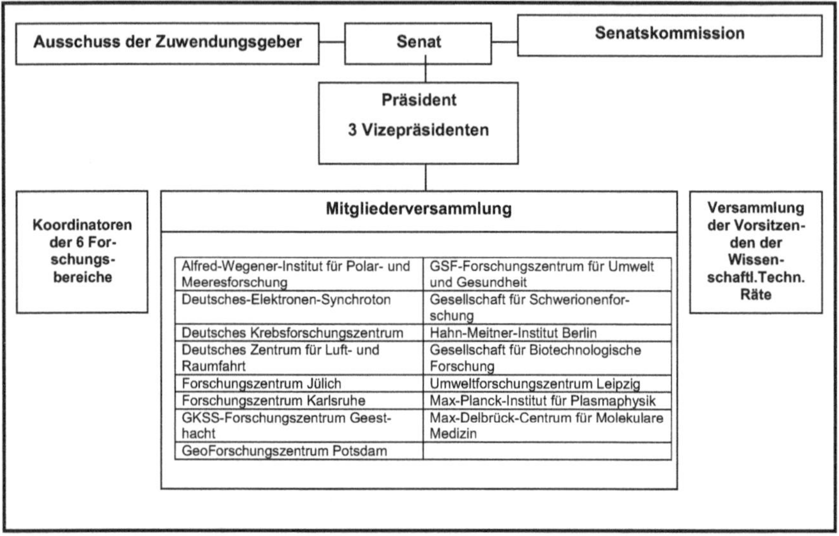

Quelle: Modifizierte Darstellung der Helmholtz-Gemeinschaft.

Mitglieder des Vereins sind nach § 4 Abs.1 der Satzung die 14 Gründungsmitglieder und das rechtlich unselbständige Max-Planck-Institut für Plasmaphysik, welches nach § 5 Abs.2 als assoziiertes Mitglied am Verfahren der programmorientierten Förderung teilnimmt. [386]

5.3.1. Mitgliederversammlung

Die Mitgliederversammlung ist nach § 12 Abs.1 für alle Aufgaben des Vereins zuständig, soweit die Aufgabe nicht in den satzungsgemäßen Zuständigkeitsbereich eines anderen Organs fällt. Nach §12 Abs.2 ist sie das zentrale Gremium für die gegenseitige Information und Abstimmung der Helmholtz-Zentren im Rahmen der Erarbeitung von Entwürfen für Programmstrategien und -vorschläge sowie der zentrenübergreifenden Koordination und Abstimmung der Forschungsarbeiten in Programmen.

[386] Soweit nicht anders bezeichnet, beziehen sich die zitierten Paragraphen in diesem Abschnitt auf die Satzung des Helmholtz-Gemeinschaft e.V.

Die Mitgliederversammlung besitzt nach §12 Abs.2 ein Vorschlagsrecht für den Präsidenten und die Vizepräsidenten wie auch für die Mitglieder des Senats aus dem Bereich Wissenschaft und Wirtschaft und kann Präsident und Vizepräsidenten aus wichtigem Grund abberufen.
Im Rahmen der programmorientierten Förderung unterbreitet sie dem Senat Vorschläge für die Forschungsbereichsstruktur, wählt die Koordinatoren der Forschungsbereiche und beschließt über die Bildung von Verbünden zur Organisation einer zentrenübergreifenden Programmentwicklung. Ihr obliegen Satzungsänderungen, allerdings mit der Besonderheit, dass der Senat und der Ausschuss der Zuwendungsgeber zuvor eine Stellungnahme abgeben müssen. Ferner ist die Mitgliederversammlung zuständig für die Aufnahme neuer Mitglieder, Bestellung, Abberufung und Entlastung der Geschäftsführung, die Festlegung des Jahresbudgets der Geschäftsstelle sowie einen mittelfristig verbindlichen Finanzrahmen im Rahmen der haushaltsrechtlichen Regelungen der Zuwendungsgeber, die Festlegung eines Umlageschlüssels zur Finanzierung des Vereins, die Bestellung des Rechnungsprüfers und Rechnungsprüferausschusses und die Beschlussfassung über Jahresrechnung und Entlastung des Präsidenten als Vereinsvorstand.
Die Formulierung in § 12 Abs.1, die eine grundsätzliche Zuständigkeitsbefugnis für alle Aufgaben des Vereins reklamiert, wird folglich in entscheidenden Punkten eingeschränkt durch die Befugnisse der anderen Organe.[387]
Dem Ausschuss der Mitgliederversammlung gehören gem. § 12 Abs.5 die Vorsitzenden der Wissenschaftlich-Technischen Räte oder/und ähnlicher Gremien der Helmholtz-Zentren an. Der Vorsitzende und der Stellvertreter nehmen als Gäste an der Mitgliederversammlung teil.

5.3.2. Senat

5.3.2.1. Zusammensetzung und Kompetenzen

Die 23 Mitglieder des Senats sind mit Ausnahme des Präsidenten, welcher den Vorsitz führt, alle extern besetzt. Die acht staatlichen Vertreter sind der für Forschung zuständige Bundesminister, ein Staatssekretär des für Wirtschaft und Technologie zuständigen Bundesministeriums,[388] zwei von den Sitzländern benannte Forschungsminister, ein Vertreter des Bundesfinanzministeriums und ein Vertreter eines Finanzministeriums der Sitzländer sowie zwei Bundestagsabgeordnete. (§ 9 Abs.1 a),b),e),g)).
Der wissenschaftliche Bereich der Mitglieder wird vertreten zum einen durch zwei Vertreter, die aus dem Kreis der Präsidenten der deutschen Forschungs- oder/und Förderorganisationen bestimmt werden,[389] zum anderen durch sechs

---

387 So auch Groß /Arnold 2007: 99.

388 Die Erweiterung des HGF-Senats um einen Vertreter des BMWi durch Satzungsänderung vom 11.09.2006 ergab sich aus der neuen Zuständigkeit des BMWi für das DLR.

389 Namentlich sind dies die DFG, FhG, HRK, MPG und WGL.

externe Wissenschaftler, die das Spektrum der Forschung der Helmholtz-Gemeinschaft abdecken und den Präsidenten (§ 9 Abs. 1 f),c),h)). Sechs Vertreter stammen aus der Wirtschaft (§ 9 Abs.1 d).
Als Gäste ohne Stimmrecht nehmen an den Senatssitzungen außerdem teil ein Vertreter aus dem Kreis der Betriebs- und Personalräte der Mitglieder, die Vizepräsidenten, vier Vertreter der bereits genannten Forschungsorganisationen, soweit sie nicht bereits als stimmberechtigte Senatsmitglieder vertreten sind sowie der Vorsitzende und stellvertretende Vorsitzende des Ausschusses der Wissenschaftlich-Technischen Räte. Je nach Tagesordnung können andere Vertreter der Mitglieder vom Präsidenten geladen werden (§ 9 Abs.1 S. 3).

Im Rahmen der programmorientierten Förderung kommt dem Senat zusammen mit dem Ausschuss der Zuwendungsgeber eine zentrale Rolle zu. Zu seinen Aufgaben gehört es, im Rahmen der forschungspolitischen Vorgaben über die Forschungsbereichsstruktur und die Strategien der Forschungsbereiche zu beraten, unter Berücksichtigung von Empfehlungen der Mitgliederversammlung und auf der Basis von externen strategischen Begutachtungen. Aus diesem Grund veranlasst er die vorausschauende Programmbewertung und nimmt deren Ergebnisse entgegen, beschließt die Organisation der Begutachtung der Forschungsbereiche und ihrer Programme und stellt sicher, dass die Begutachtung durch unabhängige, international angesehene Experten erfolgt. Den Zentren obliegt die strategische und operative Planung sowie Umsetzung und Qualitätssicherung der einzelnen Programme (§ 9 Abs. 3 a) u. b)).
Der Senat beschließt außerdem die Empfehlungen an die Zuwendungsgeber für die Programme in den einzelnen Forschungsbereichen und damit deren Finanzierung (§ 9 Abs.3 c). Er nimmt die Fortschrittsberichte aus den Forschungsbereichen und den Bericht des Präsidenten zum Controlling entgegen, beschließt eine Empfehlung zur Entlastung des Präsidenten und kann der Mitgliederversammlung Änderungen der Satzung vorschlagen (§ 9 Abs. 3 d),e),f)). Der Senat wählt außerdem nach §9 Abs.6 die Vizepräsidenten (auf der Grundlage des Vorschlags der Mitgliederversammlung) und den Präsidenten (mit den Stimmen der Zuwendungsgeber).

5.3.2.2. Die Senatskommission

Zur Vorbereitung seiner Beratungen über die Ergebnisse der Programmbewertung und seiner Empfehlungen an die Zuwendungsgeber richtet der Senat eine Senatskommission ein. Die Senatskommission hat sowohl ständige als auch je nach behandeltem Forschungsbereich wechselnde Mitglieder. Als ständige Mitglieder sind, nach einem ähnlichen Schlüssel wie im Senat, vertreten drei Wissenschaftler sowie drei Experten aus der Wirtschaft, die insgesamt das Spektrum der Forschung der Helmholtz-Gemeinschaft abdecken, ein Vertreter des für Forschung zuständigen Bundesministeriums und zwei von den Sitzländern benannte Vertreter (§ 9 Abs.4 a).

Je nach behandeltem Forschungsbereich nehmen als wechselnde Mitglieder gem. § 9 Abs.4 b) teil zwei Vertreter des Senats mit fachlichem Bezug zum behandelten Forschungsbereich, ein Vertreter des Bundes mit fachlicher Zuständigkeit für den behandelten Forschungsbereich und die Vorsitzenden der Gutachtergruppen für die Programme des behandelten Forschungsbereichs. Als Gast nimmt ein Vizepräsident teil, der keinen fachlichen Bezug zum behandelten Forschungsbereich haben darf. (§ 9 Abs.4 c)).
Die ständigen Mitglieder sollen eine ausreichende Vergleichbarkeit der Empfehlungen gewährleisten, während die Mitglieder mit fachlichem Bezug die sachnahe Expertise sicherstellen.

5.3.3. Ausschuss der Zuwendungsgeber

Eine für das Vereinsrecht formale Besonderheit stellt der Ausschuss der Zuwendungsgeber (AZG) dar. Im Unterschied zum Senat und zur Senatskommission gehören ihm ausschließlich Vertreter der öffentlichen Hand an, nämlich der für Forschung zuständige Bundesminister als Vorsitzender und diejenigen Länder, die sich an der regelmäßigen Finanzierung mindestens eines Zentrums beteiligen (§ 10 Abs.1). Nach § 10 Abs.2 nimmt der Präsident als ständiger Gast an den Sitzungen des AZG teil.
Der AZG setzt den Rahmen für die programmorientierte Förderung und deren Finanzierung, indem er die forschungspolitischen Vorgaben der Zuwendungsgeber für eine mehrjährige Laufzeit beschließt, auf der Grundlage einer fortlaufenden Diskussion mit Wissenschaft und Wirtschaft sowie mit Senat und Helmholtz-Zentren. Nach Aussage von Vertretern der Zuwendungsgeber gab es jedoch für die Formulierung der forschungspolitischen Vorgaben für die erste Runde der programmorientierten Förderung noch keinen etablierten Prozess. Diese wurden zumindest für die ersten Forschungsbereiche „federstrichartig" durch das BMBF formuliert und nur innerhalb des Ausschusses der Zuwendungsgeber diskutiert.[390] Für die Forschungsbereiche in den weiteren Begutachtungsjahren war der Dialog mit den Helmholtz-Zentren oder/und den Lenkungsausschüssen nach Aussage eines Vertreters der Geschäftsstelle schon deutlich ausgeprägter, während für die zweite Runde der programmorientierten Förderung der Dialog mit der Wissenschaft nach Aussage eines Vertreters der Geschäftsstelle größtenteils sehr intensiv geführt wurde und mehrfach zwischen dem BMBF und den Lenkungsausschüssen iteriert.[391] Zur Abstimmung der forschungspolitischen Vorgaben wurden Unterarbeitsgruppen des AZG für jeden Forschungsbereich eingerichtet.
Die Inhalte der forschungspolitischen Vorgaben sind in der Erklärung der Zuwendungsgeber dargestellt und beschränken sich auf die Struktur der For-

[390] Interview Nr. 21.
[391] Interview Nr. 8.

schungsbereiche, mehrjährige Budgetrahmen und Evaluationszeiträume, globale und eventuelle aktuelle Zielsetzungen und Bewertungskriterien für Programme.[392] Insbesondere im Hinblick auf die Detailtiefe der globalen Zielsetzungen hatte es im Vorfeld von Seiten der Helmholtz-Gemeinschaft die Befürchtung gegeben, dass hierdurch die wissenschaftliche Autonomie beeinträchtigt würde. Mit den Erfahrungen der ersten Finanzierungsrunde wurden diese Befürchtungen nach Aussage von Vertretern der Zentrenvorstände jedoch größtenteils nicht bestätigt. Die Vorgaben seien, mit Ausnahme der Energieforschung sowie Struktur der Materie, deren Förderung eine starke politische Komponente beinhaltete, sehr weit gefasst und in erster Linie finanzielle Vorgaben. Bei den genannten Forschungsbereichen bestünde jedoch die Gefahr, dass durch weitreichende und konkrete Vorgaben die Gutachtervoten vorweggenommen werden. [393]

Wie schon zuvor angeklungen, stehen dem AZG verhältnismäßig weitreichende Befugnisse zu, die in erster Linie die Einflussmöglichkeiten der Mitgliederversammlung einschränken. So beruft er gem. § 10 Abs.3 b) die Senatsmitglieder aus dem Bereich Wissenschaft und Wirtschaft. Abgesehen von den beiden Vertretern der Forschungsorganisationen nach § 9 Abs.1 f) und dem Präsidenten, der jedoch nicht gegen den Willen der Zuwendungsgeber berufen werden kann (§ 9 Abs.6), liegt die Besetzung des Senats, dem zweiten Organ, das maßgeblichen Einfluss auf die Verfahren der programmorientierten Förderung hat, ganz in der öffentlichen Hand.
Außerdem kann der AZG der Mitgliederversammlung Änderungen der Satzung vorschlagen.
Mit diesen verhältnismäßig weitreichenden Kreationsrechten des AZG zu Lasten der Mitgliederversammlung ist die Satzung daher im Hinblick auf eine nicht ausreichende Autonomie der Wissenschaft kritisiert worden,[394] obwohl § 2 Abs.1 den Helmholtz-Zentren wissenschaftliche Autonomie und Eigenverantwortung bei der Planung, Durchführung und Qualitätssicherung gewähren will.

Betrachtet man den gesamten Prozess der programmorientierten Förderung, in welchem die Programmvorschläge aus den Zentren und Forschungsbereichen heraus entwickelt werden, so ist festzustellen, dass der AZG nur im Zusammenspiel mit Senat und Mitgliederversammlung seine Befugnisse ausüben kann, da er in erster Linie auf das Expertenwissen und den Input der Wissenschaft angewiesen ist, wenn es um wissenschaftsgetragene Entscheidungen geht. Im Senat selber stellen die staatlichen Vertreter ein Drittel der Mitglieder (8 von 22). Berücksichtigt man jedoch, dass der Senat auf Basis der von ihm veranlassten Be-

---

392 BMBF (2001): Forschungspolitische Rahmenbedingungen für die programmorientierte Förderung der Hermann von Helmholtz-Gemeinschaft Deutscher Forschungszentren: Erklärung der Zuwendungsgeber, Bonn vom 07.09.2001, S. 2 ff.

393 So auch Puchta / Moegen 2005: 190.

394 Ernst-Joachim Meusel zog in Zweifel, ob der Verein mit dieser Satzung überhaupt in das Vereinsregister eingetragen werden durfte. Meusel 2006: 17.

gutachtungen mit seiner Empfehlung weitreichende finanzielle Entscheidungen vorbereitet, so muss es der öffentlichen Hand möglich sein, im äußersten Fall das letzte Wort zu haben. Nach übereinstimmender Aussage von Vertretern der Zentren und der Geschäftsstelle war die erste Runde der programmorientierten Förderung ein stark wissenschaftsgetragener Prozess, in welchem die Helmholtz-Gemeinschaft eine hohe Autonomie besaß. Nach Aussage vieler Akteure ist außerdem zu berücksichtigen, dass wissenschaftliche Gutachter auch immer Interessenvertreter ihres eigenen Forschungsgebietes sind, zumal dieses im finanziellen Wettbewerb mit anderen Gebieten steht. Folgt man der Ansicht, wie in Kapitel B 1.2. dargestellt, dass die Motivationslage von Forschern (Streben nach Erkenntnisgewinn) und die staatliche Motivation, Forschung zu finanzieren (nutzenorientiert, mit Blick auf wirtschaftliches Wachstum und die Lösung von gesellschaftsrelevanten Problemen)[395] nicht immer deckungsgleich sind, so muss dem Staat ein angemessener Einfluss in der Governance-Struktur zukommen.[396] Denn die grundsätzliche Legitimation staatlicher Aufsicht und Mitwirkung liegt in der Aufgabe, die forschungspolitischen Grundentscheidungen, welche der staatlichen Finanzierung zu Grunde liegen, in den geförderten Organisationen durchzusetzen.[397]

Da die Forschung in der Helmholtz-Gemeinschaft typischerweise mit größeren oder/und langfristigen Investitionen verbunden ist, erscheint die in der Satzung vorgenommene Gewaltenteilung angemessen, sofern sie, wie bislang, von Seiten der Zuwendungsgeber mit der entsprechenden Zurückhaltung wahrgenommen wird. *Groß / Arnold* fordern, dass die Satzung an die Realität angepasst werden müsse, da sich der AZG in der Praxis bislang auf globale Zielsetzungen und modale Fragen der Qualitätssicherung beschränkt habe.[398] Dieser Argumentation kann nicht gefolgt werden. Geht man von der allgemein akzeptierten Aufgabenteilung aus, dass es die Aufgabe der Wissenschaft ist, das technisch-wissenschaftlich Mögliche zu prognostizieren und zu erarbeiten, während es Aufgabe des Staates ist, das politisch Wünschenswerte auszuwählen,[399] erscheint dieser Mechanismus zur aufgabenbezogenen Finanzierung sachgerecht und widerspricht nicht der zugesicherten Autonomie der Helmholtz-Zentren. Die Organisationsrationalität der außeruniversitären Vorsorgeforschung liegt gerade in der Einbindung der Wissenschaftler in eine vorgegebene Thematik,[400] so dass diese Auffassung grundsätzlich auch nicht gegen die Wissenschaftsfreiheit nach Art. 5 Abs.3 GG verstößt, solange die politischen Vorgaben auch tatsächlich global bleiben.

395 Mayntz / Scharpf 1990: 64.

396 Diesen angemessenen Einfluss des Staates in einem Überwachungsorgan fordert auch Art. 65 Abs1 Nr.3 BHO.

397 Trute 1994: 568.

398 Groß / Arnold 2007: 64.

399 Vgl. Meusel 2006: 17.

400 Vgl. Groß / Arnold 2007: 157.

5.3.4. Präsident

Der Präsident soll nach § 11 Abs.3 ein international angesehener Wissenschaftler und Forschungsmanager sein und nimmt seine Aufgaben, im Gegensatz zum früheren Sprecher der Helmholtz-Gemeinschaft, hauptamtlich wahr. Er wird auf Grundlage eines Vorschlages der Mitgliederversammlung vom Senat gewählt, mit den Stimmen der Zuwendungsgeber (§ 11 Abs.4 i.V.m. § 9 Abs.6). Gemäß § 11 Abs.1 u. 2 ist der Präsident Vorstand im Sinne des § 26 BGB und vertritt den Verein gerichtlich und außergerichtlich.

Zu seinen Aufgaben gehört nach § 11 Abs. 5 die Vorbereitung und Umsetzung der Empfehlungen des Senats zur programmorientierten Förderung einschließlich der Organisation der Programmbewertungen, die Koordination der forschungsbereichsübergreifenden Programmentwicklung und die Entwicklung einer Gesamtstrategie, die zentrenübergreifende Koordination des Controlling, die Vorlage von Beschlussvorschlägen für die Programme und ihre Budgets im Senat, sowie die Verhandlungen auf der Basis der Empfehlungen des Senats mit den Zentren und den Zuwendungsgebern zum Gesamtzuwendungsbedarf der Helmholtz-Gemeinschaft und zur Aufteilung der Gesamtzuwendung auf die Forschungsbereiche. Im Hinblick auf die programmorientierte Förderung kommt dem Präsidenten somit eine stark moderierende Rolle zu zwischen den Helmholtz-Zentren und den Zuwendungsgebern, aber auch die eines „Motors der Integration“ der Helmholtz-Gemeinschaft. Gleichzeitig soll er das Profil der Helmholtz-Gemeinschaft als Ganzes schärfen. § 11 Abs.5 e), wonach der Präsident bei den Beschlussvorschlägen für die Programme und Budgets Konflikte zwischen den Zentren deutlich machen muss, lässt erkennen, dass der Präsident als Moderator eine wichtige Funktion hat. Nicht nur haben die Zentren aufgrund ihrer Größe und ihres Profils teilweise unterschiedliche und gegensätzliche Interessen, sondern sie konkurrieren letztlich auch um das gleiche Budget. Ohne direktes Durchgriffsrecht auf die rechtlich selbständigen Zentren hat der Präsident dabei einen schwierigen Balance-Akt zu bewältigen. Die rechtlich verbrieften Einflussmöglichkeiten auf die Zentren beschränken sich auf eine Beteiligung bei der Berufung der Vorstände oder/und Geschäftsführungen der Zentren „in geeigneter Form“ und ein Gastrecht in den Aufsichtsgremien der Mitglieder (§ 11 Abs. 9). Die Stellung und Gestaltungsmöglichkeiten des Präsidenten ergeben sich in erster Linie also nicht aus seiner direkten Einflussmöglichkeit auf die Mitglieder, sondern über seine Möglichkeiten der Budgetverhandlungen mit den Zuwendungsgebern und über den Impuls- und Vernetzungsfonds.[401]

5.3.5. Vizepräsidenten

Die Vizepräsidenten sind keine Vorstände, sondern werden aus dem Kreis der Mitgliederversammlung gewählt, um den Präsidenten in seinen Aufgaben zu unterstützen (§ 11 Abs.7, § 9 Abs.6). In der ursprünglichen Satzung waren drei

401 Vgl. Kapitel D 5.2.4.3.

Vizepräsidenten vorgesehen, die den Präsidenten überwiegend bei der Wahrnehmung repräsentativer Aufgaben unterstützt haben. Auf Initiative des neuen Präsidenten wurde 2006 eine Änderung der Governance-Struktur vorgenommen, sodass das Präsidium von ursprünglich drei Vizepräsidenten auf acht, bestehend aus den sechs Forschungsbereichskoordinatoren als wissenschaftlichen Vizepräsidenten sowie zwei kaufmännischen Vorständen als administrativen Vizepräsidenten, erweitert wurde.[402]

5.3.6. Geschäftsstelle

Der Verein unterhält eine Geschäftsstelle mit Geschäftsführung, die dem Präsidenten unterstellt ist und ihn bei seinen Aufgaben unterstützt (§ 18 Abs.1 u. 3). Entsprechend der Vereinsstruktur handelt es sich hierbei um eine vergleichsweise schlanke Einheit.[403] Nach dem Subsidiaritätsprinzip werden hier die zentrenübergreifenden Belange der Helmholtz-Gemeinschaft gebündelt. Das bedeutet, die Koordination und Weiterentwicklung der Verfahren der POF (vor allem Begutachtungen und Berichtswesen), die Durchführung des Impuls- und Vernetzungsfonds und Schnittstelle zu den Zuwendungsgebern und dem wissenschaftspolitischen Raum.

6. Die ersten Begutachtungen und Beginn der Finanzierung

6.1. Die ersten Begutachtungen

Im Sommer 2002 fanden die ersten Begutachtungen in den Forschungsbereichen „Gesundheit“ und „Verkehr und Weltraum“ statt.

An jeweils zwei Tagen wurden insgesamt zehn Programmanträge der beiden Forschungsbereiche den Gutachtergremien präsentiert, an denen mehr als 100 Wissenschaftler, davon mehr als die Hälfte aus dem Ausland, teilgenommen haben. Jeweils ein Senatsmitglied und ein fachnahes ständiges Mitglied der Senatskommission nahm dabei an allen Begutachtungen eines Forschungsbereichs teil, um dadurch eine Vergleichbarkeit der Begutachtungen herstellen zu können.

Dabei zeigten sich die Gutachter grundsätzlich beeindruckt von der Qualität der Arbeiten in den begutachteten Programmen, so dass das insgesamt von den Gutachtergruppen empfohlene Fördervolumen das für die jeweiligen Forschungsbereiche laut forschungspolitischen Vorgaben zur Verfügung stehende Finanzvolumen überschritt.

In den Senatskommissionen wurden dann jeweils getrennt für die einzelnen Forschungsbereiche unter Miteinbeziehung strategischer Gesichtspunkte und der forschungspolitischen Vorgaben Förderempfehlungen erarbeitet. Dabei wurden

402 Vgl. hierzu Kapitel E 2.6.

403 Zurzeit arbeiten in der Geschäftsstelle (inkl. Auslandsbüros) ca. 50 Personen.

Prioritäten sowohl innerhalb der Programme wie zwischen den Programmen gesetzt. Den Zentren wurden sowohl die Gutachtervoten als auch die vollständigen Beratungsunterlagen der Senatskommission und des Senats zur Kenntnis gegeben, um größtmögliche Transparenz zu wahren. Bei der Sitzung der Senatskommission hatten die Programmsprecher Gelegenheit, zu den Voten der Gutachtergruppen Stellung zu nehmen. Die Finanzierungsempfehlungen der Senatskommission beschränkten sich letztlich auf das einer strategischen Bewertung angemessene Abstraktionsniveau und forderten eine differenzierte Umsetzung durch die Vorstände der Zentren unter Berücksichtigung der Empfehlungen und Auflagen der Gutachtergruppen.[404]

6.2. Finanzierungsbeginn mit schwerem Start

Mit der erfolgreichen Zertifizierung der Controlling-Systeme durch die jeweiligen Wirtschaftsprüfer in den Zentren hatte die Helmholtz-Gemeinschaft nun alle Bedingungen erfüllt, die vom Parlament oder/und den Zuwendungsgebern als Voraussetzung für die programmorientierte Förderung und die in Aussicht gestellte dreiprozentige Steigerung des Budgets der Helmholtz-Gemeinschaft genannt waren.

Doch welchen Grad der Autonomie und Planungssicherheit hatte die Helmholtz-Gemeinschaft hierdurch erreicht? Aufgrund der angespannten Situation des Bundeshaushaltes wurden die großen Forschungsorganisationen, darunter auch die Helmholtz-Gemeinschaft, im November 2002 darüber informiert, dass die vom BMBF in Aussicht gestellte Steigerung der Haushalte um drei Prozent nicht eingehalten werden könne und eine Überrollung der Haushalte aller großer Institutionen vorgesehen sei. Trotz der Überrollung sagte das BMBF jedoch zu, dass die begutachteten Forschungsbereiche mit den der Begutachtung zugrunde liegenden Steigerungsraten, wie vom Senat letztendlich empfohlen, gefördert würden, dass den anderen Forschungsbereichen dadurch nicht die Perspektive genommen werde und dass der Impuls- und Vernetzungsfonds als wesentliches Element der Reform erhalten bliebe. Dafür würde jedoch bei den Investitionsmitteln der einzelnen Zentren differenziert gekürzt werden. Dies hatte zur Folge, dass gegenüber den beiden großen Zentren FZJ und FZK Kürzungen in Höhe von 6,7 Mio. € oder/und 9,7 Mio. € verfügt wurden. Diese ohne nähere Begründung verfügten Einzelkürzungen verursachten einen deutlichen Vertrauensverlust unter den Zentrenmitarbeitern, der die Umsetzung der Helmholtz-Reform in den Zentren erschwerte.

Trotzdem ist festzuhalten, dass die Zuwendungsgeber zumindest ihre Zusage, die Helmholtz-Gemeinschaft nach Übergang zur programmorientierten Förde-

404 Ausführlich zur Begutachtung des Forschungsbereichs Gesundheit vgl. Schultz-Hector, Susanne (2003): ‚Begutachtung des Helmholtz-Forschungsbereichs Gesundheit: Ein Erfahrungsbericht', in: Technikfolgenabschätzung – Theorie und Praxis Nr.1, S. 60 – 64.

rung nicht schlechter zu stellen als FhG und MPG, trotz der schwierigen Haushaltssituation eingelöst haben.

6.3. Ergebnis der ersten Begutachtungs- und Finanzierungsrunde

Bis 2004 wurden alle sechs Forschungsbereiche evaluiert. 2004 war damit der Kernauftrag, die programmorientierten Förderung flächendeckend einzuführen, erfolgreich abgeschlossen.

Die im Vorfeld immer wieder geäußerten Befürchtungen, dass infolge der Begutachtungen und Finanzierungsempfehlungen ganze Institute und Abteilungen geschlossen werden müssten, erwiesen sich für die erste Runde der Evaluierungen als unbegründet. Die vorgegebenen Kürzungen erreichten in keinem der Zentren die fünf Prozent des Gesamtbudgets, welche als Obergrenze durch die Leitplanken in der Erklärung der Zuwendungsgeber formuliert worden waren. Somit ist über die reine Mittelverteilung relativ wenig Änderung bewirkt worden, denn auch exzellent begutachtete kleinere Programme hatten durch die prozentuale Verteilung relativ wenige Möglichkeiten, ihr Finanzvolumen signifikant zu steigern. Gleichwohl wurden einzelne Programme geschlossen[405] oder Zentren zogen sich im Sinne einer Fokussierung aus bestimmten Programmen zurück.[406] Nachdem jedoch die Zentrenvorstände letztlich für die Umsetzung der Finanzierungsempfehlungen verantwortlich waren, ist offenbar weitgehend unsichtbar eine größere Anzahl an Umschichtungen geräuschlos und dosiert vorgenommen worden.[407]

Es ist folglich zu beobachten, dass der Zwang zu Abstimmung und Vernetzung bereits zu einer stärkeren Fokussierung in den Zentren und einem stärkeren Austausch geführt haben. Somit gab es eine Reihe von Änderungen, die nicht direkt durch die POF verordnet worden waren, aber letztlich als Konsequenz des Begutachtungsprozesses zu sehen sind. Anders, als teilweise im Vorfeld diskutiert wurde, stand nicht die Frage im Vordergrund, ob wirklich ganze Bereiche sofort geschlossen werden müssten (was personalpolitisch auch nicht umsetzbar gewesen wäre). Allerdings ist es den Zuwendungsgebern durch dieses System möglich geworden „die rote Flagge zu hissen“, wie sich ein Vertreter der Zuwendungsgeber ausdrückte.[408]

Zweifelsohne könnte das Ergebnis der zweiten Begutachtungsrunde auch finanziell deutlicher ausfallen, weil nun die Zentren oder/und Programmverantwortlichen an den Ansprüchen gemessen werden, die sie in der ersten Runde formuliert haben. Gleichzeitig wurde durch die programmorientierte Förderung insge-

[405] z.B. die Neutronenquelle im HZB, das Programm Medizintechnik.

[406] So hat das FZK für die nächste Begutachtungsrunde die Teilnahme an Programmen von 16 auf 3 reduziert.

[407] Interview Nr. 13.

[408] Interview Nr. 21.

samt auch eine größere Transparenz hergestellt, die Vermeidungsstrategien der Wissenschaft zukünftig vermutlich schneller aufdecken wird.

E. Bestandsaufnahme und zukünftige Entwicklungen

1. Bestandsaufnahme des Zwischenergebnisses aus Sicht der Akteure

Aus der vorangegangenen Darstellung des Konzeptes der programmorientierten Förderung wurde schon deutlich, dass eine Orientierung an den Elementen des „New Public Management" oder/und „Neuen Steuerungsmodells" erfolgte. Jedoch kann sich eine Bewertung der Umsetzung eines neuen Steuerungskonzeptes nicht allein auf die Anzahl der eingeführten neuen Steuerungsinstrumente beschränken. Vielmehr sollte diese Betrachtung ergänzt werden durch eine Analyse der tatsächlichen Umsetzungserfahrungen.[409] Im Folgenden wird daher eine erste Bestandsaufnahme der beteiligten Akteure wiedergegeben, wie sie sich im Befragungszeitraum (Oktober 2005 - August 2006) darstellte. Zur Methodik der Datenerhebung und –auswertung sei auf Kapitel A 4.3. verwiesen.

1.1. Gruppenübergreifede Befragung

1.1.1 Erfolgreicher Reformprozess

Bei der Frage nach dem Erfolg des Reformprozesses der POF zum Zeitpunkt der Befragung gaben über zwei Drittel der Befragten an, dass sie den Reformprozess zum jetzigen Zeitpunkt für grundsätzlich gelungen halten, waren sich aber einig, dass der Prozess in seiner Entwicklung noch nicht abgeschlossen sei.

Hierbei waren die *Vertreter der wissenschaftlichen und kaufmännischen Vorstände*, der *Helmholtz-Geschäftsstelle* und der *Zuwendungsgeber* grundsätzlich wohlwollend in der Bewertung und hoben teilweise heraus, dass es angesichts der Größe der Helmholtz-Gemeinschaft und der Struktur des deutschen Wissenschaftssystems beachtlich sei, dass diese Reform in der relativ kurzen Zeit verwirklicht werden konnte. Die *Vertreter der Fachöffentlichkeit* erkannten den Reformprozess zwar grundsätzlich an, allerdings als Betrachter von außen mit einer stärkeren Skepsis.
Einige Befragte der Gruppe der (wissenschaftlichen) Vorstände hatten eine eher pragmatische Sichtweise, indem sie anerkannten, dass diese Reform zumindest politisch ein Erfolg sei, während zwei Vertreter der (wissenschaflichen) Vorstände angaben, dass sie das Ergebnis unbefriedigend finden und sich einen „größeren Wurf" gewünscht hätten.

Anders fällt die Bewertung indes bei den befragten Wissenschaftlern aus. Keiner der *Vertreter der Wissenschaft* sieht die POF als gelungene Reform an und glaubt insbesondere nicht, dass sie zu einer Steigerung der wissenschaftlichen Qualität führen wird. Sie begrüßen die Einführung eines stringenten Peer Review, halten aber das übrige System nicht für wissenschaftsadäquat. Offensicht-

409 So auch *Ziegele* für den Bereich des Hochschulrechts: Ziegele, Frank (2005): ‚Die Umsetzung von NeuenSteuerungsmodellen (NSM) im Hochschulrecht', in: Fisch, Rudolf / Koch, Stefan: (Hrsg.): Neue Steuerung von Bildung und Wissenschaft, S.116 f.

lich ist es nicht gelungen, den Prozess in geeigneter Weise in die Zentren hinein zu kommunizieren oder/und die Wissenschaftler in den Prozess einzubinden.

1.1.2. Zielerreichung durch die POF

Die Frage, ob zum jetzigen Zeitpunkt die gesetzten Ziele der POF bereits erreicht worden seinen, bewertet die große Mehrheit aller Befragten aus den Gruppen *Zentrenvorstände, Zuwendungsgeber* und *Geschäftsstelle* mit einem „ja", ist allerdings der Meinung, dass diese noch weiter optimiert werden müssten. Dabei wurden insbesondere als erreichtes Ziel genannt die gestiegene Anerkennung in der Öffentlichkeit und Profilierung und damit auch die politische Anerkennung, die zu einem finanziellen Aufwuchs geführt habe. Neben wissenschaftspolitischen Zielen wurde allerdings auch anerkannt, dass durch die stärkere strategische Ausrichtung insgesamt ein Bewusstseinswandel stattgefunden hat und damit eine stärkere thematische Fokussierung der Wissenschaft. Positiv erwähnt wurden außerdem die gestiegene Transparenz über die Verwendung von Ressourcen oder/und die stärkere Abstimmung vor großen Investitionen.
Die *Vertreter der Fachöffentlichkeit* waren auch hier insgesamt wieder etwas zurückhaltender in ihrer Einschätzung.
Auch bei dieser Frage hatten die *Vertreter der Wissenschaft* eine eindeutig ablehnende Haltung, lediglich eine Person erkannte hier die gestiegene Reputation in der Öffentlichkeit an.
Auf die Frage, ob sich durch die POF denn tatsächlich etwas geändert habe hinsichtlich finanzieller Kürzungen und Umschichtungen und ob dies evtl. künftig noch stärker geschehen sollte, waren zwei Drittel der Meinung, dass die Frage nach Veränderungen zu kurz gegriffen sei, wenn sie nur auf Finanzströme abstelle. Viel wichtiger und sichtbarer sei der Bewusstseinswandel und die strategische Ausrichtung, die nun in der Helmholtz-Gemeinschaft etabliert wurde. Hierdurch würden Prozesse angestoßen, die zur inneren Restrukturierung in den einzelnen Zentren oder/und Forschungsbereichen geführt hätten. Viel wichtiger sei jedoch der Anstoß von neuen Projekten, der durch die POF und die darin enthaltenen Anreizstrukturen möglich geworden sei. Bestehende Kapazitäten würden stärker zu Potentialen gebündelt, z.B. im Earth Observation System (EOS) - Netzwerk oder durch das Tsunami-Frühwarnsystem.[410] In der Gesundheitsforschung konnte die Stammzellforschung initiiert werden und der Aufbau des Nationalen Centrums für Tumorerkrankungen in Heidelberg.[411] Hierdurch habe die Helmholtz-Gemeinschaft insgesamt an Profil und Akzeptanz gewonnen.

410 http://nadine.helmholtz-eos.de/intro_en.html [Datum des Zugriffs 22.02.2008] und http://www.gfz-potsdam.de/bib/pub/2jb/gfz_04_05_001-010_k.pdf [Datum des Zugriffs 22.02.2008].

411 http://www.dkfz.de/de/nct/index.html [Datum des Zugriffs: 25.03.2008].

Ein Viertel, bei den Zuwendungsgebern sogar mehr als die Hälfte, befürworten jedoch, dass in der zweiten Begutachtung die Differenzierung der Finanzierung noch stärker ausfallen kann.

1.1.3. Positive Elemente der POF

Die Antwort auf die Frage, welche Elemente der POF sie positiv bewerten, fiel mit 15 verschiedenen Elementen sehr differenziert aus und spiegelt damit zumindest teilweise auch die unterschiedlichen Interessenlagen der befragten Gruppen wieder.

Am Häufigsten wurde dabei genannt:

1. Die flächendeckende Evaluation
2. Die gestiegene Akzeptanz in der Scientific Community oder/und dem Ansehen in der Fachöffentlichkeit, die insbesondere durch diese flächendeckende Evaluierung erreicht worden sei
3. Eine stärkere Abstimmung der Forschungsaktivitäten und damit auch eine komplementäre Aufgabenwahrnehmung
4. Die Strategiediskussion, die durch die POF eingeführt wurde

Als weitere positive Elemente wurden genannt

5. Der Wettbewerb
6. Die verstärkte Kooperation, auch mit Partnern außerhalb der HGF
7. Die stärkere Transparenz über Forschungsaktivitäten und Ressourcen
8. Überzeichnungsprojekte[412]
9. Eine stärkere Nachwuchsförderung
10. Das gestiegene Wissen um die anderen Helmholtz-Zentren
11. Ein gestiegenes Gesamterscheinungsbild der Helmholtz-Gemeinschaft
12. Die Überjährigkeit der Mittelverwendung
13. Die stärkere Flexibilität durch zeitlich begrenzte Projekte
14. Die Optimierung des Managements
15. Die Finanzierungs- und Planungssicherheit anstatt jährlicher Wirtschaftsplanverhandlungen

Entsprechend ihrer grundsätzlichen Kritik an der POF waren die *Vertreter der Wissenschaft* bei dieser Frage eher zurückhaltend und nannten vorwiegend Einzelaspekte. Ein Wissenschaftler brachte wohl die Skepsis seiner Kollegen auf den Punkt, indem er sagte, dass Elemente wie Wettbewerb, Treffen von Forschergruppen und strategische Diskussionen grundsätzlich positiv zu bewerten

[412] Projekte, die durch die Möglichkeit der Überzeichnung (vgl. Kapitel D 5.2.4.1) finanziert werden können.

seien, es seiner Meinung nach hierfür jedoch nicht eines Systems wie der POF bedurft hätte.[413]

1.1.4. Nachteile der POF

- *Hoher Aufwand für Begutachtungen*

Von jeweils knapp einem Drittel der Befragten wurde als häufigster Nachteil der POF ein zu hoher Aufwand sowohl bei der Antragsstellung wie auch bei der Steuerung nach der Begutachtung genannt. Der Aufwand für die Begutachtungen sei insbesondere zu hoch, wenn man den geringen Grad der Umverteilung als Konsequenz hieraus berücksichtige. Auch wurde in einigen Zentren ein Publikationsrückgang für diese Zeit verzeichnet, der nicht vertretbar sei.
Immerhin ein Drittel der Befragten gab an, den Aufwand insgesamt als nicht unangemessen hoch empfunden zu haben, insbesondere, wenn man den Zeitraum und das zu verteilende Finanzvolumen bedenke, das auf Basis der Begutachtung verteilt wird. Vielfach wurde auch darauf hingewiesen, dass sich vermutlich ab der zweiten Runde ein gewisser Trainingseffekt einstellen würde. Insbesondere diejenigen Zentren, die in zahlreichen Programmen vertreten waren (das FZK beispielsweise war in fünf Forschungsbereichen und 16 Programmen vertreten), würden sich in der nächsten Begutachtungsrunde anders aufstellen. Hierauf haben auch die Vertreter der Zuwendungsgeber verwiesen, die diesen Prozess als gegenseitigen Lernprozess betrachten. Zweimal kam jedoch der Hinweis aus den Zentren, dass vermutlich ein Teil des Aufwands auf die verschiedenen Widerstände gegen das System oder/und auf „Verschleierungstaktiken“ zurückzuführen sei.[414]

- *Umfangreiches Berichtswesen*

Der hohe Aufwand bei der Steuerung wurde mit einem noch zu umfangreichen Berichtswesen begründet, welches mehrere Berichte für unterschiedliche Zielgruppen (Zentren-Aufsichtsräte, Helmholtz-Senat) verlangt. Knapp die Hälfte der Befragten, davon ganz überwiegend *Vertreter der Helmholtz-Geschäftsstelle,* waren jedoch der Ansicht, dass das Berichtswesen in den Grundzügen angemessen sei, die Darstellung und die Informationsdichte aber noch verbessert werden sollte.
Dagegen beklagte die große Mehrheit der *Zentrenvorstände* einen zu hohen Aufwand für die Erstellung der Berichte. *Vertreter der Zuwendungsgeber* räumten ein, dass die Informationen in den Berichten bislang nicht Grundlage der Entscheidungen in den Ministerien seien, auch wenn insgesamt mehr Transparenz und Vergleichbarkeit hergestellt werden konnte.[415] Eine besondere Schwierigkeit stellte neben der Anzahl unterschiedlicher Berichte auch die Fülle der Kennzahlen dar. In diesem Zusammenhang wurde von einigen eine unzurei-

413 Interview Nr. 20.
414 Interview Nr. 1 und Nr. 34.
415 Interview Nr. 7 und 16.

chende Aussagekraft der Kennzahlen bemängelt und darauf verwiesen, dass die Ausgangssituationen und Randbedingungen für die Zentren nach wie vor sehr unterschiedlich seien und deshalb auch keine einheitlichen Bewertungsmassstäbe angesetzt werden könnten.[416]

- *Taktik statt Wettbewerb*

Von einem Drittel der Grundgesamtheit, jedoch vorwiegend von den Wissenschaftlern, wurde die Tatsache bemängelt, dass die geforderte Kooperation einerseits und der Wettbewerb andererseits dazu führen würde, dass bei der Antragstellung taktische Überlegungen die wissenschaftlichen überwiegen. So wurde von Beispielen berichtet, dass Gruppen aus unterschiedlichen Zentren, die wissenschaftlich gesehen die „natürlichen Partner" gewesen wären, nicht miteinander kooperierten, weil eine der Gruppen die zu starke Konkurrenz fürchtete und daher ihren Antrag in einem anderen Programm stellte, wo sie keine direkte Konkurrenz fürchten musste.[417] Eine andere Person berichtete von Überlegungen, bei der ein Wissenschaftler gerne mit einer Gruppe aus einem anderen Forschungsbereich kooperieren wollte, dies aber von dieser Gruppe skeptisch betrachtet wurde, da er damit um das gleiche Budget konkurrieren würde.[418] „Das ganze System zwingt zur Unehrlichkeit in der Darstellung" gab daher ein Wissenschaftler zu bedenken.[419] Von zentraler Bedeutung erscheint nach Aussage der Befragten in diesem Zusammenhang ein Programmzuschnitt, der diesen taktischen Überlegungen möglichst wenig Raum lassen sollte.

- *Zwangsvernetzung*

Als weiterer Nachteil wurde eine „Zwangsvernetzung" innerhalb der Helmholtz-Gemeinschaft genannt, welche nur auf dem Papier stehe und nicht gelebt werde. Statt kategorisch die Forschung innerhalb der Helmholtz-Gemeinschaft zu vernetzen, sollte nach Aussage eines Vorstands der Primat darauf liegen, dass die Wissenschaftler sich ihre Partner entweder vor Ort suchen und damit Cluster bilden oder aber weltweit mit den führenden Wissenschaftlern ihres Forschungsbereichs kooperieren.[420]

- *Ansteigender Steuerungsanspruch der Politik*

Weiterhin wurde befürchtet, dass der Steuerungsanspruch der Politik wieder steigen könnte, nachdem insbesondere die Ministerien Steuerungseinfluss durch das System der POF abgegeben haben. Bestrebungen in den Ministerien, die

---

416 Hinweis: Das Berichtswesen wird in Vorbereitung auf die zweite Förderperiode von einer gemeinsamen Arbeitsgruppe des BMBF und der Helmholtz-Gemeinschaft überarbeitet, mit dem Ziel der Vereinfachung und Steigerung der Aussagefähigkeit.

417 Interview Nr. 1 und 20.

418 Interview Nr. 18.

419 Interview Nr. 20.

420 Interview Nr. 27.

haushaltrechtlichen Flexibilisierungsinstrumente wieder durch neue Vorschriften zu konterkarieren, wurden von den Vorständen sehr skeptisch betrachtet.

Nimmt man die am häufigsten genannten Kritikpunkte eines zu hohen Aufwandes für Begutachtung und Steuerung und die taktischen Überlegungen bei der Antragsstellung, kommt man zu dem Ergebnis, dass das Verfahren noch nicht optimal gestaltet ist, aber durchaus weiter verbessert werden kann. Es ist zu vermuten, dass ein Zentrum, welches keine einheitliche Strategie verfolgt und sich in jeder Begutachtungsrunde in einer neuen Taktik versucht, auf Dauer keine guten Ergebnisse erzielen kann, selbst wenn die Finanzierungseinbrüche in der ersten Begutachtungsrunde noch nicht dramatisch ausfielen. Ein Zentrum mit einer schlüssigen Strategie und einem verständlichen Profil wird dagegen auf Dauer nicht mehr Aufwand als unbedingt notwendig für die Antragsstellung aufbringen müssen.
Der offensichtlich noch zu hohe Aufwand für das Berichtswesen muss im Rahmen eines Lernprozesses zwischen Helmholtz-Gemeinschaft und Zuwendungsgebern weiter optimiert werden. Beide Seiten müssen hier lernen, welche Informationen sinnvollerweise für die Steuerung erbracht werden können und benötigt werden. Eine Herausforderung werden in diesem Zusammenhang aber sicherlich die unterschiedlichen Bewertungsmaßstäbe in den verschiedenen wissenschaftlichen Disziplinen darstellen.

1.1.5. Ausreichende Flexibilisierungsmechanismen

Zwei Drittel der Vorstände hielten die Flexibilisierungsinstrumente grundsätzlich für ausreichend. Teilweise wurde jedoch die Befürchtung geäußert, dass diese Flexibilisierungen wieder durch die anstehende Überarbeitung des Finanzstatuts zurückgenommen werden könnten. Immerhin ein Drittel der Vorstände empfindet die eingeführten Flexibilisierungsinstrumente als nicht ausreichend.
Als weitere notwendige Flexibilisierungsinstrumente wurden von der Mehrheit der Vorstände, aber auch von den Vertretern der Helmholtz-Geschäftsstelle genannt:

- ein wissenschaftsadäquates Tarifrecht, hierbei vor allem erweiterte Befristungsmöglichkeiten und eine leistungsgerechtere Bezahlung
- Die Abschaffung des Besserstellungsverbotes, um Führungskräfte international kompetitiv bezahlen zu können
- Stärkere Budgetverantwortlichkeit [421]

[421] Die Vertreter der Zuwendungsgeber haben zu dieser Frage kaum Aussagen getroffen.

1.1.6. Auswirkungen der POF auf die anderen Bereiche des deutschen und europäischen Wissenschafts- und Forschungssystem

Knapp die Hälfte der Befragten war der Meinung, dass die Einführung der POF die Diskussion über die Verbesserung von Forschungsleistungen nachhaltig belebt habe.
Jeweils ein Drittel der Befragten waren der Meinung, dass die POF durch die verstärkten Kooperationen insbesondere im Rahmen des Impuls- und Vernetzungsfonds gegen die „Versäulung“ in der deutschen Forschungslandschaft wirke und als Forschungsorganisation für die MPG und FhG ein ernstzunehmender Partner oder/und Wettbewerber geworden sei. Beispielhaft sei die Vorreiterrolle der Helmholtz-Gemeinschaft bei der Einrichtung von Nachwuchsgruppen im Rahmen des Impuls- und Vernetzungsfonds, aber auch das überdurchschnittlich gute Abschneiden im 6. Europäischen Forschungsrahmenprogramm.
Diese Einschätzung wurde grundsätzlich von allen Gruppen geteilt.
Eine Ausnahme bildete auch hier die Gruppe der Wissenschaftler: Diese war einhellig der Meinung, dass die POF keine signifikanten Auswirkungen habe. In dieser Meinung wurde sie von drei Vorständen und jeweils einem Vertreter in den anderen Gruppen unterstützt.

1.1.7. Prozess der Begutachtungen hinsichtlich Objektivität, Vergleichbarkeit und Transparenz

Zwei Drittel der Personen waren der Ansicht, dass der Begutachtungsprozess der Programme im Rahmen der ersten Runde der POF grundsätzlich in Ordnung gewesen sei, allerdings in einigen Punkten noch verbesserungsbedürftig.
Die Hälfte der Einschätzungen betonte die zentrale Bedeutung der Gutachterauswahl und verwies gleichzeitig auch auf das größte Problem in dieser Begutachtung: Die Gutachter haben die Tendenz, als Lobbyisten der Forschungsprogramme zu fungieren. Sie wissen, dass das von ihnen begutachtete Programm bei schlechter Begutachtung weniger Geld bekommt zugunsten anderer Programme. Da sie aber als Spezialisten auf diesem Gebiet ihr „eigenes“ Gebiet nicht zugunsten anderer Gebiete schwächen wollen, fällt die Begutachtung in der Tendenz eher positiv aus. Der umgekehrte Fall kann jedoch auch vorkommen: Gerade bei internationalen großen Programmen mit großen Investitionen könnte das zu begutachtende Vorhaben gerade auch als Konkurrenz für die eigene Arbeit angesehen werden.
Zwar wird hier ein grundsätzliches Problem von Peer Reviews angesprochen, allerdings werden diese Effekte durch das strategische Element der Begutachtung noch verstärkt. Äußerst wichtig erscheint daher den Befragten eine sorgfältige Auswahl der Gutachter und eine sehr gute Vorbereitung sowohl der Gutacher als auch der Begutachtung.

Im Hinblick auf die Vergleichbarkeit wurde vielfach der Hinweis gegeben, dass die Vergleichbarkeit zwischen den unterschiedlichen Disziplinen sehr schwierig

sei, da unterschiedliche Kulturen hier unterschiedliche Bewertungsmaßstäbe hervorgebracht haben, die nicht beliebig übertragbar seien. Folglich würde es weiterhin eine wichtige Aufgabe sein, die Bewertungskriterien im Sinne einer besseren Vergleichbarkeit weiterzuentwickeln.
Außerdem wurde vielfach die Anregung gegeben, das strategische Element der POF zu stärken und die wissenschaftliche Bewertung stärker in den internen Begutachtungen vorzunehmen, die dann noch enger auf die POF-Begutachtung abgestimmt werden müssten. Dieser neue Begutachtungstyp erfordere letztlich eine entsprechende Fähigkeit der Gutachter, sich auf die strategische Bewertung zu konzentrieren.

Vertreter der Helmholtz-Geschäftsstelle, der Wissenschaftler und der Fachöffentlichkeit monierten zudem, dass der Prozess, insbesondere im Hinblick auf das Zustandekommen der Finanzierungsempfehlungen, noch nicht ausreichend transparent sei.

1.1.8. Einfluss des Helmholtz-Senats auf die Finanzierungsentscheidung

Die überwiegende Mehrheit war der Ansicht, dass die Befugnisse des Helmholtz-Senats mit der Vorbereitung der Finanzierungsentscheidung angemessen seien und dieser seine Aufgabe bislang sehr gut wahrgenommen habe. Insbesondere die Senatskommission wurde für ihre detaillierte Vorbereitung gelobt, die Diskussionen seien breit und intensiv gewesen.
Kritische Stimmen bei Vorständen und Zuwendungsgebern monierten mangelnde strategische Kompetenz. Denn der Senat ergehe sich streckenweise in Detailfragen und Nachbegutachtungen und habe den Blick fürs Ganze verloren. Als Systemkritik wurde zudem angeführt, dass der Senat der Politik letztlich die Finanzierungsentscheidung nicht abnehmen könne, hierdurch aber Verantwortung und Entscheidung auseinanderfallen würden. Besonders deutlich sei dies in den Bereichen der Fusionsforschung und Energie gewesen, wo die forschungspolitischen Vorgaben aufgrund einer Parlamentsinitiative finanzierungstechnisch gedeckelt waren.

1.1. 9. Strukturelle Weiterentwicklung

- *Überschneidende Strukturen von Zentrenvorständen und Forschungsbereichskoordinatorenund Programmsprechern*

Im Rahmen der Programmerstellung wie auch der strategischen Ausrichtung des Forschungsbereichs kommt den Forschungsbereichskoordinatoren und den Programmsprechern eine wichtige Funktion zu. Ein Drittel der Befragten wertete die sich überschneidenden Strukturen von Zentrenvorständen und Forschungsbereichskoordinatoren oder/und Programmsprechern als problematisch. Die *Vertreter der Vorstände* argumentierten, dass Zuständigkeiten und Verantwortung

nicht auseinanderfallen dürfen, und es insbesondere auch keine Budgetverantwortung der Programmsprecher geben dürfe. Teilweise wurde vorgeschlagen, dass Koordinatoren von Forschungsbereichen immer auch in Personalunion Vorstand eines Zentrums sein sollten. Dagegen wurde angeführt, dass ein Vorstand nie neutral gegenüber seinem Zentrum agieren würde. Stattdessen sollten die Forschungsbereichskoordinatoren stärkere Koordinierungsfunktionen übernehmen.
Ein Drittel der Vorstände gab an, dass eine solche Struktur in der Praxis kein Problem darstellen würde oder/und es von den Personen abhänge, die diese Funktion ausübten. Nur knapp ein Fünftel der Befragten hatte Sympathie für diese zenrenübergreifende Struktur und würde Forschungsbereichskoordinatoren und Programmsprecher teilweise sogar mit Budgetverantwortung ausstatten.

- *Stärkere Deckungsgleichheit von Zentren und Programmen oder/und engere Kooperationen themenverwandter Zentren*

Knapp die Hälfte der befragten Personen sprach sich grundsätzlich für eine Kooperation von themenverwandten Zentren aus, die auch strukturell zum Ausdruck kommen sollte, allerdings nur dort, wo es sich anbiete, wie zum Beispiel im Forschungsbereich „Gesundheit" oder Forschungsbereich „Erde und Umwelt". Es solle „organisatorisch zusammengeführt werden, was programmatisch zusammengehört, statt programmatisch zusammenzufassen, was thematisch nicht zusammengehört".[422] Für die großen multithematischen Zentren, die von ihrer Interdisziplinarität leben, könne das allerdings keine Option sein.

- *Abschaffung der rechtlichen Selbständigkeit*

Die eine Hälfte der Befragten spricht sich für die Beibehaltung der rechtlichen Selbständigkeit der Zentren aus, oder/und hält es für unrealistisch, dass die rechtliche Selbständigkeit aufgegeben werde. Als Argument wird angeführt, dass bei einer Holding-Struktur die Forschung mit zu großer Distanz gesteuert würde, während eine direkte Kommunikation zwischen Zentren-Vorstand und Wissenschaft wichtig sei.[423] Zudem würden Vorstände zu bloßen Statthaltern degradiert werden, was diese Posten für Wissenschaftsmanager unattraktiv machen würde.[424] Letztlich sei nicht vorstellbar, wie eine Holding dieser Größe effektiv steuerbar sei.
Die andere Hälfte der Befragten gab hingegen an, dass es in mittel- oder/und langfristiger Sicht für sie durchaus vorstellbar sei, dass die Zentren ihre rechtliche Selbständigkeit aufgeben. Dies sei nur eine logische Konsequenz aus dem System der POF und würde die Abstimmungen sehr erleichtern. Die Frage der Steuerbarkeit und Attraktivität der Management-Posten sei eher abhängig von

422 Interview Nr. 16.
423 Interview Nr. 36.
424 Interview Nr. 23.

der konkreten Konstruktion.[425] Hervorzuheben ist, dass sogar die Mehrheit der befragten Zentrenvorstände die rechtliche Selbständigkeit nicht als Selbstzweck sieht, sondern von dieser als längerfristiger Entwicklungsprozess betrachtet wird.

1.2. Gruppenspezifische Befragung

1.2.1. Veränderter Tätigkeitszuschnitt der Helmholtz-Zentrenvorstände

1.2.1.1. Auswirkungen auf den Arbeitsalltag der Zentren-Geschäftsführung

Auf die Frage, ob die POF Auswirkungen auf die Entscheidungen oder/und den Arbeitsalltag der Zentrengeschäftsführung hat, gab die Mehrheit der Zentrenvorstände an, dass sich die Auswirkungen besonders im strategischen Bereich bemerkbar machten. Der Abstimmungsbedarf beim Aufstellen der Programme oder der Diskussion von großen Investitionen zwischen den Zentren sei größer geworden, entsprechend steige auch die Anzahl der Gremiensitzungen. Dies führe zwangsläufig zu einem größeren Aufwand in diesem Bereich. Ein Vorstand hob jedoch hervor, dass nach seiner Ansicht sich durch die höhere Transparenz und den Abstimmungsbedarf die Qualität der Argumentation, z.B. bei großen Investitionen verbessert habe. Gleichzeitig sei jedoch auch die Abhängigkeit durch die Qualität der anderen Zentren im Hinblick auf den eigenen Erfolg im Kontext der Helmholtz-Gemeinschaft größer geworden – ein gestiegenes Konkurrenzverhältnis der Zentrenvorstände bliebe dabei nicht aus.[426]

1.2.1.2. Verändertes Arbeitsverhältnis zu den Ministerien

Auf die Frage, ob sich das Arbeitsverhältnis zu den Ministerien durch die POF geändert habe, wurde größtenteils differenziert zwischen Betreuungsreferaten und Grundsatzreferaten im BMBF. Während sich die Beziehung zu den Betreuungsreferaten nach Aussage einiger Vorstände abgeschwächt habe, sei das Verhältnis zu den Grundsatzreferaten im Allgemeinen intensiviert.

Die Erklärung hierfür liegt offenbar im System: Die Betreuungsreferate haben an Einfluss verloren und können sich hierdurch nicht mehr so stark für „ihre" Zentren einsetzen. Der Einfluss der Grundsatzreferate ist durch die POF entsprechend gestiegen.

1.2.2. Skeptische Bewertung durch die Wissenschaftler

1.2.2.1. Keine Vorteile durch stärkere strategische Ausrichtung

Auf die Frage, ob sie Vorteile in der stärkeren strategischen Ausrichtung sehen und ob die der Programmerstellung vorausgehende wissenschaftliche Diskussi-

---

425 Interview Nr. 13.

426 Interview Nr. 13.

on von Stärken / Schwächen, Kooperations- und Synergiemöglichkeiten über den unmittelbaren Zweck der Programmdefinition hinaus nützlich war, gaben drei Viertel der Wissenschaftler an, dass sie die Diskussionen und Standortbestimmungen grundsätzlich für sehr sinnvoll halten, allerdings dürfe der Aufwand hierfür nicht zu zeitintensiv sein. Aus den Standortbestimmungen würden offensichtlich jedoch nicht immer die wissenschaftlich konsequenten Schlüsse gezogen. Ein Wissenschaftler lehnte diese Diskussionen mit dem Argument ab, dass jeder einzelne Wissenschaftler eine Strategie für sich selber finden müsse und dass die Besten auf ihrem Gebiet sich auch ohne Diskussionsprozess ihre geeigneten Partner suchen.[427]

1.2.2.2. Umfangreicher „Bottom-up-Prozess" der Programmanträge

Nach der Adäquanz des relativ umfangreichen „Bottom-up-Prozesses" der Programmanträge gefragt, äußerten sich die Vertreter der Wissenschaft eher kritisch und betonten, dass dieser sich zum einen an rein wissenschaftlichen Zielen orientieren müsse und zum anderen nicht den Arbeitsalltag eines Wissenschaftlers bestimmen dürfe. Während ein Wissenschaftler betonte, dass wissenschaftliche Problemlösungen nur „bottom-up" kommen könnte[428] bezweifelte ein anderer Wissenschaftler, dass diese Art der Antragsstellung zur wissenschaftlichen Qualitätssicherung beitragen könne. Seiner Ansicht nach sind hierfür geeignete Anreizstrukturen ausreichend.[429]

1.2.2.3. Keine neuen Kooperationen zwischen den Zentren

Neue, bleibende Kooperationen zwischen Zentren habe die Formulierung und Durchführung der Helmholtz-Programme für die befragten Wissenschaftler nicht gebracht, allenfalls würden in einem Fall bestehende Kontakte intensiviert. Viel wichtiger als propagierte Vernetzung sei Freiraum, betonte hierzu ein Wissenschaftler, insbesondere in der Grundlagenforschung. Viele bahnbrechende Erfindungen seien eher zufällig entstanden. Seiner Ansicht nach würde dieser Freiraum durch die POF eingeschränkt.[430]

1.2.2.4. Wenig Möglichkeiten für die Initiation neuer Programme

Die Möglichkeiten, neue Ideen und Projekte in die nächste Begutachtungsrunde einzubringen, werden von den Wissenschaftlern eher kritisch gesehen. Einmal wird befürchtet, dass sich die Überlegungen zu stark auf politisch-strategische

---

427 Interview Nr. 20.

428 Interview Nr. 5.

429 Interview Nr. 20.

430 Interview Nr. 20.

Aspekte konzentrieren.[431] Ein anderes Mal wird es zwar grundsätzlich für möglich gehalten, neue Ideen einzubringen, allerdings wäre nach Auffassung dieses Wissenschaftlers dafür die POF nicht unbedingt notwendig gewesen.[432]

1.2.2.5. Keine sichtbare Stärkung der wissenschaftlichen Leistungsträger

Die befragten Wissenschaftler waren nicht der Meinung, dass die Gutachtervoten zu einer Stärkung der wissenschaftlichen Leistungsträger geführt haben. Als Gründe wurden zum einen genannt, dass die Gutachten von der Zentrenführung nicht konsequent umgesetzt würden, zum anderen wurde in Zweifel gezogen, ob diese Art von Begutachtung, die aus ihrer Sicht nicht ausreichend wissenschaftlich detailliert sei, diese Stärkung überhaupt ermöglichen könne.

Insgesamt stehen die befragten Wissenschaftler nach der ersten Begutachtungsrunde dem System der POF mit relativ großer Skepsis gegenüber. Ihre größte Befürchtung ist dabei, dass der Aufwand für Antragstellung und Begutachtung zu zeitintensiv ist und sie von ihrer eigentlichen wissenschaftlichen Arbeit abhält. Wissenschaftliche Qualitätssicherung lässt sich nach ihrer Ansicht auch durch andere Strukturen, nämlich wissenschaftliche Begutachtungen und Anreizstrukturen in Form von ausgeschriebenen Projekten betreiben. Ein gewisses Unbehagen war zu spüren aufgrund der für die Wissenschaftler nicht völlig transparenten Entscheidungen. Die strategischen Überlegungen der POF waren für sie von eher geringer Bedeutung.

1.2.3. Zurückhaltende Zustimmung durch die Fachöffentlichkeit

Auf die Frage, ob die POF Modellcharakter haben könnte für die anderen Wissenschaftsorganisationen, haben ihre Vertreter eher zurückhaltend reagiert. Insgesamt schien man sich mit der Helmholtz-Gemeinschaft und dem Ergebnis ihrer Reform nicht besonders intensiv auseinandergesetzt zu haben, möglicherweise ist es der Helmholtz-Gemeinschaft aber auch noch nicht ausreichend gelungen, die Reform und ihre Ergebnisse überzeugend zu kommunizieren. Es entstand außerdem der Eindruck, dass man an einer tiefergehenden öffentlichen Diskussion über strukturelle Veränderungen und bessere Wissenschaftssteuerung nicht interessiert sei. So könnte man den Tenor etwa so zusammenfassen: Die Helmholtz-Gemeinschaft als bislang prominenter steuerungstechnischer Problemfall in der Forschungslandschaft kann nicht als Vorbild dienen für Organisationen, die seit jeher großes Ansehen genießen. Es wurde allerdings vereinzelt die Ansicht vertreten, dass die Helmholtz-Zentren durch die POF nun attraktivere Kooperationspartner geworden seien und die POF mittelfristig leis-

---

431 Interview Nr. 1.

432 Interview Nr. 5.

tungssteigernd und kulturverändernd in die übrige Forschungslandschaft hineinwirken würde.[433]

2. Fortentwicklung der Verfahren durch die Helmholtz-Gemeinschaft

In der Helmholtz-Gemeinschaft selbst wurden Erfahrungen und Verbesserungspotentiale des Prozesses im Hinblick auf die nächste Begutachtungs- und Förderrunde intensiv diskutiert. Die Mitgliederversammlung berief eine Projektgruppe ein, welche die Aufgabe hatte, auf der Grundlage der Erfahrungen der ersten Begutachtungsrunde Vorschläge zur Fortentwicklung des Verfahrens zu erarbeiten, die für die zweite Begutachtungsrunde eingeführt werden sollten. Nachfolgend sind die entscheidenden Modifikationen dargestellt, die für die zweite Begutachtungs- und Finanzierungsrunde gelten werden. Diese sind die Grundlage für das vom Helmholtz-Senat am 16.11.2006 verabschiedete Papier „Verfahren der zweiten Runde der Programmorientierten Förderung“.[434]

2.1. Stärkung des Strategieentwicklungsprozesses

Die strategischen Überlegungen, die in zentrenübergreifenden Diskussionen entwickelt werden, werden für jeden Forschungsbereich in einem Strategiepapier formuliert, durch konkret in der Programmperiode gesetzte Ziele sowie die vorgesehene Programmstrukturierung ergänzt und zu einem sogenannten Dachpapier für die gesamte Helmholtz-Gemeinschaft zusammengefasst. Die Formulierung der Struktur- und Entwicklungspläne der einzelnen Zentren und der Strategien der Forschungsbereiche werden dabei als wechselseitiger Prozess gesehen. Als Zeithorizont für die Strategie wird je nach Forschungsbereich von 10 bis 20 Jahren ausgegangen.
Dieses Dachpapier soll zugleich dem Senat dienen für die vergleichende Betrachtung der Programme und Forschungsbereiche.[435]

2.2. Größe, Zuschnitt und Darstellung der Programme

In der ersten Begutachtungsrunde wurde darauf geachtet, dass alle Programme etwa gleich groß sind, mit den entsprechend gleichen Vorgaben für Darstellung und Ablauf der Begutachtungen. Aufgrund der Unterschiedlichkeit in den verschiedenen Wissenschaftsgebieten hat man sich für die zweite Begutachtungsrunde dafür entschieden, keine festen Vorgaben für die Größe der Programme zu machen und nurmehr eine Unterteilung in kleine (< 20 Mio. €), mittlere (20 – 40 Mio. €) und große (> 40 Mio. €) Programme vorzunehmen, mit einer entspre-

---

433 Interview Nr. 15.

434 HGF (2006): Verfahren der zweiten Runde der Programmorientierten Förderung, Bonn, November 2006.

435 HGF 2006: 2f.

chenden Staffelung bei Antragsumfang, der Größe der Gutachtergruppen und der Begutachtungsdauer.[436]

Der vielfach geäußerten Kritik einer „Helmholtz-Zwangsvernetzung" soll dadurch begegnet werden, dass zentrenübergreifende Programme keine Bevorzugung mehr erfahren dürfen, auch wenn das Ziel bleibt, die jeweils besten Forscher auf einem Gebiet zusammenzuführen und Redundanzen in der Forschung zu vermeiden. Da offensichtlich mehrfach Forschergruppen aus taktischen Erwägungen nicht mit Wissenschaftlern des gleichen Forschungsgebietes ein Programm beantragt haben, aus Angst vor einem zu starken Wettbewerb innerhalb des Programms, müssen die Zuordnungen zu den Programmen extra begründet werden.

In der ersten Begutachtungsrunde hatte es die Ressourcendarstellung den Gutachtern erschwert, konkrete Aussagen zur Angemessenheit der Mittel zu machen. Deshalb werden nun forschungsbereichsspezifische fachübliche Ressourcen definiert, die als Anhaltspunkte dienen können.

2.3. Vergleichende Bewertung

Die vergleichende Bewertung von Programmen hat sich aufgrund der unterschiedlichen Qualitätskriterien und -maßstäbe in den einzelnen Forschungsbereichen in der ersten Begutachtungsrunde als schwierig dargestellt. Aus diesem Grund werden vermehrt sogenannte Cross-Gutachter, die an mehreren Begutachtungen teilnehmen, in die Vorbereitungen der Senatskommission einbezogen. Zusätzlich sollen alle Bewertungen Aussagen dazu treffen, ob das jeweilige Programm unter den besten 10 Prozent, 20 Prozent oder 30 Prozent auf nationaler, europäischer oder internationaler Ebene angesiedelt ist. Außerdem werden künftig je drei Forschungsbereiche in einem Jahr begutachtet, um eine bessere Vergleichbarkeit zu gewährleisten.[437]

2.4. Prämienbudget

Der Wettbewerb besteht aus den beiden folgenden Elementen: Die differenzierte Bewertung der einzelnen Programme sowei eine vergleichende Betrachtung der Programme. Zur Übersetzung der vergleichenden Bewertung in eine differenzierte Finanzierung der Programme ist für die zweite Begutachtungsrunde die Einrichtung eines „Prämienbudgets" vorgesehen. Das Prämienbudget entsteht aus der Differenz zwischen den (über die Summe der Programme) nominal konstant geplanten Kosten der Forschungsbereiche. Dieses Prämienbudget wird vollständig durch den Senat auf der Basis der Gutachtervoten auf die Programme als Zusatzbudget verteilt. Durch die Dotierung eines Programms über den durchschnittlichen Aufwuchs eines Forschungsbereichs hinaus hat der Senat in

---

436 HGF 2006: 6f.

437 HGF 2006: 12.

seinen Finanzierungsempfehlungen die Möglichkeit, die aus seiner Sicht wichtigsten strategischen Linien mit erhöten Kapazitäten zu verfolgen. Eine Sonderregelung berücksichtigt die speziellen Belange beim Bau von Großgeräten mit multinationaler Finanzierung.[438]

2.5. Verhältnis von zentreninternen und programmübergreifenden Begutachtungen

Um doppelten Aufwand bei Begutachtungen zu vermeiden, wurde außerdem nun verbindlich festgelegt, dass die Beratungsgremien der Zentren die wissenschaftlichen Organisationseinheiten regelmäßigen wissenschaftlichen Begutachtungen unterziehen sollen, die nach Möglichkeit zeitlich zwischen Programmbegutachtungen angesiedelt sind. Zwischen strategischer Programmbegutachtung auf Helmholtz-Ebene und Instituts- oder/und Zwischenbegutachtung auf Zentrenebene soll ein enger Informationsfluss erfolgen, indem den Gutachtergremien Ergebnisse der jeweils vorangegangenen Begutachtung zur Verfügung gestellt werden.[439]

2.6. Neue Governance-Struktur

2005 wurde mit Prof. Jürgen Mlynek ein neuer Präsident der Helmholtz-Gemeinschaft gewählt. In der Fortentwicklung des Verfahrens initiierte er eine Änderung in der Governance-Struktur. 2006 wurde das Präsidium von drei auf acht Vizepräsidenten erweitert, bestehend aus den sechs Forschungsbereichskoordinatoren, die gleichzeitig Vorstände eines Zentrums sind und zwei kaufmännischen Vorständen als administrative Vizepräsidenten. Durch diese Erweiterung des Präsidiums ist anzunehmen, dass die Ebene der Forschungsbereiche im Organisationsgefüge der Helmholtz-Gemeinschaft gestärkt wird und Präsidium und Mitglieder, aus deren Reihen die Vizepräsidenten gewählt werden, stärker miteinander verzahnt werden. Insgesamt erscheint dies als ein Schritt zur stärkeren Integration der Helmholtz-Gemeinschaft.

438 HGF 2006: 12f.

439 HGF 2006: 15.

Abbildung 17: Struktur des Helmholtz-Gemeinschaft e.V. seit 2006

Ausschuss der Zuwendungsgeber
Senat
Senatskommission
Präsident
8 Vize-Präsidenten
Administration
Energie
Erde und Umwelt
Gesundheit
Schlüssel-technologien
Struktur der Materie
Luftfahrt, Raumfahrt und Verkehr

Mitgliederversammlung	
Alfred-Wegener-Institut für Polar- und Meeresforschung	Helmholtz-Zentrum München
Deutsches Elektronen-Synchotron	Gesellschaft für Schwerionenforschung
Deutsches Krebsforschungszentrum	Helmholtz-Zentrum Berlin für Materialien und Energie
Deutsches Zentrum für Luft- und Raumfahrt	Helmholtz-Zentrum für Infektionsforschung
Forschungszentrum Jülich	Helmholtz-Zentrum für Umweltforschung
Forschungszentrum Karlsruhe	Max-Delbrück-Centrum für Molekulare Medizin
GKSS-Forschungszentrum Geesthacht	Max-Planck-Institut für Plasmaphysik
Helmholtz-Zentrum Potsdam-Deutsches GeoForschungsZentrum	

Quelle: Modifizierte Darstellung der Helmholtz-Gemeinschaft

2.7. Erweitertes Konzept für den Impuls- und Vernetzungsfonds

Gleichzeitig wurde das Konzept des Impuls- und Vernetzungsfonds weiterentwickelt und das Budget signifikant erhöht. Seit 2005 wurde der IVF von zunächst 25 Mio. € der jährlich zu vergebenden Summe auf 57 Mio. € im Jahr 2008 aufgestockt. Im Rahmen einer externen Evaluation wurde dem IVF als strategischem Instrument für die Erneuerungsfähigkeit der Helmholtz-Gemeinschaft entscheidende Bedeutung beigemessen.[440]
Während in den ersten Jahren auch viele kleinere Projekte gefördert wurden, soll der Fonds nun bewusst für größere, strategische Projekte genutzt werden.

Zusätzlich zu seiner bisherigen Ausrichtung[441] soll der Impuls- und Vernetzungsfonds noch stärker als bisher für den Anschub neuer Forschungsthemen und die Bearbeitung von Querschnittsaspekten genutzt werden, die über mehrere Programme und gegebenenfalls Forschungsbereiche hinweg greifen. Hierfür wurden 2006 fünf Förderelemente konzipiert:[442]

440 HGF (2008): Bericht über die Evaluierung des Impuls- und Vernetzungsfonds der Helmholtz-Gemeinschaft, Berlin, 24.01.2008.

441 Vgl. Kapitel D 5.2.4.3.

442 http://www.helmholtz.de/de/Wir_ueber_uns/Impuls-_und_Vernetzungsfonds.html [Datum des Zugriffs 22.02.2008].

Die „Helmholtz-Allianzen" dienen dem Ausbau international sichtbarer „Leuchttürme": Gemeinsam mit universitären und anderen externen Partnern sollen in Verbünden mit erkennbar kritischer Masse für die Helmholtz-Gemeinschaft strategisch wichtige Themen bearbeitet werden, mit denen Zukunftsfelder besetzt werden. Das Gesamtvolumen einer Allianz beträgt zwischen fünf und zehn Millionen Euro pro Jahr in Vollkosten. Dieses Budget wird über einen Zeitraum von fünf Jahren gemeinsam durch den Impuls- und Vernetzungsfonds und die beteiligten Helmholtz-Zentren mit ihren Partnern finanziert.

Mit den seit 2003 bestehenden Virtuellen Instituten soll die Zusammenarbeit zwischen Hochschulen und Helmholtz-Zentren neu initiiert oder ausgebaut werden. Einige Virtuelle Institute sind Kern größerer Kooperationsnetzwerke von nationaler Bedeutung geworden. Insofern haben die Virtuellen Institute Durchlässigkeit geschaffen und das Bewusstsein für die Kooperation erhöht. Im Rahmen der bisherigen drei Ausschreibungsrunden wurden mit insgesamt rund 55 Mio. € 77 Virtuelle Institute gefördert, an denen 170 Hochschulpartner von 52 verschiedenen deutschen Hochschulen beteiligt sind.

Auch weiterhin soll ein Schwerpunkt des Impuls- und Vernetzungsfonds die gezielte Förderung des wissenschaftlichen Nachwuchses auf allen Qualifikationsebenen sein. Diese soll künftig in noch engerer Kooperation mit den Hochschulen geschehen als bisher. Fördermaßnahmen sind hier Helmholtz-Kollegs, der Aufbau von Graduate Schools an den Helmholtz-Zentren, Nachwuchsgruppen sowie die Helmholtz-Akademie für Führungskräfte. Gefördert werden derzeit 68 Helmholtz-Hochschul- und Helmholtz-Nachwuchsgruppen mit insgesamt über 36 Mio. €. In den nächsten Jahren soll die Zahl auf rund 100 erhöht werden.

Etwa 10 Prozent der Mittel des Fonds sollen zur Verfügung stehen, kurzfristig Empfehlungen des Senats umzusetzen, notwendige Investitionen zu tätigen oder exzellente Wissenschaftlerinnen oder Wissenschaftler zu gewinnen oder/und zu halten.

3. Bewertung der Reform als geeignetes Steuerungsmodell

3.1. Der Prozessverlauf im Lichte des Korporativen Föderalismus

Betrachtet man den gesamten Prozessverlauf, welcher zum Konzept der programmorientierten Förderung geführt hat, so stellt sich zunächst die Frage, wie der Aufwand der Konzepterstellung zu bewerten ist. Geht man von einem idealtypischen Prozessverlauf zur Umsetzung einer Strukturreform aus, so wäre zu argumentieren, dass der Dialogprozess offensichtlich zu lang, nicht ausreichend strukturiert und auf einen Konsens des kleinsten gemeinsamen Nenners angelegt war. Die Härte der Entscheidung sei dabei durch die Länge der Verhandlung ersetzt worden.

Diese Argumentation würde jedoch die Umstände und Rahmenbedingungen verkennen, in welchen diese Neustrukturierung stattgefunden hat. Veränderungsprozesse mit radikalen Schnitten bedürfen eindeutiger Machtverhältnisse, in denen der Initiator der Veränderung über ausreichend Macht verfügt, um seine Vorstellungen durchzusetzen. Ist dies nicht der Fall, besteht die Gefahr, dass der Prozess scheitert, noch ehe er begonnen hat. Diejenigen, die Teil des Veränderungsprozesses sein sollen, werden alle Möglichkeiten nutzen, um den Veränderungsprozess zu verhindern. Die ursprüngliche Konzeption der Senatsarbeitsgruppe „Struktur der Helmholtz-Gemeinschaft" kann hierfür als Beispiel dienen. Sie hatte eine „Programm-Management-Holding" vorgesehen, die erforderte, dass die Zentren Kompetenzen abgeben zugunsten einer starken Helmholtz-Gemeinschaft.[443] Dadurch hätte die Helmholtz-Gemeinschaft an Verhandlungsstärke gegenüber den Zuwendungsgebern gewonnen und vermutlich eine durchgängige Systematik der Finanzierungsstruktur etablieren können. Offensichtlich war dieses Modell, welches starke Anleihen an Unternehmensstrukturen aus der Wirtschaft genommen hatte, jedoch zu radikal und wurde daher von den Zentrenvorständen der Helmholtz-Gemeinschaft nicht weiter verfolgt.

In der Ausgangssituation der Reform zeichnen die Machtverhältnisse geradezu idealtypisch das System des Korporativen Föderalismus in Deutschland nach, in welchem dem Staat nur eine semi-souveräne Machtposition zukommt:[444]

Die Spitze des BMBF als Initiator des Prozesses war nicht in der Lage, allein zu handeln, sondern war angewiesen auf die Länder, das Bundesfinanzministerium und den Bundesrechnungshof, um eine staatliche Machtposition gegenüber den Zentren der Helmholtz-Gemeinschaft zu formieren. Die Helmholtz-Gemeinschaft als Zielobjekt der Reform besaß demgegenüber einen relativ hohen Grad an Autonomie als Teil des deutschen Wissenschaftssystems. Vor diesem Hintergrund kommen zwei weitere Umstände ins Spiel, die eine Reform erst möglich machten:

1. Der hohe Anteil der Finanzierung von 90 Prozent, der dem Bund die Rolle des Mehrheitseigners zukommen ließ und dadurch die Rolle der Länder weitgehend marginalisierte

2. Die Heterogenität der Helmholtz-Zentren in den Interessen und Zielvorstellungen, die es der Helmholtz-Gemeinschaft nur schwer ermöglichten, geschlossen gegenüber dem BMBF aufzutreten.

Vor diesem Hintergrund gab es nur den Weg eines aufwändigen und stark vernetzten Prozesses, der eine Vielzahl von Akteuren mit einbezog und der letztlich

---

443 Vgl. Kapitel D 1.1.

444 Vgl. Kapitel B 4.3.2.

von vielen Kompromissen geprägt sein musste. Ein radikalerer Reformansatz wäre zwar aus systemlogischen Gründen wünschenswert gewesen, hätte vermutlich weniger Aufwand durch weniger Steuerungsebenen bedeutet, wäre aber aus politischen Gründen vermutlich gescheitert.

Stellt man die Reform in den Kontext der jahrzehntelangen Steuerungsbemühungen des BMBF und der ebenso langen Forderung der Zentren nach stärkerer Flexibilisierung der administrativen Rahmenbedingungen, ist es umso erstaunlicher, dass diese Reform in weniger als einer Legislaturperiode im Grundsatz verwirklicht wurde.

3.2. Messbarkeit des Steuerungserfolgs anhand qualitativer Kriterien

3.2.1. Darstellung der Ziele, Maßnahmen und Wirkung

Doch rechtfertigt der Aufwand letztlich das Ergebnis? Nimmt man die zu Beginn des Prozesses von den Akteuren formulierten Ziele[445] und ordnet die im Konzept vorgesehenen Maßnahmen zu, so ergibt sich aufgrund der durchgeführten Bestandsaufnahme folgendes Bild im Hinblick auf die erreichte Wirkung:

Abbildung 18: Vergleichende Darstellung der Ziele, Maßnahmen und Wirkung der POF

Ziele	Maßnahme	Wirkung
Strategie		
Identifikation von strategisch / gesellschaftlich relevanter Forschung	Strategische Relevanz ist Kriterium für Förderentscheidung und fließt ein in - Forschungspolitische Vorgaben - Programmerstellung - Berichtswesen (Kennzahlen) - Begutachtung	• Verstärkte Strategiediskussion in den Zentren und Lenkungsausschüssen • Stärkere Profilbildung der Zentren durch interne Umschichtungen und Abstimmung mit den Forschungsaktivitäten anderer Zentren • Zentren stellen sich verstärkt komplementär auf • Initiierung von Entwicklungs- und Veränderungsprozessen • Bessere Absprache bei großen Investitionen
Identifikation und Sichtbarmachung von Spitzenforschung	• Durchgängige internationale Begutachtung (zentrenintern und programmweit) • Strategie zur Umbenennung der Zentren in „Helmholtz-Zentren"	• Öffentlich anerkannte Spitzenforschung durch insgesamt sehr positives Ergebnis der Begutachtungen • Markenbildung national / international • Änderung oder/und Schließung einiger Programme / Bereiche
Verknüpfung von abstrakten Zielen mit der operativen Ebene unter Einsatz von Steuerungs- und Controlling-Instrumenten	Einführung von Controlling-Instrumenten (KLR, Kennzahlensystem, Berichtswesen) auf Basis der Balanced Scorecard	• Verstärkte Kostentransparenz • Stärkung von Managementstrukturen • Erhöhter Aufwand durch umfangreiches Berichtswesen • Kennzahlen sind bislang keine ausreichende Grundlage für Entscheidungen in den Ministerien • Überleitungsrechnung in kamerales Rechnungswesen erforderlich aufgrund Kameralistik im öffentlichen Haushaltswesen

[445] Vgl. Kapitel C 2.5, Abb. 10.

Wettbewerb / Flexibilisierung		
Leistungsbezogene Förderung von Spitzenforschung durch mehr Wettbewerb	• Outputorientierte Förderentscheidung auf der Basis der Begutachtungen • Möglichkeit der Überzeichnung • Ausschreibungen durch Impuls- und Vernetzungsfonds	• Nicht durchgängiger Wettbewerb i.S. von alternativen Vorschlägen zur Ausfüllung der Programme • Einige Programme wurden geschlossen • Finanzielle Verschiebungen waren gering • Exzellent begutachtete kleine Programme hatten nur geringen Aufwuchs • Besserstellungsverbot blockiert international wettbewerbsfähige Gehälter
Schnelleres Aufgreifen innovativer Forschungsgebiete	• Stärkeres Umschichten von Ressourcen innerhalb von Zentren und der HGF • Flexibilisierungsinstrumente	▪ Realisierung neuer Projekte (NCT, Stammzellforschung, Systembiologie) wurde möglich ▪ Abschaffung des Stellenplans und Überjährigkeit der Mittelverwendung ermöglicht Flexibilität ▪ Globalhaushalt wurde nicht vollständig verwirklicht ▪ Für stärkere Umschichtungen sind weitere dienstrechtliche Flexibilisierungen erforderlich
Stärkere Nachwuchsförderung	• Hohe Förderpriorität im Impuls- und Vernetzungsfonds (z.B. Einrichtung von Nachwuchsarbeitsgruppen, Graduiertenschulen,Helmholtz-Akademie für Führungskräfte)	• Anerkannte Instrumente mit Vorbildfunktion für Universitäten und außeruniversitäre Forschung

Ziele	Maßnahme	Wirkung
Kooperation		
Vermeidung von Doppelforschung / Gewinnung von Synergieeffekten	▪ Förderung von Programmen statt Zentren ▪ Stärkung von Kooperation in der Förderung ▪ Bessere Vernetzung mit Universitäten	▪ Zentren- und disziplinübergreifende Systemnetzwerke (EOS, Tsunami-Frühwarnsystem) ▪ Bessere Vernetzung mit Universitäten z.B. durch Virtuelle Institute ▪ Möglichkeit von „Vermeidungsstrategien" ▪ Kooperation zwischen Forschungsbereichen wird durch Budgetfragen erschwert
Stärkung des Transfers von der Grundlagenforschung in die Anwendung	▪ Anzahl der Schutzrechte / Lizenzen und ▪ Kooperation mit der Industrie als Kriterium / Kennzahl für Förderentscheidung ▪ Ausgründungsunterstützung durch Impuls- und Vernetzungsfonds	▪ Stärkung der Helmholtz-internen Diskussion ▪ Strategische Allianzen mit der Industrie ▪ Translationszentren im biomedizinischen Bereich ▪ Keine sichtbare Steigerung von Ausgründungen
Stärkere Flexibilisierung (Hybridisierung) der Zentrenstruktur / Stärkung von Verbundforschung	▪ Förderung von Programmen statt Zentren ▪ Zentrenübergreifende Systemlösungen (z.B. EOS, Tsunami-Frühwarnsystem)	▪ Auf- und Abwuchs einzelner Forschungsprogramme leichter möglich ▪ Geplante Fusionen einzelner Zentren mit anderen Forschungseinrichtungen (z.B. HZB-Bessy, FZK und Uni KA zu KIT) ▪ Helmholtz-Senat ist Mediator zwischen Helmholtz-Gemeinschaft und Zuwendungsgeber ▪ Zusätzliche Steuerungsebene (Gefahr der Überbürokratisierung) ▪ BMBF hat interne Organisationsstruktur nicht angepasst ▪ Erhöhter Abstimmungsaufwand / Reibungsverluste durch Verstärkung der Gremienstruktur und systemische Kompromisse ▪ Betrieb von Großgeräten passt nicht in POF-Struktur ▪ Ungenügende Einbindung der Wissenschaftler

Hierbei wird deutlich, dass die Wirkungen zum Teil die beabsichtigten Ziele erreicht haben, teilweise (noch) nicht und teilweise sind andere Veränderungen eingetreten, die so vorher nicht beabsichtigt waren.
Unterteilt man daher noch einmal die dargestellten Wirkungen in erreichte und (noch) nicht erreichte Ziele, ergibt sich folgendes Bild:

Abbildung 19: Zielerreichung der programmorientierten Förderung

Ziele	Ziel erreicht	Ziel (noch) nicht erreicht
Strategie		
Identifikation von strategisch / gesellschaftlich relevanter Forschung	• Verstärkte Strategiediskussion in den Zentren und Lenkungsausschüssen • Stärkere Profilbildung der einzelnen Zentren durch interne Umschichtungen und Abstimmung mit den Forschungsaktivitäten anderer Zentren • Zentren stellen sich verstärkt komplementär auf • Initiierung von Entwicklungs- und Veränderungsprozessen • Bessere Absprache bei großen Investitionen	
Identifikation und Sichtbarmachung von Spitzenforschung	▪ Öffentlich anerkannte Spitzenforschung durch insgesamt sehr positives Ergebnis der Begutachtungen ▪ Markenbildung national / international ▪ Änderung bzw. Schließung einiger Programme / Bereiche	▪ Beginn der Umbenennung einzelner Zentren in „Helmholtz-Zentrum für..“
Verknüpfung von abstrakten Zielen mit der operativen Ebene unter Einsatz von Steuerungs- und Controlling-Instrumenten	▪ Einführung einer Kosten-Leistungsrechnung in den Zentren ▪ Verstärkte Kostentransparenz ▪ Stärkung von Managementstrukturen	▪ Erhöhter Aufwand durch umfangreiches Berichtswesen ▪ Kennzahlen sind bislang keine ausreichende Grundlage für Entscheidungen in den Ministerien ▪ Überleitungsrechnung in kame-

		rales Rechnungswesen erforderlich aufgrund Kameralistik im öffentlichen Haushaltswesen

Wettbewerb / Flexibilisierung		
Leistungsbezogene Förderung von Spitzenforschung durch mehr Wettbewerb	▪ Wettbewerb im Rahmen der Überzeichnung und des Impuls- und Vernetzungsfonds	▪ Kein durchgängiger Wettbewerb i.S. von alternativen Vorschlägen zur Ausfüllung der Programme ▪ Finanzielle Verschiebungen waren gering ▪ Exzellent begutachtete kleine Programme hatten nur geringen Aufwuchs ▪ Besserstellungsverbot blockiert international wettbewerbsfähige Gehälter
Schnelleres Aufgreifen innovativer Forschungsgebiete	▪ Realisierung neuer Projekte (z.B. NCT, Stammzellforschung, Systembiologie) wurde möglich ▪ Abschaffung des Stellenplans und Überjährigkeit der Mittelverwendung ermöglicht Flexibilität	▪ Für stärkere Umschichtungen sind weitere dienstrechtliche Flexibilisierungen erforderlich ▪ Globalhaushalt wurde nicht vollständig verwirklicht
Stärkere Nachwuchsförderung	▪ Hohe Förderpriorität im Impuls- und Vernetzungsfonds (z.B. Einrichtung von Nachwuchsarbeitsgruppen, Graduiertenschulen, Helmholtz-Akademie für Führungskräfte)	

Ziele	Ziel erreicht	Ziel (noch) nicht erreicht
Kooperation		
Vermeidung von Doppelforschung / Gewinnung von Synergieeffekten	▪ Zentren- und disziplinübergreifende Systemnetzwerke (EOS, Tsunami-Frühwarnsystem) ▪ Verstärkte Kooperation, auch mit Partnern von außen ▪ Bessere Vernetzung mit Universitäten z.B. durch Virtuelle Institute	▪ Möglichkeit von „Vermeidungsstrategien" ▪ Kooperation zwischen Forschungsbereichen wird durch Budgetfragen erschwert
Stärkung des Transfers von der Grundlagenforschung in die Anwendung	▪ Stärkung der Helmholtz-internen Diskussion ▪ Strategische Allianzen mit der Industrie ▪ Translationszentren im biomedizinischen Bereich	▪ Keine sichtbare Steigerung von Ausgründungen
Stärkere Flexibilisierung (Hybridisierung) der Zentrenstruktur / Stärkung von Verbundforschung	▪ Auf- und Abwuchs einzelner Forschungsprogramme leichter möglich ▪ Geplante Fusionen einzelner Zentren mit anderen Forschungseinrichtungen (z.B. HZB-Bessy, FZK und Uni KA zu KIT) ▪ Helmholtz-Senat ist Mediator zwischen Helmholtz-Gemeinschaft und Zuwendungsgeber	▪ Zusätzliche Steuerungsebene (Gefahr der Überbürokratisierung) ▪ BMBF hat seine interne Organisationsstruktur nicht angepasst ▪ Erhöhter Abstimmungsaufwand / Reibungsverluste durch Verstärkung der Gremienstruktur und systemische Kompromisse ▪ Betrieb von Großgeräten passt nicht in POF-Struktur ▪ Ungenügende Einbindung der Wissenschaftler

3.2.2. Zielerreichung im Bereich Strategie

Aus der Synopse wird deutlich, dass die Reform im Bereich der Strategie folgende Ziele erreicht hat:

- In den Zentren und Forschungsbereichen finden nun verstärkt Strategiediskussionen statt.
- Die einzelnen Zentren versuchen durch interne Umschichtungen ihr Profil zu schärfen und sich in den Forschungsinhalten komplementär auszurichten.
- Hierdurch konnte auch erreicht werden, dass bei größeren Investitionen Absprachen erfolgen, was vor der Reform nicht der Fall gewesen war.

- Die Identifikation und Sichtbarmachung von Spitzenforschung ist durch das insgesamt sehr positive Ergebnis der flächendeckenden Begutachtung gelungen.
- In der Konsequenz wurden weniger gut bewertete Programme in ihrer Ausrichtung geändert und teilweise auch geschlossen.
- Hierdurch ist die Helmholtz-Gemeinschaft auf einem guten Weg, sich national und international als Marke zu etablieren.
- Der Markenbildungsprozess wird dabei unterstützt durch die Umbenennung einzelner Zentren in „Helmholtz-Zentrum für….“

Eine strategische Steuerung wurde bislang jedoch nicht vollständig umgesetzt:

- Die Idee der Balanced Scorecard durch KPMG, also der Einsatz von Steuerungs- und Controllinginstrumenten zur Verknüpfung von abstrakten Zielen mit der operativen Ebene, hat nur teilweise zum Erfolg geführt.
- Zwar ist es durch die flächendeckende Einführung einer Kosten-Leistungsrechnung gelungen, eine verstärkte Kostentransparenz herzustellen, insgesamt konnten die Management-Strukturen gestärkt werden.
- Allerdings bilden die durch das umfangreiche Berichtswesen erstellten Kennzahlen bislang noch keine ausreichende Grundlage für Entscheidungen in den Ministerien. Wurde das wissenschaftsadäquate Controlling also eher in der herkömmlichen Form mit klassischen Bewertungsparametern aus der Wissenschaft verwirklicht? [446] Dem könnte entgegengehalten werden, dass eine totale Steuerbarkeit, wie sie das Konzept der Balanced Scorecard bisweilen suggeriert, in der Wissenschaft weder sinnvoll noch möglich ist.
- Zudem ist aufgrund der kameralen Haushaltssystematik von Bund und Ländern noch immer eine Überleitungsrechnung aus der Kosten-Leistungsrechnung erforderlich.

3.2.3. Zielerreichung im Bereich Wettbewerb / Flexibilisierung

Im Bereich Wettbewerb / Flexibilisierung sind die gesetzten Ziele bereits größtenteils erreicht worden, allerdings besteht auch hier noch ein weiterer Optimierungsbedarf:

- So hat das Instrument der Überzeichnung die Realisierung neuer großer Projekte ermöglicht, wie beispielsweise das Nationale Centrum für Tumorerkrankungen (NCT) in Heidelberg, in Zusammenarbeit mit der Universität und mehreren Klinika im Raum Heidelberg.[447] Das Gebiet der Stammzellforschung konnte durch das Helmholtz-Zentrum München in größerem Rahmen

446 So Möller, Henning (2003): ‚Kontrolle ist gut, Vertrauen ist besser: Zur Entwicklungsgeschichte von Steuerung und Erfolgskontrolle in der Helmholtz-Gemeinschaft‘, in: Technikfolgenabschätzung – Theorie und Praxis Nr.1, S. 57.

447 http://www.dkfz.de/de/nct/index.html [Datum des Zugriffs: 25.03.2008].

aufgegriffen werden und eine Ausschreibung im Impuls- und Vernetzungsfonds hat zu einem deutschlandweiten Kooperationsnetz in der Systembiologie geführt, einem Gebiet, in welchem Deutschland weltweit eine führende Rolle einnimmt.[448]

- In der Nachwuchsförderung hat die Helmholtz-Gemeinschaft in der außeruniversitären Forschung eine führende Rolle eingenommen, indem sie insbesondere im Rahmen des Impuls- und Vernetzungsfonds verschiedene Projekte (z.B. Nachwuchsgruppen, Graduiertenschulen, Helmholtz-Akademie für Führungskräfte) ausschreibt, teilweise in Kooperation mit den Universitäten.
- Im Bereich der Flexibilisierungsinstrumente hat sich die Abschaffung des Stellenplans bewährt. Die Möglichkeit, verstärkt Zulagen an Spitzenforscher zu zahlen, hat die Personalbewirtschaftung nachhaltig flexibilisiert.
- Die Überjährigkeit der Mittelverwendung wird vor allem genutzt im Zuge der Realisierung größerer, komplexer Projekte.

Andererseits sind auch in diesem Bereich nicht alle Ziele erreicht worden:

- Ein echter Wettbewerb im Sinne von alternativen Vorschlägen zur Ausfüllung der Programme besteht nur im kleinen Rahmen der konkurrierenden Anträge und im Impuls- und Vernetzungsfonds.
- Es wurde deutlich, dass die finanziellen Verschiebungen durch die Begutachtung noch sehr gering waren und durchaus in noch höherem Maße stattfinden könnten.
- Dies ist im Zusammenhang zu sehen mit der Tatsache, dass teilweise exzellent begutachtete Programme aufgrund ihres zu geringen Finanzvolumens zwar einen hohen prozentualen, aber real nur einen geringen finanziellen Aufwuchs erfahren haben. Dabei ist jedoch zu bedenken, dass größere finanzielle Umschichtungen mit weiteren personalwirtschaftlichen Flexibilisierungen einhergehen müssten.
- Im Zuge eines echten Globalhaushaltes, mit Einheit von Handlungsverantwortung und Handlungsspielräumen, müsste weiterhin darauf gesehen werden, dass die Elemente des New Public Management nicht zu detailliert umgesetzt werden, um nicht wieder zu Inflexibilität und Überregulierung zu führen. Daneben müsste das Besserstellungsverbot zur Disposition stehen, um weltweit um die besten Forscher und Forschungsmanager konkurrieren zu können.

---

[448] http://www.helmholtz.de/pakt_fuer_forschung_und_innovation/impuls_und_vernetzungsfonds/helmholtzallianzen/helmholtz_allianz_systembiologie/ [Datum des Zugriffs: 25.03.2008].

3.2.4. Zielerreichung im Bereich Kooperation / Hybridisierung der Zentrenstruktur

Die Ziele im Bereich der Kooperation konnten größtenteils erreicht werden:

- Die Helmholtz-Zentren haben ihre Kompetenzen verstärkt zu zentren- und disziplinübergreifenden Netzwerken gebündelt und damit ihre Systemkompetenz unter Beweis gestellt. Zwei Beispiele hierfür sind das Earth-Observation-System (EOS)[449] und das Tsunami-Frühwarnsystem.[450]
- Insgesamt ist eine verstärkte Kooperation zu beobachten, insbesondere mit Partnern außerhalb der Helmholtz-Gemeinschaft und hier vor allem mit den Universitäten. Dies geht maßgeblich auf den Impuls- und Vernetzungsfonds zurück.

Bei den Teilbereichen Technologietransfer und Hybridisierung der Zentrenstruktur besteht hinsichtlich der Zielerreichung noch Optimierungspotential:

- So waren in der ersten Begutachtungsrunde Vermeidungsstrategien einzelner Forschergruppen zu beobachten, um Kooperation und damit auch Wettbewerb im gleichen Gebiet zu umgehen. Es ist jedoch zu vermuten, dass je größer die Transparenz durch weitere Begutachtungen wird, desto schwieriger wird es sein, dem Wettbewerb im gleichen Forschungsgebiet auszuweichen.
- Etwas schwieriger zu lösen ist das Problem, dass neue, interdisziplinäre Forschungsprojekte über Forschungsbereiche hinweg zu starten. Hier wird der Forschungsbereich den zusätzlichen Input einer Forschergruppe aus finanziellen Gründen fürchten, wenn diese nun zusätzlich in der Kooperation um das gleiche Budget eines Forschungsbereichs konkurrieren. Denkbar wäre, dass die zusätzliche Gruppe einen Startwert ihres Budgets in den anderen Forschungsbereich einbringt.
- Die Technologietransfer-Aktivitäten konnten durch die POF gesteigert werden, wobei diese an den Zentren offensichtlich weiterhin mit unterschiedlicher Intensität betrieben werden. Eine sichtbare Steigerung an Ausgründungsaktivitäten ist hingegen nicht zu verzeichnen. Allerdings wurde versucht, durch eine verstärkte Helmholtz-weite Diskussion eine Kultur des Technologietransfers zu etablieren. Im Rahmen des Impuls- und Vernetzungsfonds gab es Unterstützung für Ausgründungen. Gleichzeitig wurden insbesondere im biomedizinischen Bereich eine Reihe von sogenannten Translationszentren mit Universitätsklinika gegründet, um den Wissenstransfer von der Laborbank zum Patienten zu beschleunigen. Zudem wurden sogenannte strategische Allianzen mit der Industrie eingegangen, um gemein-

449 http://nadine.helmholtz-eos.de/intro_en.html [Datum des Zugriffs 22.02.2008].

450 http://www.gfz-potsdam.de/bib/pub/2jb/gfz_04_05_001-010_k.pdf [Datum des Zugriffs 22.02.2008].

sam Forschungs- und Entwicklungsarbeit zu betreiben und dadurch die Transferlücke zu schließen, die zwischen Erkenntnissen der Grundlagenwissenschaft und einem marktfähigen Produkt besteht.

- In ersten Ansätzen war der Versuch erfolgreich, die Zentrenstruktur stärker zu hybridisieren. So ist geplant, dass das bisherige Helmholtz-Zentrum Berlin für Materialien und Energie (HZB) und die bislang in der Leibniz-Gemeinschaft ansässige Berliner Elektronenspeicherring-Gesellschaft für Synchrotronstrahlung (BESSY) am 01.01.2009 zum Helmholtz-Zentrum Berlin fusionieren. Ebenfalls fusionieren werden das FZK und die Technische Universität Karlsruhe zum Karlsruhe Institut of Technology (KIT).[451] Ganz im Sinne des New Public Management wurde außerdem der Helmholtz-Senat als Mediator zwischen Helmholtz-Gemeinschaft und Zuwendungsgeber konzipiert; die externe Steuerung wird nicht mehr durch das bilaterale Verhältnis der Zuwendungsgeber zu einem einzelnen Zentrum dominiert. Allerdings haben die Zuwendungsgeber im Senat und durch den Ausschuss der Zuwendungsgeber noch eine relativ starke Stellung.
- Auf- und Abwüchse einzelner Forschungsprogramme sind möglich, die Umsetzungen der Finanzierungsempfehlungen erfolgen durch die Zentrenvorstände innerhalb der Zentren.
- Die Kehrseite einer verstärkten Abstimmung und Kooperation unter Beibehaltung der Zentrenstruktur ist eine zusätzliche Steuerungsebene.
- Durch die ausgeweitete Gremienstruktur sind außerdem ein erhöhter Aufwand und Reibungsverluste zu verzeichnen. Die Reibungsverluste werden verstärkt durch die Tatsache, dass das BMBF seine interne Organisation nicht an die neue Struktur der Helmholtz-Gemeinschaft und Forschungsbereiche angepasst hat. Die Zentren haben in den Betreuungsreferaten keine direkten Ansprechpartner mehr, da ein Großteil der Zuständigkeiten nun bei den Grundsatzreferaten liegt.
- Der Betrieb von Großgeräten wie beispielsweise die großen Teilchenbeschleuniger bei DESY und GSI passt nicht in eine flexible Programmstruktur. Der Bau und Betrieb dieser Geräte verläuft über Zeiträume von 20 Jahren und mehr. Die internationale Finanzierungsbeteiligung lässt die Steuerbarkeit durch POF schnell an ihre konzeptionellen Grenzen stoßen.
- Schließlich ist es noch nicht gelungen, die Wissenschaftler von den Vorteilen einer programmorientierten Förderung zu überzeugen.

4. Zukünftige Entwicklungen / Gestaltungsempfehlungen

Mit der programmorientierten Förderung ist es gelungen, ein System zu implementieren, welches eine hohe Eigendynamik aufweist. So haben die Zentren begonnen, sich funktional äquivalent zu den Bewertungsparametern der programmorientierten Förderung aufzustellen, indem sie interne Umstrukturierun-

451 Vgl. ausführlicher weiter unten unter Kapitel E 4.2.

gen vornehmen und sich komplementär in den Forschungsinhalten zueinander positionieren. Doch wie werden die weiteren Entwicklungen aussehen? Wird sich das System mit den Elementen des Wettbewerbs und der Hybridisierung in seiner Wirkung verstärken oder werden die Zentren kollektive Gegenstrategien entwickeln, welche die gewünschten Effekte gefährden? Müssen am Ende neue Ziele definiert werden, nachdem die in der ersten Runde gesteckten Ziele weitgehend erreicht wurden?

4.1. Beibehaltung der rechtlichen Selbständigkeit?

Im Laufe des Prozesses der Konzeptionierung und Operationalisierung war die Frage erörtert worden, ob die rechtliche Selbständigkeit der Zentren beibehalten werden sollte oder ob nicht zumindest fachlich eng verwandte Arbeitsgruppen der Zentren oder/und ganze Institute oder Zentren in eine gemeinsame Trägerschaft zusammengeführt werden sollten.[452]

Viele der noch nicht oder nur ungenügend erreichten Ziele lassen sich in Zusammenhang bringen mit der rechtlichen Selbständigkeit der Helmholtz-Zentren. Hervorzuheben wäre hier insbesondere der erhöhte Abstimmungsaufwand, der sich in einer großen Anzahl an Teilschritten bei der Programmbeantragung, Durchführung und dem Controlling bemerkbar macht und zu mehreren systemischen Brüchen des Konzepts geführt hat.[453] Andererseits haben die Evaluationen von MPG[454] und FhG[455] deutlich gemacht, dass Probleme der Kooperation auch in Organisationen mit unselbständigen Instituten bestehen können.[456]

Aufgrund der Heterogenität der Zentren in ihrer Struktur und Aufgabenstellung würde eine einheitliche Form der Weiterentwicklung vermutlich wieder zu erheblichem Mehraufwand und Kompromissen in der Konzeptstruktur führen. Während im Gesundheitsbereich oder dem Forschungsbereich „Erde und Umwelt“ durchaus vorstellbar ist, dass sich die Zentren noch enger zusammenschließen, scheint dieser Weg kaum eine Option zu sein für die großen multithematischen Zentren.

Ein erster Schritt, um die sich überschneidenden Strukturen zwischen Forschungsbereichskoordinatoren und Zentrenvorständen auszugleichen, wurde mit der Neuordnung der Governance-Struktur 2006 vollzogen. Seitdem sind alle Forschungsbereichskoordinatoren gleichzeitig Vorstand eines Zentrums und in dieser Funktion Vizepräsidenten. Möglicherweise werden die Zentren, welche den Forschungsbereichskoordinator oder/und Vizepräsident stellen, mittelfristig eine gewisse Führungsrolle im jeweiligen Forschungsbereich übernehmen. Einige Zentren haben zwischenzeitlich die Bezeichnung „Helmholtz-Zentrum“ in

452 Wissenschaftsrat 2001:85 f.

453 So auch formuliert in HGF (2001d): 2.

454 Internationale Kommission 1999.

455 Evaluierungskommission (1998): ‚Systemevaluierung der Fraunhofer-Gesellschaft. Bericht der Evaluierungskommission‘, München.

456 So auch Wissenschaftsrat 2001: 85.

ihren Namen aufgenommen oder/und sich umbenannt.[457] Auch dies könnte ein Indiz sein für die fortschreitende Integration der Helmholtz-Gemeinschaft.

4.2. Überwindung der Versäulung: Allianzen von Helmholtz-Zentren und Universitäten

▪ **Karlsruhe Institute of Technology**

Einen neuartigen Weg hat das Forschungszentrum Karlsruhe beschritten. Im Rahmen der Exzellenzinitiative hat das FZK gemeinsam mit der Technischen Universität Karlsruhe den erfolgreichen Antrag gestellt, die beiden Einrichtungen unter dem Namen Karlsruhe Institute of Technology (KIT) zusammenzuführen. Das KIT soll eine weltweit führende Wissenschaftseinrichtung nach dem Vorbild des US-amerikanischen MIT (Massachusetts Institute of Technology) werden.[458] Nachdem im Dezember 2007 der Gründungsvertrag unterzeichnet wurde, steht seit Februar 2008 fest, dass beide Einrichtungen miteinander fusionieren werden.[459] Damit umfasst das KIT 8.000 Mitarbeiter und 600 Mio. € Etat. Das KIT soll dabei zukünftig zwei Missionen erfüllen - als Landesuniversität und als außeruniversitäre Großforschungseinrichtung, mit getrennten Finanzströmen von Bund und Land für beide Missionen. Dieser Schritt erscheint angesichts der jahrzehntelangen Diskussion um Bund-Länder-Kompetenzen im Forschungs- und Hochschulbereich und der Versäulung der deutschen Wissenschaftslandschaft geradezu revolutionär.

Interessant ist, dass alle beteiligten Akteure offensichtlich bewusst die Grenzen der bisherigen Ordnung der deutschen Wissenschaftslandschaft sprengen möchten, um neue Strukturen zu schaffen.[460] Inwieweit die Fusion wirksam umgesetzt wird, wäre Aufgabe einer späteren Arbeit.[461] Ein interessanter Aspekt wird dabei sein, welchen Einfluss diese Entwicklung auf die Struktur der programmorientierten Förderung hat.

---

457 Helmholtz-Zentrum Berlin für Materialien und Energie, Helmholtz-Zentrum für Infektionsforschung, Helmholtz-Zentrum München, Helmholtz-Zentrum Potsdam – Deutsches GeoForschungsZentrum-GFZ, Helmholtz-Zentrum für Umweltforschung.

458 Vgl. zum Konzept des KIT das Eckpunktepapier des Bundesministeriums für Bildung und Forschung, des Wissenschaftsministeriums sowie des Wirtschaftsministeriums des Landes Baden-Württemberg, der Helmholtz-Gemeinschaft, der Forschungszentrum Karlsruhe GmbH und der Universität Karlsruhe zur Gründung des Karlsruhe Institute of Technology, 21.11.2006 unter http://www.bmbf.de/pub/eckpunktepapier_kit.pdf [Datum des Zugriffs: 01.03.2008].

459 Vgl. Krauß, Bärbel (2008): ‚<Zukunftsmodell> für die Verzahnung der Wissenschaft‘, in: Stuttgarter Zeitung, 19.02.2008, Verfügbar unter http://www.stuttgarter-zeitung.de/stz/page/detail.php/1639588 [Datum des Zugriffs: 01.03.2008].

460 Vgl. van Bebber, Frank (2008): ‚Rheinische Freiheit: Land oder Bund? Knifflige Rechtsprobleme bei der Bildung des KIT‘, in: Tagesspiegel vom 25.02.2008, Verfügbar unter: http://www.tagesspiegel.de/magazin/wissen/;art304,2483086 [Datum des Zugriffs: 01.03.2008]

461 Vgl. ausführlicher zum Projekt KIT: Rehburg, Meike (2007): ‚Verbündete im Wettbewerb. Neue Formen der Kooperation im Zuge der Exzellenzinitiative, dargestellt am Beispiel des Karlsruher Instituts für Technologie‘, Friedrich Ebert-Stiftung, Bonn.

Die Aufsichtsratsfunktion soll durch den Präsidenten der Helmholtz-Gemeinschaft, Prof. Jürgen Mlynek wahrgenommen werden. Auch wenn diese Aufgabe *ad personam* und nicht *ex officio* übertragen wurde, sind Auswirkungen auf die Governancestruktur der Helmholtz-Gemeinschaft nicht auszuschließen, um mögliche Interessenkollisionen des Präsidenten als Präsident der Gemeinschaft und Aufsichtsratsvorsitzender eines Zentrums zu vermeiden.

- **Jülich-Aachen Research Alliance**

Die Jülich - Aachen Research Alliance (JARA) zwischen dem Forschungszentrum Jülich und der Technischen Hochschule Aachen ist ein weiteres Beispiel einer strategischen Allianz eines Helmholtz-Zentrums mit einer Universität. Diese Allianz soll nach dem Willen der Initiatoren „ein Modell einer international hoch angesehenen Partnerschaft zwischen universitärer und außeruniversitärer Forschung" schaffen, indem gezielt international ausgewiesene Forschungsfelder verbunden werden, die sich in ihrem fachlichen Profil ergänzen und personelle und sachliche Ressourcen gemeinsam genutzt werden, um sich gegenseitig in Forschung und Ausbildung zu unterstützen.[462]

- **Forschungsallianz Heidelberg**

Auch in Heidelberg hat sich eine Forschungsallianz formiert zwischen dem Deutschen Krebsforschungszentrum (DKFZ) und dem Zentrum für Molekulare Biologie (ZMBH) der Universität Heidelberg. Universität und DKFZ wollen mit gemeinsamen Forschungs- und Förderprogrammen, gemeinsamen Leitungsgremien, gemeinsamer Nutzung der wissenschaftlichen Infrastruktur sowie mit gemeinsamen Berufungen finanzielle, wissenschaftliche und personelle Ressourcen besser nutzten und Plattformtechnologien stärker auslasten. Damit soll die Anziehungskraft für hochkarätige Wissenschaftler weiter gesteigert und die international führende Position Heidelbergs im Bereich der molekularen Lebenswissenschaften ausgebaut werden.[463]

Diese drei Beispiele, die im Rahmen der Exzellenzinitative initiiert wurden, zeigen, wie viel strukturelle und strategische Dynamik bei den Helmholtz-Zentren möglich ist, wobei auch hier deutlich wird, dass es nicht den einen Weg oder die

---

462 Vgl. Forschungszentrum Jülich (2007): ‚JARA - Jülich-Aachen Research Alliance', Pressemitteilung, 6. August 2007, Verfügbar unter http://www.fz-juelich.de/portal/index.php?index=721&cmd=show&mid=509 [Datum des Zugriffs: 23.05.2008].

463 Vgl. DKFZ (2007): ‚Deutsches Krebsforschungszentrum und Zentrum für Molekulare Biologie der Universität Heidelberg gründen Forschungsallianz', Pressemitteilung, 7. Dezember 2007, Verfügbar unter: http://www.dkfz.de/de/presse/pressemitteilungen/2007/dkfz_pm_07_78.php [Datum des Zugriffs: 23.05.2008].

eine Art der Kooperation gibt, die auf alle Helmholtz-Zentren angewendet werden kann.

4.3. Ein Modell für den Forschungsbereich Gesundheit

4.3.1. Anforderungen an einen Zusammenschluss

Verschiedentlich wurde prognostiziert, dass sich die themenverwandten Zentren zusammenschließen und in ihrem Bereich sogenannte National Laboratories nach US-amerikanischem Vorbild formen. Das Deutsche Zentrum für Luft- und Raumfahrt ist auf diese Weise entstanden.[464] Im Bereich des Forschungsbereichs Gesundheit sind ähnliche Überlegungen wieder in der Diskussion, nachdem die bisherigen Initiativen des Deutschen Krebsforschungszentrums in der Vergangenheit nicht zum Erfolg geführt haben.[465] Die überwiegend im biomedizinischen Bereich tätigen Zentren Deutsches Krebsforschungszentrum in Heidelberg, Helmholtz-Zentrum München in Neuherberg bei München, Helmholtz-Zentrum für Infektionsforschung in Braunschweig und Max-Delbrück-Zentrum in Berlin-Buch haben im Zuge der POF ihre Zusammenarbeit intensiviert und könnten die Keimzelle für ein Deutsches Gesundheitsforschungszentrum bilden. Der Grad der Zusammenarbeit kann dabei reichen von der verstärkten Absprache bei Berufungen bis hin zu einem rechtlichen Zusammenschluss der Zentren mit einem Vorstand. Die Vorteile einer Zusammenarbeit lägen in einer verstärkt komplementären Ausrichtung und damit der Vermeidung von Doppelforschung. Kompetenzen könnten möglicherweise noch stärker gebündelt werden. Von einem Gesundheitsforschungszentrum als rechtlicher Einheit wäre außerdem ein einheitlicher Auftritt und damit eine bessere Sichtbarkeit der Gesundheitsforschung in Deutschland zu erwarten.
Gleichzeitig ist jedoch zu beachten, dass die biomedizinische Forschung, welche außerhalb der Helmholtz-Gemeinschaft in Kliniken, Universitäten und anderen Forschungsorganisationen stattfindet, nicht ausgeschlossen werden darf. Aus diesem Grunde sollten die Strukturen möglichst offen und flexibel sein.

Gegen zusätzliche Strukturen oder/und eine Deckungsgleichheit von Forschungsbereichen und Zentren spräche allerdings, dass dadurch die Flexibilität der POF wieder rückgängig gemacht würde. Forschungsbereiche kann man schließen, Zentren nicht (so zumindest die Erfahrung der vergangenen Jahrzehnte). Zudem müssten andere Wettbewerbsinstrumente eingeführt werden, da die bestehenden Wettbewerbselemente vermutlich bei der Deckungsgleichheit von Forschungsbereich und Forschungszentrum keinen ausreichenden Wettbewerb herstellen könnten. Schließlich bestünde auch die Gefahr der Abschottung zu anderen Forschungsinstituten oder/und neuen Themengebieten sowie der Selbstreferentialität wissenschaftlicher Leistung.

---

464 Vgl. Kapitel C 1.1.

465 Vgl. Kapitel D 1.6.

So muss die Frage gestellt werden, ob das Streben der Zentren zur komplementären Aufstellung und einem engeren Zusammenschluss am Ende als kollektive Gegenstrategie zu gefordertem Wettbewerb und Flexibilität der programmorientierten Förderung zu werten ist.

4.3.2. Gemeinsamer Aufsichtsrat und Projektträgerschaft als Bindeglied

Auf Basis dieser Überlegungen könnte ein wirksames Modell für die Gesundheitsforschung folgendermaßen aussehen: Die vier Gesundheitszentren behalten (zunächst) ihre rechtliche Selbständigkeit, sind aber über einen gemeinsamen Aufsichtsrat als „Nationale Gesundheitszentren" oder/und Helmholtz-Gesundheitszentren zusammengeschlossen. Die Vorstände bilden ein gemeinsames Entscheidungsgremium, der Vizepräsident für Gesundheit der Helmholtz-Gemeinschaft ist gleichzeitig der Vorsitzende oder/und Sprecher dieses Gremiums. Auch die wissenschaftlichen Räte der Zentren bilden einen gemeinsamen wissenschaftlichen Rat.

Durch diese Konstruktion könnte erreicht werden, dass Strategien und die damit einhergehende Berufungspolitik noch besser abgestimmt werden. Die Forschungsaktivitäten der vier Gesundheitszentren sollten allerdings nicht zu 100 Prozent deckungsgleich sein mit dem Forschungsbereich Gesundheit, um weiterhin ausreichend Wettbewerb und Flexibilität zu gewährleisten. Andere Helmholtz-Zentren sollten immer die Möglichkeit haben, mit diesem Bereich zu kooperieren. Hierdurch sollen neue, auch forschungsbereichsübergreifende Themen leichter Eingang finden. Die Gefahr der Abschottung oder/und Selbstreferentialität der Gesundheitszentren könnte dadurch verringert werden.

Durch diese Konzentration der Gesundheitsforschung würde ein Gravitationszentrum entstehen, welches die übrige biomedizinische Forschung animieren kann zu verstärkter Kooperation. Würde man diesen Zentrenverbund zusätzlich mit der Projektträgerschaft für den Gesundheitsbereich ausstatten, könnte die Koordination und Kooperation noch verstärkt werden.[466] Gleichzeitig hätten Politik und Öffentlichkeit einen zentralen Ansprechpartner für Gesundheitsfragen. Die Aufgabe der rechtlichen Selbständigkeit der Zentren ist möglicherweise ein weiterer Entwicklungsschritt. Um den Veränderungsaufwand gering zu halten, sollten jedoch strukturelle Veränderungen an die Funktionen angepasst werden und nicht umgekehrt.[467]

---

466 Dieser Vorschlag ist abhängig von der z.Zt. geführten Diskussion, ob die Vergabe der Projektträgerschaft europarechtlichen Vergaberichtlinien unterworfen ist.

467 In einem ersten wichtigen Schritt haben die vier Gesundheitszentren mit Wirkung zum 01.01.2008 ein sog. Management-Board geschaffen, welches dazu dient, zentrenübergreifende Fragen (z.B. Abstimmung von Forschungsstrategien und den entsprechenden Berufungen) zu entscheiden.

Abbildung 20: Modell für den Forschungsbereich Gesundheit

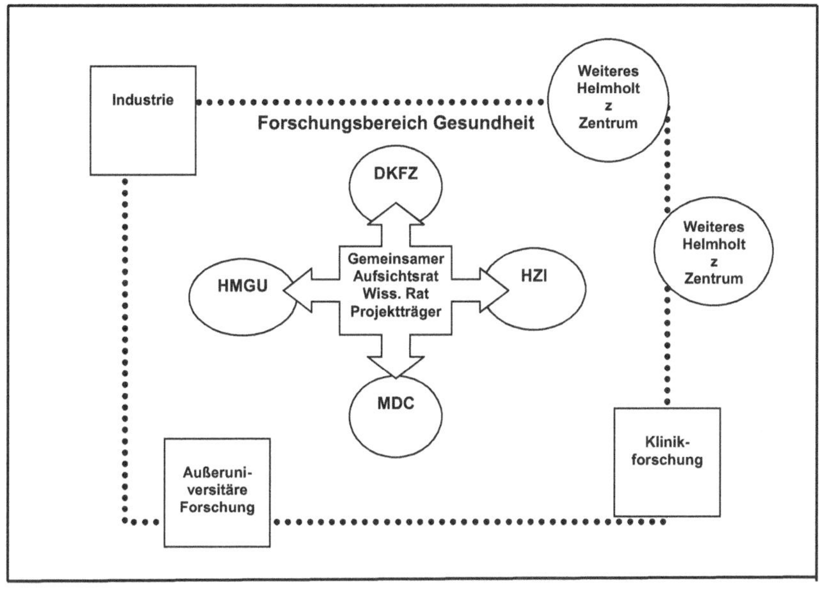

F. Schlussbetrachtung

- ***Bedingte Reformfähigkeit des deutschen Wissenschaftssystems***

Der Verlauf und das Ergebnis des Konzepts zur programmorientierten Förderung für die Helmholtz-Gemeinschaft bestätigen die These, dass das deutsche Wissenschaftssystem als Teil einer koordinierten Marktwirtschaft nach *Hall* und *Soskice* unter bestimmten Voraussetzungen zu Reformen fähig ist, die über An- oder/und Umbauten bestehender Konzepte hinausgehen.[468] Allerdings findet die Reformfähigkeit ihre Grenzen im Verhältnis zu den übrigen Akteuren des deutschen Wissenschaftssystems. Der korporative Föderalismus in Deutschland dient nach wie vor als Systemgarant für die öffentlich geförderte Forschungslandschaft. Entsprechend aufwändig war der stark vernetzte Diskussionsprozess im Vorfeld der programmorientierten Förderung. Die Durchführung leidet an einigen systemischen Inkompatibilitäten, die großteils der Struktur der Helmholtz-Gemeinschaft als Wissenschaftsorganisation zuzurechnen sind (z.B. der 90:10-Finanzierung oder der rechtlichen Selbständigkeit der Zentren).
Aber auch die Schnittstellen zu den Zuwendungsgebern wurden in der Reform nur unzureichend angepasst. So erfolgte bislang keine interne Umstrukturierung des BMBF in Anpassung an die POF; die Kennzahlen aus dem Berichtswesen bilden offensichtlich noch keine ausreichende Basis für Entscheidungen (z.B. für die Forschungspolitischen Vorgaben). Die gestiegene Autonomie der Helmholtz-Gemeinschaft wird zumindest nach Einschätzung verschiedener Akteure zunächst als Bedrohung gesehen, da sie mit reduzierten Aufgaben in den Ministerien einhergehen könnte. Folglich könnte man angesichts dieses Beispiels von einer bedingten Pfadabhängigkeit i.S.von *Hall* und *Soskice* des Reformprojekts sprechen. Eine Anpassung der internen Struktur, verbunden mit Kommunikationsmaßnahmen könnte dazu beitragen, dass die programmorientierte Förderung in den Ministerien vielmehr als Chance zu einer besseren und zielbezogeneren Steuerung gesehen wird.[469] Um Verlässlichkeit und Autonomie des Systems der POF zu stärken, wäre es außerdem nachdenkenswert, die programmorientierte Förderung im Haushaltsgesetz zu verankern.

Bislang ist es offensichtlich noch nicht vollständig gelungen, die Wissenschaftler der Helmholtz-Gemeinschaft vom Ansatz der programmorientierten Förderung zu überzeugen. Eine Erklärung hierfür mag im unterschiedlichen Rollenverständnis liegen. Während Zentrenvorstände neben der wissenschaftlichen Qualität immer die politische Legitimation der Forschungsaktivitäten im Blick haben müssen, möchte und soll sich der Wissenschaftler auf seine Kernaufgabe konzentrieren. Hierbei werden alle zusätzlichen Tätigkeiten eher als kontraproduktiv gewertet. Gleichwohl muss es das Interesse der Helmholtz-Gemeinschaft sein, die Vorteile der programmorientierten Förderung noch stärker nach innen zu kommunizieren und redundante Steuerungsinstrumente, die als Mehraufwand

---

468 Vgl. zur Theorie der differentiellen Kapitalismen Kapitel A 5.2.

469 Vgl. auch Ziegele 2005: 120.

empfunden werden, abzubauen. Anderenfalls besteht die Gefahr, dass sie als Arbeitgeber an Attraktivität einbüßt.

- ***Die POF als Steuerungsmodell nach dem Ansatz von New Public Management***

Trotzdem lässt sich feststellen, dass mit der programmorientierten Förderung nach dem grundsätzlichen Ansatz des New Public Managements wettbewerbs-, anreiz- und leistungsorientierte Elemente implementiert wurden. Die durchgängige Begutachtung aller Forschungsaktivitäten als Basis der Budgetzuweisungen ist eine echte Neuerung im gesamten öffentlichen deutschen Forschungssystem. Ebenso sind es die weitreichenden Befugnisse des Helmholtz-Senats. Hierdurch ist eine neue Qualität der Außensteuerung zu beobachten, welche den Akteuren in ihren Entscheidungen echte Wahlmöglichkeiten gewährt. Die Tatsache, dass die Zuwendungsgeber sowohl im Senat als auch durch den Ausschuss der Zuwendungsgeber eine Vetoposition besitzen, von der sie bislang nur sparsam Gebrauch gemacht haben, trägt dabei dem Umstand Rechnung, dass sich der Staat angesichts der teilweise weitreichenden Investitionsentscheidungen nicht komplett aus der Verantwortung ziehen kann und möchte. Trotz der nach wie vor vorhandenen Kritik von Wissenschaftlern an der POF ist die strategische Ausrichtung der Forschung, welche zu einem veränderten Bewusstsein und verstärkten Strategiediskussionen in den Zentren geführt hat, insgesamt erfolgreich durch die POF implementiert worden. Die gewährten Flexibilisierungsinstrumente waren hierfür bedeutsame Schritte in die richtige Richtung. Allerdings wurden die angestrebten Ziele einer weitreichenden Flexibilisierung (z.B. Globalhaushalt) noch nicht vollständig erreicht. Es muss abgewartet werden, ob der neuerliche Vorstoß der Bundesforschungsministerin Schavan für ein Wissenschaftsfreiheitsgesetz das weitreichende Flexibilisierungsmaßnahmen zum Inhalt hätte, erfolgreich sein wird.[470]

Mit dem Impuls- und Vernetzungsfonds des Präsidenten wird die inhaltliche und strategische Weiterentwicklung der Helmholtz-Gemeinschaft unterstützt. Durch den Einsatz unterschiedlicher Instrumente ist es bereits gelungen, eine Vielzahl an Kooperationsprojekten, insbesondere mit den Hochschulen zu verwirklichen. Auch die wissenschaftliche Nachwuchsförderung konnte hierdurch in größerem Umfang unterstützt werden (z.B. durch die Helmholtz-Gaduiertenkollegs und die Helmholtz-Nachwchsgruppen). Damit wurde es möglich, die vielfach kritisierte „Versäulung" der deutschen Forschungslandschaft aufzuweichen und Synergien zu befördern. Aktuelle Beispiele für neue Wege in der Profilierung liefern das Karlsruhe Institute of Technology, die Jülich-Aachen Research Alliance und die Forschungsallianz Heidelberg.

---

470 Vgl. BMBF (Hrsg.) (2008): Rede der Bundesministerin für Bildung und Forschung, Dr. Annette Schavan, MdB, anlässlich der Plenardebatte zum Wissenschaftsfreiheitsgesetz am 6. März 2008 im Deutschen Bundestag; Schwägerl, Christian (2008): ‚Forschung: Absurde Hindernisse', in: Der Spiegel, 3. März 2008, Nr. 10, S. 56.

Ob die POF letztlich auch dem Erfordernis von gesteigerter Effizienz und Effektivität gerecht wird, lässt sich zum jetzigen Zeitpunkt noch nicht abschließend sagen. Dieser Frage nachzugehen, wäre Aufgabe einer späteren Arbeit. Nach den Aussagen der befragten Akteure ist der Prozess der Programmbeantragung, Begutachtung und Finanzierungsempfehlungen, verbunden mit dem Berichtswesen zwischen den Begutachtungen noch mit erheblichem Aufwand verbunden. Die Umsetzung des Konzepts der Balanced Scorecard ist noch nicht überzeugend gelungen. Demgegenüber ist aber schon jetzt eine verstärkte Kostentransparenz und Abstimmungen großer Investitionen zu beobachten. Hierbei ist außerdem anzumerken, dass der Glaube an die totale Steuerbarkeit im Wissenschaftsbetrieb weder sinnvoll noch möglich ist. Jeder Planwert basiert auf Annahmen über die Zukunft. Die Spannungsfelder zwischen vergleichbaren Indikatoren über unterschiedliche Wissenschaftsdisziplinen hinweg und Indikatoren die aus der Strategie abgeleitet werden, lassen sich vermutlich nie ganz lösen. Wie schon in Kapitel B 3.3.2. „Bewertungsmaßstab für Forschungsleistung" herausgearbeitet wurde, sollte einem Berichtssystem mit klaren Adressatenbezügen eine zentrale Rolle zukommen.[471]
Letzteres sollte bei den weiteren Bemühungen der beteiligten Akteure, sinnvolle und vergleichbare Indikatoren zu definieren, die mit vertretbarem Aufwand in ein Berichtswesen münden und die Grundlage für strategische Entscheidungen der Aufsichtsgremien bilden, ausreichend berücksichtigt werden.

- ***Die POF als Instrument der strukturellen Erneuerung***

Durch die Implementation eines Anreizsystems, welches eine hohe Eigendynamik entfaltet, kann die programmorientierten Förderung als ein System betrachtet werden, Ziele der strukturellen Veränderung und Weiterentwicklung zu erreichen. Es ist daher zu erwarten, dass sich durch diesen Selbst-Transformationsprozess die Strukturen und Abläufe in der Helmholtz-Gemeinschaft weiterentwickeln. So werden sich möglicherweise auch weitere einzelne Zentren in einem Forschungsbereich stärker zusammenschließen. Für den Gesundheitsbereich wurde dies anhand eines möglichen Modells skizziert (und mit gewissen Abweichungen auch schon realisiert).

Insbesondere die erreichten Ziele der ersten Evaluierungs- und Finanzierungsrunde „Vernetzung mit Hochschulen" (KIT, JARA, Forschungsallianz Heidelberg) und der verstärkte Zusammenschluss der Helmholtz-Gesundheitszentren mit Universtitätsklinika in sogenannten Translationszentren (z.B. Nationales Centrum für Tumorerkrankungen, NCT) haben jedoch dazu geführt, dass das Instrument der POF nicht mehr vollständig auf die neuen Strukturen passt, denn wie sollen beispielsweise im Falle von KIT die Forschungs- und Ausbildungsaktivitäten der Universität angemessen berücksichtigt oder/und einbezogen wer-

471 So auch Daniel 2001: 49 f.

den? Die entscheidende Frage, die einer weiteren wissenschaftlichen Untersuchung vorbehalten bleiben muss, lautet daher, wie die programmorientierte Förderung weiterentwickelt werden kann, um auch zukünftig als Prozessinstrument der Erneuerung erfolgreich eingesetzt zu werden.

Abschließend ist somit festzustellen, dass die programmorientierte Förderung grundsätzlich ein geeignetes Steuerungsinstrument darstellt, das den Anforderungen an ein Innovationssystem nach dem Ansatz des New Public Management weitgehend gerecht wird und bislang als Prozessinstrument der strukturellen Erneuerung erfolgreich war.
Die Helmholtz-Gemeinschaft ist dadurch in der Lage, der bislang geübten Kritik an den Großforschungseinrichtungen wirksam zu begegnen, indem sie ihre Forschungsaktivitäten stärker und sichtbarer an strategischen Überlegungen der Vorsorgeforschung ausrichtet und die Qualität ihrer vielfach exzellenten Forschung und ihre Potenziale wirksamer zu fächerübergreifenden Systemlösungen bündelt. Die programmorientierte Förderung darf dabei nicht als statisches Element angesehen werden, sondern vielmehr als dynamischer Prozess, der letztlich dazu dienen soll, die Innovationsfähigkeit der Zentren in der Helmholtz-Gemeinschaft zu gewährleisten.

Literaturverzeichnis

Albert, Hans (1977): ‚Individuelles Handeln und soziale Steuerung‘, in: Lenk, Hans (Hrsg.): Handlungstheorien interdisziplinär, Bd. IV. München, S. 177-225.

Alchian, Armen A. / Demsetz, Harold (1973): ‘The Property Rights Paradigm’, in: Journal of Economic History, Nr. 173, S. 16-27.

BDI (Hrsg.)(1984): Industrie und Großforschung. Vorschläge zur zukünftigen Entwicklung der Großforschungseinrichtungen und zur Verbesserung der Kooperationsmöglichkeiten mit der Industrie.

Becker, Ralph (2003): ‚Zielplanung und –kontrolle von Public Private Partnership in der Forschung‘, Stuttgart.

Behrends, Sylke (2001): ‚Neue politische Ökonomie: Systematische Darstellung und kritische Beurteilung ihrer Entwicklungslinien‘, München.

BMBF (2000): Verfahrensabläufe mit Bezug auf Abschnitt 2 „Grundlagen und Prozesse der programmorientierten Förderung“ des Positionspapiers: „Grundzüge zur künftigen Entwicklung der Hermann von Helmholtz-Gemeinschaft Deutscher Forschungszentren im Rahmen einer programmorientierten Förderung, Stand 07.08.2000, Bonn.

BMBF (2001): Forschungspolitische Rahmenbedingungen für die programmorientierte Förderung der Hermann von Helmholtz-Gemeinschaft Deutscher Forschungszentren: Erklärung der Zuwendungsgeber vom 07.09.2001, Bonn.

BMBF (Hrsg.) (2006): Bundesbericht Forschung 2006, Berlin.

BMBF (Hrsg.) (2008): Rede der Bundesministerin für Bildung und Forschung, Dr. Annette Schavan, MdB, anlässlich der Plenardebatte zum Wissenschaftsfreiheitsgesetz am 6. März 2008 im Deutschen Bundestag, Berlin.

BMBW (Hrsg.) (1971): Leitlinien des Bundesministers für Bildung und Wissenschaft zu Grundsatz-, Struktur- und Organisationsfragen von rechtlich selbständigen Forschungseinrichtungen, an denen die Bundesrepublik Deutschland, vertreten durch den Bundesminister für Bildung und Wissenschaft, überwiegend beteiligt ist, Schriftenreihe Forschungsplanung 2a, Bonn.

BMBW (Hrsg.) (1972): Bundesbericht Forschung 1972, Bonn.

BMFT (Hrsg.) (1996): Innovationen durch mehr Flexibilität: Leitlinien zur strategischen Orientierung der deutschen Forschungslandschaft, Bonn.

Bohnsack, Ralf (2003): ‚Rekonstruktive Sozialforschung: Einführung in qualitative Methoden', 5. Aufl., Opladen.

Böndel, Burkard / Dürand, Dieter (1995): ‚Großforschung: Völlig untauglich', in: Wirtschaftswoche, Nr. 3 vom 12.1.1995, S. 60 – 66.

Borins, Sandford / Grüning, Gernod (1998): ‚New Public Management – Theoretische Grundlagen und problematische Aspekte der Kritik', in: Budäus, Dietrich / Conrad, Peter / Schreyögg, Georg (Hrsg.): Managementforschung, Bd. 8. Berlin, New York, S. 11 – 53.

Boston Consulting Group (2000): ‚Schaffung von Transparenz und wissenschaftsadäquater Steuerung im Umweltverbund: Machbarkeitsstudie zum Einsatz von <Balanced Scorecard>', Frankfurt a.M.

Boudon, Raymond / Bourricaud, François (1992): ‚Soziologische Stichworte', Opladen.

Brade, Janet (2005): ‚Strategisches Management in der außeruniversitären Forschung: Entwicklung einer Konzeption am Beispiel der Helmholtz-Gemeinschaft', Stuttgart.

Braun, Dietmar (1993): 'Who governs intermediate agencies? Principal agent relations', in: Research policy-making. Journal of Public Policy, Nr. 2, S. 135-162.

Braun, Dietmar (1997): ‚Die politische Steuerung der Wissenschaft: Ein Beitrag zum Kooperativen Staat', Frankfurt a.M., New York .

Braun, Dietmar (2001): ‚Staatliche Förderung außeruniversitärer Forschungseinrichtungen am Beispiel der Niederlande und Deutschland', Zentrum für Wissenschafts- und Technologiestudien, Bern.

Braun, Dietmar/ Giraud, Olivier (2003): ‚Steuerungsinstrumente', in: Schubert, Klaus / Bandelow, Niels C. (Hrsg.): Lehrbuch der Politikfeldanalyse, München, Wien.

Brüggemeier, Martin (2001): ‚Public Management', in: Anke, Hanft (Hrsg.): Grundbegriffe des Hochschulmanagements, Neuwied, S. 377-383.

Brunnengräber, Achim / Dietz, Kristina / Hirschl, Bernd / Walk, Heike (2004): ‚Interdisziplinarität in der Governance-Forschung', Diskussionspapier des Instituts für ökologische Wirtschaftsforschung, Nr. 64, Berlin.

Budäus, Dietrich (1996): ‚Controlling in öffentlichen Verwaltungen', in: Scheer, August-Wilhelm (Hrsg.): Rechnungswesen und EDV: Kundenorientierung in Industrie, Dienstleistung und Verwaltung, Heidelberg, S. 485-498.

Budäus, Dietrich (1998): ‚Von der bürokratischen Steuerung zum New Public Management - Eine Einführung', in: Budäus, Dietrich / Conrad, Peter / Schreyögg, Georg (Hrsg.): Managementforschung Bd. 8. Berlin, New York, S. 1-10.

Burth, Hans-Peter / Görlitz, Axel (1998): ‚Politische Steuerung', Opladen.

Busch, Volker (2004): ‚Wettbewerbsbezogene Controllinginstrumente im Rahmen des New Public Management', München.

Buschor, Ernst (1993): ‚Ein wirkungsorientiertes Modell der kommunalen Verwaltungsführung', in: Banner, Gerhard / Reichard, Christoph (Hrsg.): Kommunale Managementkonzepte in Europa: Anregungen für die deutsche Reformdiskussion, Köln, S. 199-269.

Cartellieri, Wolfgang (1967): ‚Die Großforschung und der Staat: Gutachten über die zweckmäßige rechtliche und organisatorische Ausgestaltung der Institutionen für die Großforschung', Bd. 1: Wesen und Inhalt der Großforschung: das besondere Verhältnis zum Staat, München.

Casper, Steven (2000): 'Institutional adaptiveness, technology policy, and the diffusion of new business models: The case of German biotechnology', in: Organization Studies, Nr. 21, S. 887-914.

Crouch, Colin / Farrell, Henry (2002): 'Breaking the Path of Institutional Development? Alternatives to the new Determinism', MPIfG Discussion Paper 02/5, Köln.

Daniel, Hans-Dieter (2001): ‚Wissenschaftsevaluation. Neuere Entwicklungen und heutiger Stand der Forschungs- und Hochschulevaluation in ausgewählten Ländern', Zentrum für Wissenschafts- und Technologistudien, Bern.

De Boer, Harry / Enders, Jürgen / Schimank, Uwe (2007): 'On the Way towards New Public Management? The Governance of university systems in England, the Netherlands, Austria and Germany', in: Jansen, Dorothea

(Hrsg.): New Forms of Governance in research Organizations – Interdisciplinary Approaches, Interfaces, and Integration, Dordrecht, S. 130 -146.

Demsetz, Harold (1967): 'Towards a theory of property rights', in: American Economic Review, Nr. 57, S. 347-361.

Europäischer Rat (Lissabon) (2000): ‚Schlußfolgerungen des Vorsitzes, 23. - 24.3. 2000'.

Evaluierungskommission (Hrsg.) (1998): Systemevaluierung der Fraunhofer-Gesellschaft. Bericht der Evaluierungskommission, München.

Fisch, Rudolf (1988): ‚Ein Rahmenkonzept zur Evaluierung universitärer Leistungen', in: Daniel, Hans-Dieter /Fisch, Rudolf. (Hrsg.): Evaluation von Forschung - Methoden, Ergebnisse, Stellungnahmen, Konstanz, S. 13-31.

Fischer, Klaus (2004): ‚Soziale und kognitive Aspekte des Peer-Review-Verfahrens', in: Fischer, Klaus/ Parthey, Heinrich. (Hrsg.): Evaluation wissenschaftlicher Institutionen, Wissenschaftsforschung Jahrbuch 2003, Berlin, S. 23-62.

Flick, Uwe (2002): ‚Qualitative Sozialforschung', 6. Aufl., Reinbek bei Hamburg

Freeman, Christopher (1994): 'The economics of technical change', in: Cambridge Journal of Economics, Nr. 18, S. 463-514.

Gäfgen, Gérad (1984): ‚Entwicklung und Stand der Theorie der Property Rights: Eine kritische Bestandsaufnahme', in: Neumann, Manfred. (Hrsg.): Ansprüche, Eigentums- und Verfügungsrechte, Arbeitstagung des Vereins für Sozialpolitik, Gesellschaft für Wirtschafts- und Sozialwissenschaften, Berlin, S. 43-62.

Gaiser, Bernd / Grainer,,Oliver (2002): ‚Strategische Steuerung. Von der Balanced Scorecard zur strategiefocussierten Organisation', in: Gleich, Ronald / Möller, Klaus / Seidenschwarz, Werner / Stoi, Roman (Hrsg.): Controllingfortschritte, München, S. 193-222.

Ganten, Detlev (2006): ‚Die Geschichte der Helmholtz-Gemeinschaft', in: GSF-Forschungszentrum für Umwelt und Gesundheit (Hrsg.): Neuherberger Vorträge Nr.1, Neuherberg.

Gibbons, Michael / Johnston, Ron (1974): 'The roles of science in technological innovation', in: Research Policy Nr. 3, S. 220-242.

Glaser, Barney G. und Strauss, Anselm G. (1967): 'The discovery of grounded theory. Strategies for qualitative research', Chicago (dt.: Grounded Theory. Strategien qualitativer Forschung, Bern, 1998).

Gleich, Ronald (1997): ‚Balanced Scorecard', in: Die Betriebswirtschaft, Nr. 3, S. 432-435.

Gleich, Ronald (2001): ‚Das System des Performance Measurement: Theoretisches Grundkonzept, Entwicklungs- und Anwendungsstand, Habilitationsschrift', München.

Graubard, Stephen (1964): 'A New Europe?', Boston.

Groß, Thomas / Arnold, Nathalie (2007):, Regelungsstrukturen der außeruniversitären Forschung', Baden-Baden.

Hamacher, Klaus / Borrmann, Robert (2003): ‚Strategische Steuerung außeruniversitärer Forschung: Dargestellt am Beispiel der Hermann von Helmholtz-Gemeinschaft', in: Horváth, Peter (Hrsg.): Performancesteigerung und Kostenoptimierung: Neue Wege und erfolgreiche Praxislösungen, Stuttgart, S. 491-504.

Hall, Peter A. / Soskice, David (2001): 'An Introduction to Varieties of Capitalism', in: Hall, Peter A. / Soskice, David (Hrsg.): Varieties of Capitalism. The Institutional Foundations of Comparative Advantage, Oxford, S. 1-70.

Heinrich, Oliver (2003): ‚Die rechtliche Systematik der Forschungsförderung in Deutschland und den Europäischen Gemeinschaften unter Beachtung von Wissenschaftsfreiheit und Wettbewerbsrecht', in: Hobe, Stephan (Hrsg.): Kölner Schriften zum Internationalen und Europäischen Recht, Münster.

HGF (1997): Stellungnahme der Mitgliederversammlung zu den vorgesehenen Flexibilisierungsmaßnahmen, 28.05.1997, Bonn.

HGF (1999): Prozesse und Organe für die programmorientierte Förderung der Hermann von Helmholtz-Gemeinschaft Deutscher Forschungszentren, 7.10.1999, Bonn.

HGF (2000): Grundzüge der künftigen Entwicklung der Herman von Helmholtz-Gemeinschaft Deutscher Forschungszentren im Rahmen einer programmorientierten Förderung, 28.06.2000, Bonn.

HGF (2001a): Position der Mitgliederversammlung der Helmholtz-Gemeinschaft zu den Voraussetzungen einer programmungebundenen Förderung, 16.05.2001, Bonn.

HGF (2001b): Leitfaden für die Erstellung und Begutachtung von Programmen im Rahmen einer programmorientierten Förderung, 25.07.2001, Bonn.

HGF (2001c): Satzung des Vereins „Hermann von Helmholtz-Gemeinschaft Deutscher Forschungszentren e.V., Bonn vom 12.09.2001 (zuletzt geändert am 19.12.2006).

HGF (2001d): Ergebnisse der AG Controlling und Flexibilisierung (BMBF,BMF, HGF), Bonn.

HGF (2002a): Fachkonzept zur Programmorientierten Förderung, 2. Entwurf, Juli 2002, Bonn.

HGF (2002b): Überblick über die programmorientierte Förderung der Helmholtz-Gemeinschaft, Bonn.

HGF (2002c): Operationalisierung der programmorientierten Förderung, 8. Entwurf, Januar 2002, Bonn.

HGF (2006): Verfahren der zweiten Runde der Programmorientierten Förderung, Bonn, 16. November 2006, Berlin.

HGF (2008): Bericht über die Evaluierung des Impuls- und Vernetzungsfonds der Helmholtz-Gemeinschaft, 24.01.2008, Berlin.

Hirsch, Joachim (1995): ‚Der nationale Wettbewerbsstaat: Staat, Demokratie und Politik im globalen Kapitalismus', Berlin, Amsterdam.

Hohn, Hans-Willy / Schimank, Uwe (1990): ‚Konflikte und Gleichgewichte im Forschungssystem. Akteurkonstellationen', Frankfurt a.M.

Hohn, Hans-Willy (2005): ‚Forschungspolitische Reformen im kooperativen Staat. Der Fall der Informationstechnik', FÖV Discussion Paper Nr. 21, Speyer.

Hollingsworth, J. Roger / Schmitter, Phillip / Streeck, Wolfgang (1994): 'Countries and Sectors. Concluding Remarks on Performance, Convergence, and Competitiveness', in: Hollingsworth, J. Roger / Schmitter, Phillip / Streeck, Wolfgang (Hrsg.): Governing Capitalist Economies. Performance and Control of Economic Sectors, Oxford, New York, S. 270-300.

Horváth, Peter (1999a): ‚Balanced Scorecard: Wissenschaftsadäquate strategische Steuerung in öffentlichen Forschungseinrichtungen', in: Wissenschaftsmanagement, Nr. 6, S. 14-19.

Internationale Kommission (1999): ‚Forschungsförderung in Deutschland. Bericht der internationalen Kommission zur Systemevaluation der Deutschen Forschungsgemeinschaft und der Max-Planck-Gesellschaft', Volkswagen-Stiftung, Hannover.

Jansen, Dorothea (2004): 'Governance of research networks', FÖV Discussion Paper Nr. 11, Speyer.

Jensen, Michael / Meckling William (1976): 'Theory of the firm: managerial behaviour, agency costs, and ownership structure', in: Journal of Financial Economics, Nr.4, S. 305-360.

Kaplan, Robert,S. / Norton, David P. (1992): 'The Balanced Scorecard: Measure That Drive Performance', in: Harvard Business Review, Nr. 1, S. 71-79.

Kaplan, Robert.S. /Norton, David.P. (1996): 'The Balanced Scorecard: Translating Strategy into Action', Boston.

Katzenstein, Peter J. (1987): 'Policy and Politics in West Germany. The Growth of a Semi-souvereign State', Philadelphia.

Kehm, Barbara / Lanzendorf, Ute (2006): 'Reforming University Governance. Changing Conditions for Research in Four European Countries', Bonn.

Kluge, Susann (2000): ‚Empirisch begründete Typenbildung in der qualitativen Sozialforschung', in: Forum Qualitative Sozialforschung [On-line Journal], verfügbar über: http://qualitative-research.net/fqs [Datum des Zugriffs: 14.11.2007].

Knoche, Meinhard (2005): ‚Programmbudget: Scorecard für die Forschung?', in: Wissenschaftsmanagement, Nr. 3, S. 20-24.

v. Köckritz, Sighardt / Ermisch, Günter/ Dittrich, Norbert / Lamm, Christel (2007): ‚Bundeshaushaltsordnung, Loseblattsammlung', 37. Ergänzungslieferung, München.

Kommunale Gemeinschaftsstelle (1992): ‚Wege zum Dienstleistungsunternehmen Kommunalverwaltung – Fallstudie Tilburg', KGSt-Bericht Nr. 19, Köln.

König, Klaus / Dose, Nicolai (1993): ‚Klassifikationsansätze zum staatlichen Handeln', in: König Klaus / Dose Nicolai (Hrsg.): Instrumente und Formen staatlichen Handelns, Köln.

KPMG Unternehmensberatung (1999): ‚Budgetierung / Controlling der Hermann von Helmholtz-Gemeinschaft Deutscher Forschungszentren', Bonn.

KPMG Unternehmensberatung (2000): ‚Kurzfassung der Projektergebnisse: Analyse der Voraussetzungen sowie Entwicklung der Umsetzungsinstrumente für eine programmorientierte Steuerung im Auftrag der Forschungszentrum Jülich GmbH', Jülich.

Krauß, Bärbel (2008): ‚<Zukunftsmodell> für die Verzahnung der Wissenschaft', in: Stuttgarter Zeitung, 19.02.2008, Verfügbar unter: http://www.stuttgarter-zeitung.de/stz/page/detail.php/1639588 [Datum des Zugriffs 01.03.2008].

Krech, Helmut (1995): ‚Von der AGF zur HGF - Die Großforschungseinrichtungen auf der Suche nach einer neuen Verbandsstruktur', in: Stationen im Dienste für Forschung, Recht und Technik. Beiträge anlässlich des Ausscheidens von Prof. Dr. Hellmut Wagner als Vorstandsmitglied des Forschungszentrums Karlsruhe, Karlsruhe, S. 3-9.

Kuckartz, Udo (2004): ‚QDA-Software im Methodendiskurs: Geschichte, Potenziale, Effekte', in: Kuckartz, Udo / Grunenberg, Heiko / Lauterbach, Andreas (Hrsg.): Qualitative Datenanalyse: computergestützt, Wiesbaden, S. 11-26.

Kuhlmann, Stefan (2003): ‚Leistungsmessung oder Lernmedium? Evaluation in der Forschungs- und Innovationspolitik', in: Technikfolgenabschätzung – Theorie und Praxis, Nr. 1, S. 11-19.

Jann, Werner / Wegrich, Kai (2004): ‚Governance und Verwaltungspolitik', in: Benz, Arthur (Hrsg.): Governance - Regieren in komplexen Regelsystemen. Eine Einführung, Wiesbaden.

Jarass, Hans D./ Pieroth, Bodo (2002): ‚Grundgesetz für die Bundesrepublik Deutschland', 6. Aufl., München.

Luhmann, Niklas (1988): ‚Die Wirtschaft der Gesellschaft', Frankfurt a.M.

Maier, Matthias (1997): ‚Institutionen der außeruniversitären Grundlagenforschung: Eine Analyse der Kaiser-Wilhelm-Gesellschaft und der Max-Planck-Gesellschaft', Wiesbaden.

Maunz, Theodor / Dürig, Günter: (2007): ‚Kommentar zum Grundgesetz', Stand 50. Ergänzungslieferung, München.

Mayntz, Renate (1980): ‚Die Entwicklung des analytischen Paradigmas der Implementationsforschung', in: Mayntz, Renate (Hrsg.): Implementation politischer Programme. Empirische Forschungsberichte, Königstein, S. 1-17.

Mayntz, Renate (1987): ‚Politische Steuerung und gesellschaftliche Steuerungsprobleme – Anmerkungen zu einem theoretischen Paradigma', in: Jahrbuch zur Staats- und Verwaltungswissenschaft, Baden-Baden, S. 89-110.

Mayntz, Renate / Scharpf,, Fritz (1990): 'Chances and problems in the political guidance of research systems', in: Krupp, Helmar (Hrsg.): Technikpolitik angesichts der Umweltkatastrophe, Heidelberg.

Mayntz, Renate (1993): 'Governing Failures and the Problem of Governability: Some Comments on a Theoretical Paradigm', in: Kooiman, Jan (Hrsg.): Modern Governance: New Government-Society Interactions, London, S. 9-20.

Mayntz, Renate / Scharpf, Fritz (1995): ‚Der Ansatz des akteurzentrierten Institutionalismus', in: Mayntz, Renate / Scharpf Fritz. (Hrsg.): Gesellschaftliche Selbstregelung und politische Steuerung, Frankfurt a.M.

Mayntz, Renate (1997): ‚Forschung als Dienstleistung ? Zur gesellschaftlichen Einbettung der Wissenschaft'. Akademievorlesung am 15.04.1996, in: Berlin-Brandenburgische Akademie der Wissenschaften. Berichte und Abhandlungen, Bd. 3. S. 135-154.

Mayntz, Renate (2005): ‚Governance-Theory als fortentwickelte Steuerungstheorie?' in: Schuppert, Gunnar Folke (Hrsg.): Governance-Forschung, S. 11 -20.

Mayring, Philipp (2002): ‚Einführung in die Qualitative Sozialforschung', 5. Aufl., Weinheim, Basel.

Meusel, Ernst-Joachim (1977): Die ‚Zerwaltung der Forschung', in: Wissenschaftsrecht, Nr. 10, S. 118-137.

Meusel, Ernst-Joachim (1999): ‚Außeruniversitäre Forschung im Wissenschaftsrecht', 2. Aufl., Köln, Berlin, Bonn, München.

Meusel, Ernst-Joachim (2006): ‚Großforschung und Autonomie', in: GSF- Forschungszentrum für Umwelt und Gesundheit, Neuherberger Vorträge Nr.1, Neuherberg.

Möller, Henning (2003): ‚Kontrolle ist gut, Vertrauen ist besser: Zur Entwicklungsgeschichte von Steuerung und Erfolgskontrolle in der Helmholtz-Gemeinschaft', in: Technikfolgenabschätzung – Theorie und Praxis, Nr.1, S. 55-60.

Mundhenke, Ehrhard (2001): ‚Controlling / KLR in der Bundesverwaltung – Was man über KLR wissen sollte', Fachhochschule des Bundes für öffentliche Verwaltung (Hrsg.), 3. Aufl., Brühl.

Mutert, Susanne (2000): ‚Großforschung zwischen staatlicher Politik und Anwendungsinteresse der Industrie (1969-1984)', Frankfurt a.M.

v. Neumann, John / Morgenstern, Oscar (1944): 'Theory of Games and Economic Behaviour', Princeton, New Jersey.

North, Douglass, C. (1988): ‚Theorie des institutionellen Wandels - Eine neue Sicht der Wirtschaftsgeschichte', Tübingen.

Osborne, David / Gaebler, Ted (1992): ‚Reinventing Government'. Reading, Massachusetts.

Osborne, David / Gaebler, Ted (1997): ‚Der innovative Staat', Wiesbaden.

OECD (1970): 'Gaps in Technology. Analytical Report. Comparison between Member Countries in Education, Research Development, Technological Innovation and International Economic Exchange', Paris.

OECD (1989): 'The Changing Role of Governmental Research Laboratories', Paris.

Picot, Arnold (1981): ‚Der Beitrag der Theorie der Verfügungsrechte zur ökonomischen Analyse von Unternehmensverfassungen', in: v. Bohr, Kurt / Drukarczyk, Jochen / Drumm, Hans Jürgen / Scherrer, Gerhard (Hrsg.): Unternehmensverfassung als Problem der Betriebswirtschaftslehre, Berlin.

Piduch, Erwin A. (2006): ‚Bundeshaushaltsrecht‘, Loseblattsammlung, 2. Aufl., Stuttgart.

Polanyi, Michael (1962): ‘The Republic of Science’, in: Minerva, Nr. 1, S. 54-73.

Popp, Manfred (2003): ‚Erste Schritte in die Programmorientierte Förderung – Ein Abenteuerbericht‘, in: Technikfolgenabschätzung – Theorie und Praxis Nr.1, S. 51-55.

Porter, Michael E. (1990): ‘The Competitive Advantage of Nations‘, New York.

Puchta, Josef / Moegen, Sabine (2005): ‚Kreativität und Steuerung: das Management biomedizinischer Forschung‘, in: Fisch, Rudolf / Koch, Stefan (Hrsg.): Neue Steuerung von Bildung und Wissenschaft, Bonn, S. 185 - 196.

Raub, Werner / Voss, Thomas (1981): ‚Individuelles Handeln und gesellschaftliche Folgen‘, Darmstadt und Neuwied.

Rehburg, Meike (2007): ‚Verbündete im Wettbewerb. Neue Formen der Kooperation im Zuge der Exzellenzinitiative, dargestellt am Beispiel des Karlsruher Instituts für Technologie‘, Friedrich Ebert-Stiftung, Bonn.

Reichmann, Thomas (2001): ‚Controlling mit Kennzahlen und Managementberichten: Grundlagen einer systemgestützten Controlling-Konzeption‘, 6. Aufl., München.

Richter, Rudolf / Furubotn, Eirik G. (1999): ‚Neue Institutionenökonomik: Eine Einführung und kritische Würdigung‘, Tübingen.

Richter, Rudolf (2001): ‘New Economic Sociology and New Institutional Economics. Annual Conference of the International Society for New Institutional Economics’,Berkley, California.

Ritter, Gerhard A. (1992): ‚Großforschung und Staat in Deutschland: ein historischer Überblick‘, München.

Rosenberg, Nathan (1982): ‘Inside the Black Box’, Cambridge, Massachusetts.

Rosenberg, Nathan (1994): ‘Exploring the Black Box’, Cambridge, Massachusetts.

Rüttgers, Jürgen (1996): ‚Innovationen durch mehr Flexibilität: Leitlinien zur strategischen Orientierung der deutschen Forschungslandschaft‘, Bundesministerium für Bildung, Wissenschaft, Forschung und Technologie, Bonn.

Schimank, Uwe (2002): ‚Governance in Hochschulen’, Vortrag auf der Veranstaltung „Professionelles Wissenschaftsmanagement als Aufgabe“ des Zentrums für Wissenschaftsmanagement‘, 22.10.2002, Wissenschaftszentrum Bonn; verfügbar über: http://www.zwm-speyer.de/VortragSchimank.pdf [Datum des Zugriffs: 15.05.2005].

Schmookler, Jacob (1966): ‘Invention and Economic Growth’, Cambridge, Massachusetts.

Schröder, Thomas (2003): ‚Leistungsorientierte Ressourcensteuerung und Anreizstrukturen im deutschen Hochschulsystem. Ein nationaler Vergleich‘, Berlin.

Schröter, Eckhard / Wollmann, Hellmut: ‘New Public Management‘, in: Blanke, Bernhard /v. Bandemer, Stephan / Nullmeier, Frank / Wewer, Göttrik (Hrsg.): Handbuch zur Verwaltungsreform, 2. Aufl., Opladen, S. 71-82.

Schultz-Hector, Susanne (2003): ‚Begutachtung des Helmholtz-Forschungsbereichs Gesundheit: Ein Erfahrungsbericht‘, in: Technikfolgenabschätzung – Theorie und Praxis, Nr. 1, S. 60 – 64.

Schwägerl, Christian (2008): ‚Forschung: Absurde Hindernisse‘, in: Der Spiegel. 3. März 2008, Nr. 10, S. 56.

Seiter, Mischa / Stirzel, Martin (2005): ‚Messung von Forschungsleistung: State-of-the- Art‘, in: Wissenschaftsmanagement Nr. 3, S. 25-29.

Stucke, Andreas (1993): ‚Institutionalisierung der Forschungspolitik. Entstehung, Entwicklung und Steuerungsprobleme des Bundesforschungsministeriums‘, Frankfurt, New York.

Szöllösi-Janze, Margit (1990): ‚Geschichte der Arbeitsgemeinschaft der Großforschungseinrichtungen, 1958-1980‘, Frankfurt a. M., New York.

Szöllösi-Janze, Margit (1996): ‚Geschichte der außeruniversitären Forschung in Deutschland‘, in: Fläming, Christian et al. (Hrsg.): Handbuch des Wissenschaftsrechts, Bd. 2. 2. Aufl.. Berlin, Heidelberg, S. 1187-1218.

Stehr, Nico (2003) :'Wissenspolitik. Die Überwachung des Wissens', Frankfurt am Main.

Syrbe, Max / Thomas, Uwe (1995): ,Forschungsunternehmen statt Forschungsbehörden: Zur Reform der anwendungsorientierten Großforschungseinrichtungen'. Gutachten für die Friedrich-Ebert-Stiftung, Bonn.

Teichmann, Ulrich (1993): ,Wirtschaftspolitik', München.

Tietzel, Manfred (1991): ,Der Neue Institutionalismus auf dem Hintergrund der alten Ordnungsdebatte', in: Jahrbuch für Neue Politische Ökonomie, Bd. 10. Tübingen, S. 3-37.

Trute, Hans-Heinrich (1994): ,Die Forschung zwischen grundrechtlicher Freiheit und staatlicher Institutionalisierung. Das Wissenschaftsrecht als Recht kooperativer Verwaltungsvorgänge', Tübingen.

van Bebber, Frank (2008): ,Rheinische Freiheit: Land oder Bund? Knifflige Rechtsprobleme bei der Bildung des KIT', in: Tagesspiegel vom 25.02.2008, Verfügbar unter: http://www.tagesspiegel.de/magazin/wissen/;art304,2483086 [Datum des Zugriffs 01.03.2008].

Weule et al., (1994): ,Zusammenarbeit GFE / Industrie am Beispiel der Forschungszentren Jülich und Karlsruhe', Gutachten im Auftrag des Bundesministeriums für Forschung und Technologie, Bonn.

Williamson, Oliver E. (1975): 'Markets and Hierachies: Analysis and Antitrust Implications', New York.

Williamson, Oliver E. (1994): 'Transaction Cost Economics and Organization Theory', in: Smelser, Neil J./ Swedberg, Richard (Hrsg.): The Handbook of Economic Sociology, New York, S. 77-107.

Wissenschaftsrat (1992): Stellungnahme zu den außeruniversitären Forschungseinrichtungen in den neuen Ländern und in Berlin. Allgemeiner Teil. Köln.

Wissenschaftsrat (1994): ,Empfehlungen zu einer Prospektion für die Forschung', Köln.

Wissenschaftsrat (1998): ,Pilotstudie zu einer Prospektion der Forschung anhand ausgewählter Gebiete', Köln.

Wissenschaftsrat (2001): ‚Systemevaluation der HGF - Stellungnahme des Wissenschaftsrates zur Hermann von Helmholtz-Gemeinschaft Deutscher Forschungszentren', Köln.

Witzel, Andreas (1985): ‚Das problemzentrierte Interview', in: Jüttemann, Gerd (Hrsg.): Qualitative Forschung in der Psychologie, Weinheim, S. 227-255.

Zentralverband Elektrotechnik- und Elektroindustrie (1994): ‚Bewertung der Industrierelevanz staatlich geförderter Forschungseinrichtungen im Bereich der Informationstechnik', Gutachten im Auftrag des Bundesministeriums für Forschung und Technologie, Bonn.

Ziegele, Frank (2005): ‚Die Umsetzung von Neuen Steuerungsmodellen im Hochschulrecht', in: Fisch, Rudolf / Koch, Stefan: (Hrsg.): Neue Steuerung von Bildung und Wissenschaft, Bonn.

Anhang

1. Gesprächspartner

Gesprächspartner unter Angabe ihrer Funktion zum Zeitpunkt der Befragung (Oktober 2005– August 2006) unterteilt in die verschiedenen Interviewgruppen:

Vertreter der (ehem.) Vorstände der Helmholtz-Zentren

Prof. Dr. Achim Bachem	Fachvorstand Raumfahrt und Verkehr, Deutsches Zentrum für Luft- und Raumfahrt e.V.; Sprecher des Forschungsbereichs Verkehr und Weltraum
Prof. Dr. Jürgen Blum	Geschäftsführender Vorstand des Zentrums für Wissenschaftsmanagement e.V, Speyer
Dorothee Dzwonnek	Stellvertretende Vorsitzende des Vorstandes, Forschungszentrum Jülich GmbH
Prof. Dr. Rolf Emmermann	Wissenschaftlicher Vorstand und Vorstandsvorsitzender, Stiftung GeoForschungsZentrum Potsdam; Sprecher des Forschungsbereichs Erde und Um welt
Prof. Dr. Detlev Ganten	Vorstandsvorsitzender der Charité - Universitätsmedizin Berlin
Dr. Helmut Krech	Verwaltungsdirektor, Europäische Quelle für Synchrotronstrahlung, Grenoble
Sigurt Lettow	Stellvertretender Vorsitzender des Vorstandes, Forschungszentrum Karlsruhe GmbH; Vizepräsident der Helmholtz-Gemeinschaft
Prof. Dr. Manfred Popp	Vorsitzender des Vorstandes Forschungszentrums Karlsruhe GmbH; Sprecher des Forschungsbereichs Schlüsseltechnologie

Dr. Josef Puchta	Administrativ-kaufmännischer Vorstand, Stiftung Deutsches Krebsforschungszentrum Heidelberg
Prof. Dr. Joachim Treusch	Vorsitzender des Vorstandes, Forschungszentrum Jülich GmbH
Prof. Dr. Albrecht Wagner	Vorsitzender des Direktoriums, Stiftung Deutsches Elektronensynchrotron, Hamburg; Sprecher des Forschungsbereichs Struktur der Materie
Prof. Dr. Otmar Wiestler	Vorsitzender des Vorstandes Stiftung Deutsches Krebsforschungszentrum Heidelberg; Sprecher des Forschungsbereichs Gesundheit
Prof. Dr. Harald zur Hausen	Vorsitzender des Vorstandes (ehem.) Stiftung Deutsches Krebsforschungszentrum, Heidelberg

Vertreter des Helmholtz-Gemeinschaft e.V. (Geschäftsstelle)

Dr. Enno Aufderheide	Wissenschaftlicher Geschäftsführer, Helmholtz-Gemeinschaft e.V.
Dr. Klaus Fleischmann	Geschäftsführer (ehem.), Helmholtz-Gemeinschaft e.V.
Klaus Hamacher	Kaufmännischer Geschäftsführer, Helmholtz-Gemeinschaft e.V.
Eva Maria Heck	Gremien, Helmholtz-Gemeinschaft e.V.
Dr. Bärbel Köster	Strategie, Helmholtz-Gemeinschaft e.V.
Prof. Dr. Walter Kröll	Präsident (ehem.), Helmholtz-Gemeinschaft e.V.
Prof. Dr. Jürgen Mlynek	Präsident, Helmholtz-Gemeinschaft e.V.
PD Dr. Susanne Schultz-Hector	Controlling, Helmholtz-Gemeinschaft e.V.

Vertreter der Wissenschaftler und Arbeitnehmervertreter

PD Dr. Christine Falk	Institut für Molekulare Immunologie, GSF- Forschungszentrum für Umwelt und Gesundheit GmbH, Neuherberg
PD Dr. Heiner Geiß	Institut für Chemie und Dynamik der Geosphäre, Forschungszentrum Jülich GmbH; Vertreter der wissenschaftlich-technischen Mitarbeiter im Aufsichtsrat, Forschungszentrum Jülich GmbH
Prof. Dr. Siegfried Großmann	Mitglied des Senats der Helmholtz-Gemeinschaft (1995-2002); Vorsitzender des Senatsausschusses für den Strategiefonds der Helmholtz-Gemeinschaft (1998-2000)
Brigitte Hobrecker	Vorsitzende des Personalrats, Stiftung Deutsches Krebsforschungszentrum Heidelberg; Vorsitzende der Arbeitsgemeinschaft der Betriebs- und Personalräte der außeruniversitären Forschungseinrichtungen

Vertreter der Ministerien

Edelgard Bulmahn	Mitglied des Deutschen Bundestages; Bundesministerin a.D.
MinDirig. Hartmut Grübel	Leiter der Unterabteilung Kultur, Erde und Umwelt, Bundesministerium für Bildung und Forschung
MinDirig. Dr. Heribert Knorr	Leiter der Abteilung 3 Forschung, Technologietransfer, E-Science, Internationales, Ministerium für Wissenschaft, Forschung und Kunst Baden-Württemberg
MinDirig. Dr. Waltraud Kreutz-Gers	Leiterin der Abteilung 2 Hochschulplanung - Forschung, Ministerium für Innovation, Wissen-

	schaft, Forschung und Technologie des Landes Nordrhein-Westfalen
MinDirig. Dr. Peter Lange	Leiter der Abteilung Lebenswissenschaften - Forschung für Gesundheit, Bundesministerium für Bildung und Forschung
Dr. Uwe Thomas	Staatssekretär a.D.

Vertreter der Fachöffentlichkeit

Dr. Stefan Echinger	Leiter der Abt. Institutsbetreuung und Institutsentwicklung, Generalverwaltung, Max-Planck-Gesellschaft e.V.
Dr. Rainer Grunwald	Generalsekretär, Deutsche Forschungsgemeinschaft e.V.
Dr. Rainer Lange	Referat Forschung, Wissenschaftsrat
Dr. Bernhard M. Lippert	Leiter des Referats Forschung, Hochschulrektorenkonferenz
Kai Wächter	Managing Director, Bearing Point GmbH

2. Interviewleitfaden

Ausgangssituation

1. Wissen Sie noch, in welchem Zusammenhang Sie zum ersten Mal vom Reformprozess in der HGF gehört haben?

2. Welche Hintergründe haben nach Ihrer Ansicht zur Einführung der POF geführt?

3. Von wem kam der Anstoß zu diesem Projekt?

4. Welche Rolle hat der Regierungswechsel hierbei gespielt?

5. Welche Rolle haben die HGF-Zentren bei der Initiierung des Projekts gespielt?

6. Wäre die Weiterentwicklung des Strategiefonds aus Ihrer Sicht eine Alternative gewesen (Warum / Warum nicht?)

7. Was haben sich die Schlüsselakteure von diesem Prozeß versprochen? Welche Ziele / Verbesserungen sollten erreicht werden? Welche Probleme sollten gelöst werden?

Das Konzept der POF

1. Wie ist die Idee entstanden? Gab es Vorbilder für dieses Konzept in anderen Ländern?

2. Wer waren die Schlüsselfiguren in der Konzeptentwicklung?

3. Ist das Konzept nach Ihrer Ansicht das Ergebnis eines Dialogs?

4. Welche Rolle spielte der Prozess im Parlament?

5. Welche Rolle spielten die HGF-Zentren? Gab es hier unterschiedliche Auffassungen zwischen den Zentren? Gründe?

6. Welche Rolle spielte die Systemevaluation durch den Wissenschaftsrat für die POF?

7. Sind die strukturellen Auswirkungen der POF auf das gesamte Forschungssystem in Deutschland ausreichend mitberücksichtigt worden oder handelte

es sich vielmehr um eine weitgehend isolierte Maßnahme für die HGF-Zentren?

Die Operationalisierung der POF (allgemein)

1. Wie war die Interaktion zwischen Bund und Ländern bzw. zwischen BMBF/BMF/BRH?

2. Welche Rolle spielten die Beratungsfirmen, insbes. KPMG?

3. Haben nach Ihrer Ansicht alle Akteure „an einem Strang gezogen"?

4. Was wäre passiert, wenn das Projekt gescheitert wäre?

5. Worin bestand die Zieldivergenz zwischen den Akteuren?

6. Stand die rechtliche Selbständigkeit der HGF-Zentren zur Disposition? Was wären aus Ihrer Sicht die Konsequenzen einer Abschaffung der rechtlichen Selbständigkeit?

7. Wäre dadurch die Erreichung der Ziele der POF einfacher zu erreichen gewesen?

8. Welchen Einfluss hat die föderale Struktur der Forschungsförderung auf die POF gehabt?

9. Wie war die Rolle und Position der Länder in diesem Prozess?

10. Welche Länder haben sich am intensivsten in den Prozess eingebracht?

Wissenschaftsadäquates Controlling / Programmentwicklung und Bewertung

1. Was waren die Gründe für die Einführung eines auf betriebswirtschaftlichen Standards beruhenden zentreninternen Controllings? Wie war die Haltung der Ministerien? Wie war die Haltung der HGF-Zentren?

2. Weshalb tat man sich mit der Einführung der Flexibilisierungsinstrumente offenbar so schwer?

Bestandsaufnahme

1. Halten Sie den Reformprozess der POF für gelungen?

2. Welche Elemente bewerten Sie positiv?

3. Wo sehen Sie Nachteile / Probleme der POF?

4. Hätten Sie Verbesserungsvorschläge?

5. Sind Sie der Auffassung, dass die Ziele der POF erreicht wurden bzw. noch werden?

6. Welche Auswirkungen hat die POF auf die anderen Bereiche des deutschen und des europäischen Wissenschafts- und Forschungssystems?

7. Gibt es eine klare Abgrenzung der Zuständigkeiten und entsprechende Konfliktlösungsmechanismen?

8. Sollten zukünftig Zentren und Programme stärker deckungsgleich sein bzw. sollten themenverwandte Zentren eine engere Kooperation eingehen, die auch strukturell zum Ausdruck kommt (z.B. Holding im Forschungsbereich Gesundheit?)

9. Sehen Sie einen Widerspruch zwischen dem Element der Kooperation und dem Wettbewerbselement? Wenn ja, könnte dieser aufgelöst werden?

10. Wie beurteilen Sie den Aufwand für die Begutachtungen (Materialeinsatz, 270 Gutachter)?

11. Wie beurteilen sie den Prozess der Begutachtungen (Objektivität, Vergleichbarkeit, Transparenz)? Sollten die Begutachtungen zukünftig alle stärker gebündelt werden?

12. Halten Sie den Einfluss des HGF- Senats / Senatskommission auf die Finanzierungsentscheidung für angemessen?

13. Hat sich de facto etwas verändert, etwa durch Finanzierungskürzungen, Umschichtungen? Schließung von bestehenden Bereichen zugunsten der Einrichtung neuer innovativer Bereiche? Sollte dies nach Ihrer Einschätzung noch stärker geschehen?

14. Ist das Berichtswesen aus ihrer Sicht adäquat ausgestaltet? Wenn nicht, was sollte aus Ihrer Sicht verbessert werden?

15. Sind die eingeführten Flexibilisierungsmechanismen Ihrer Ansicht nach ausreichend?

16. Welches sind nach Ihrer Ansicht die entscheidenden Neuerungen? Welche weiteren Flexibilisierungen halten Sie für erforderlich?

17. Wie beurteilen Sie die Rolle / Aufgabe des Präsidenten der HGF?

Gruppenspezifische Fragen

Vertreter der (ehem.) Vorstände der Helmholtz-Zentren

1. Hat die POF Auswirkungen auf die Entscheidungen bzw. den Arbeitsalltag der Zentren-Geschäftsführung?

2. Hat sich das Arbeitsverhältnis zu den Ministerien durch die POF geändert?

3. Ist ein „weniger“ an Detailsteuerung bemerkbar?

Vertreter der Ministerien

1. Inwieweit hat sich die Aufgabe / Funktion des Ministeriums durch die POF geändert?

2. Gibt es für die Formulierung der forschungspolitischen Vorgaben einen expliziten und etablierten Prozess und wer ist beteiligt?

3. Hat sich die Informationsgewinnung über die Forschungsaktivitäten als Basis von Entscheidungen durch die POF verbessert?

Vertreter der Wissenschaftler und Arbeitnehmervertreter

1. Sehen Sie Vorteile in der stärkeren strategischen Ausrichtung durch POF?

2. War die der Programmerstellung vorausgehende wissenschaftliche Diskussion von Stärken/Schwächen, Kooperations- und Synergiemöglichkeiten über den unmittelbaren Zweck der Programmdefinition hinaus nützlich?

3. Ist der relativ umfangreiche „Bottom-up-Prozess“ der Programmanträge nach ihrer Ansicht adäquat?

4. Hat die Formulierung und Durchführung der Helmholtz- Programme für Sie neue, bleibende Kooperationen zwischen Zentren erbracht?

5. Wie sehen Sie die Möglichkeiten für die Initiation neuer Programme für die nächste Begutachtungsrunde?

6. Hat die Umsetzung des Gutachtervotums aus Ihrer Sicht zu einer Stärkung der wiss. Leistungsträger im Programm geführt?

Vertreter der Fachöffentlichkeit

1. Welche Berührungspunkte gibt es zur Helmholtz-Gemeinschaft?

2. Hat die POF Ihrer Ansicht nach Modellcharakter oder ist es eine spezifische Lösung für eine spezifische Konstellation?

Zeitfracht Medien GmbH
Ferdinand-Jühlke-Straße 7
99095 Erfurt, Deutschland
produktsicherheit@kolibri360.de